保育と家庭教育の誕生

1890-1930

太田素子・浅井幸子 編

太田素子　浅井幸子　藤枝充子　首藤美香子
矢島（小菅）直子　梅原利夫　後藤紀子

藤原書店

保育と家庭教育の誕生／目次

第四章　玩具の誘惑、玩具の呪縛……首藤美香子　205
――一九二〇年代から三〇年代の「児童文化」をめぐって――

保育と家庭教育の誕生

1890-1930

序章

「家」の子育てから社会の子育てへ

――幼稚園・保育所の登場と日本の近代社会――

太田素子

孤育ての時代

児童虐待の惨状が次々と報じられると思ったら、一方では生死不明になっているお年寄りの存在が発覚した。いま日本の家族はどうなっているのだろうという思いは、多くの人々の脳裏に去来していることだろう。確かに家族は、いま大きな変化の渦中にある。そしてその変化と深く関わって、保育制度も大きな改革を迫られている。

ここで筆者は、幼稚園と保育所の制度の両者を合わせて、保育制度と呼んでおく。その趣旨は次第に明らかになるだろう。明治以来近代的な「家庭」と「近代的な子育て」の創出へむけた営みのなかで、それへの「模範」を提供するために、あるいはその「補完」のために保育の制度化が進められた。その後、家庭教育と保育制度は各々独自性を確立したかに見えたが、近代的な家庭教育の行き詰まりが誰の目にも明確になりつつある今日、再び保育制度もこれまでの役割の改編か修正を余儀なくされている。

本書の課題は、明治日本が近代化の過程で追求した「家庭」像および「家庭教育」の理念と、保育制度成立の内的な関連を明らかにし、今日両者が直面している変動の性格に成立史の側から光を当てることである。個々の論文は限定されたテーマを扱っているが、「神は細部に宿る」という言葉のように、限定されたテーマを扱いながらも、現代の子育てと保育の課題解決への視野が広がるようでありたいと考えている。

なぜ「近代家族」と「保育制度成立期」を問うのか?

本書が対象とする時代は、一八九〇年代からテーマによっては一九三〇年代に及ぶ。基本的には、それぞれの領域で近代社会特有の家族の登場と保育制度の成立へ向けた典型的な実践、取り組みを取り上げて分析することで、近代的な「家庭」と「保育」の特徴及びその内的な関係を考察したいと考えている。

ではなぜ、この時期なのか。先行研究によると、一八九〇年代は層としての近代家族が都市に出現し、その生活スタイルが模索され始めた時代とされる。この階層は、一九一〇年代に都市人口の一割前後を占めるまでに増加し、その生活スタイルは国民全体に影響力を及ぼしはじめた[1]。一九一〇年代から二〇年代にかけて、この新しい階層、新中間層による新しいライフスタイルの模索に対応して、タイトルに「家庭」を冠した出版が急増したという。幼稚園を積極的に利用したのはこの階層であったと、ひとまず仮定しておく。

欧米から制度をそっくり移植した幼稚園は、紹介と移植という初期の土台のうえに、この時期には実際に運営しながら実践を踏まえて制度の理念や保育方法を模索する動きが本格化した。幼稚園関係者の職能団体が東京と関西に生まれ、「幼稚園保育及び設備規定」(一九〇〇年)という国レベルで初めての幼児教育に関する規則が誕生した。いくつか重要な変更はあったものの、その内容が基本的に一九二六年の幼稚園令に引き継がれて、戦前期の幼稚園制度が完成している。

一八八七(明治二十)年に全国で六七園、在園児数約四千人だった公私立幼稚園は、一八九〇年代から伸張の勢いを増し、一九〇〇年には園数で三・五倍、園児数で六倍近い二四〇園二万三千人の幼児を教育する機関になった。一九一二（大正元）年にはさらに倍増して五三三園、四万五千人近い幼児を収容し、五歳児就園率が二％を占めるまでに成長、その後も拡大に拍車がかかり一九四一〜三（昭和十六〜八）年に戦前のピーク、約二千園、二三万人の園児を収容している。その時点で五歳児就園率は約一〇％である。このように幼稚園は一八九〇年代に全国的な普及が始まり、一九二〇年代後半に急激に数を増やして、その存在を確立した。その後戦間期の停滞を経て、一九六五年から七五年に急激な成長期を迎え、五歳児就園率は六五％前後のピークを迎えた。その後は少子化と女性の職業進出によって、漸減を食い止められない(2)。

一方の保育所は、内務省管轄の救済事業として一九三〇年代に発展し始める。大正末年に全国で三百ヵ所弱、託児数約二千人だった託児所（保育所）は、一九三〇年までに倍増、終戦前年には約二千ヵ所、二万人前後の託児を受けるようになっていた。保育制度が文部省と厚生省管轄の二元的制度として法的根拠を確立するのは戦後改革時となるが、ここで対象とする数十年の間に、二元的な展開の土壌が出来上がってゆくのである。

このように、いま終末ないしは再編成という課題に直面している近代家族と保育制度は、この時期に成立にむけた重要な局面を通過していた。それら成立過程のいくつかの局面を検討することで、近代の「家庭教育」とは何だったのか、保育制度の本質はどのように理解されていたのかを明らかにしたいと考えている。

保育と幼児教育という用語

筆者はかねてから、「保育」ということばには直接対応する英語がみあたらないことを興味深いことだと考えていた。[3] nursing（授乳する・育てるの意、「哺育」とは語感が近い）のような乳児期の養育だけではないし、care（保護、養護）とeducation（教育）のいずれか一方でもこのことばの含意を伝えられない。日本保育学会は早くから「保育」の訳語にearly childfood care and educationということばをあてているが、未分化な乳幼児の発達支援という、保育活動の意味内容を丁寧に位置づけた訳語であろう。

直接的な訳語がないのはこのことばが幼稚園制度の移入に際して、制度とともに移植された翻訳語ではないからであろう。「保育」は「保嬰」など近世の用語に基づき明治初期に考案された専門用語で、開設された幼稚園の営み、つまり幼児期の人間形成に働きかける大人の営みの特質を、学校教育と差異化する意図を込めて造られた用語だったのではないか。例えば幼稚園制度移入に努めた田中不二麻呂（一八四五〜一九〇九）は、幼稚園開設準備の一年半あまりの間に「撫養」「看護扶育」「扶育誘導」と言葉を変えながらも、幼稚園の仕事を説明するのに宮内庁などが既に使用していた「幼稚（穉）教育」という言葉を一度も使わなかった。彼の意図する所は、遊びの中で知らず知らず就学準備が整えられるような保育者による養護と誘導を用意することだったからである。筆者はそうした当時の幼稚園関係者の認識が、我が国の人々を深く捉えてきた近世子育て論および小児養生論の蓄積という、長い文化の伝統の上で初めて可能だったのではないかと考えている。[3]

近年ヨーロッパで、乳幼児期の care と education は一体のものとしてとりあげられることが多い。[4] OECD報告書 “Stating Strong” “Stating Strong II” (二〇〇一、二〇〇六)はECEC (early childfood education and care) という言葉を用い、ユネスコは報告書「強固な基盤、乳幼児保育・教育」(Strong Foundations 2006) において、ECCE (early childfood care and education) をもちいた。幼児教育施設と養護に力点を置く乳児保育施設を一元的に展開するにあたって、養護と教育の機能を一体的に捉えることが大切だと考えられるようになってきたからである。私たち日本人にとって興味深いのは、ECEC、ECCEいずれにしても、私たちが従来使ってきた「保育」という概念と近似であることだ。

日本では、一九六三年に幼稚園と保育所の保育内容の統一が通知され、「保育所の持つ機能のうち、教育に関するものは幼稚園教育要領に準ずる」[4]といった表現で、幼児教育機能と養護機能をあわせ持つ意味合いで、「保育」を使うことが一般的になった。このことは、日本でもこの頃までには、幼児期の教育と養護を分けて考える視野が開けてきていたということを示しているであろう。

しかし、身体的な養護が人格形成全体と深く関わっている乳児期はもとより、充実した遊びと生活のなかで随伴的に生ずる学習活動が重要な意味を持つ幼児期後期にあっても、遊びや自立した生活習慣は幼児の学習の大きな土台であって、養護と教育の一体的な関係はまだ重要である。ヨーロッパ社会において、ECEC、ECCEという用語が新たに登場してきた今日、養護と教育という二つの機能の未分化な関係を表現できる〈保育〉という概念が日本社会では命脈を保ってきたことの積極的な意義を検討してみる価値はある。子どもの自発的な活動としての遊び、生命活動および集団生活の維持発展のために子どもなりにとりくむ仕事、そしてそれらのなかで随伴的に生ずる学習活動が、未分化から次第に分化へのプロセスをたどる乳幼児期の発達支援の過程において、教育と養護の関係を分析的に見つめる近代のまなざしをもちつつ、保育という用語を豊かにする道があるのではないか。そのような視野から、成立期の保育を検討してゆきたい。

「家」の教育・学校教育・家庭教育

本書では、具体的には以下のような四つの課題を追求している。

まず初めに、幼稚園という制度を、家族の教育や学校教育との関係において、いかに位置づけるかという問題への当時の人々の回答、つまり学校教育や家庭教育との関係における幼稚園の役割・性格の理解の内実を明らかにするという課題である。

近世社会で子どもの成育に関与したのは、基本的には「家」であった。しかし幕末までには階層ごとに学校化が進み始めていた。武士階層では家の教育と共に、藩校や郷学、私塾が浸透した。町人の世界では、奉公による人材形成のシステムと並行して、手習塾（寺子屋）や算法師の関与が不可欠になりつつあった。農村でも共同体の年齢階梯制組織（若者組、子ども組など）における子どもの人格形成と共に、上層では手習が不可欠になりつつあった。このような教育機能の家以外の場への外部化は、近代になると統一的な学校制度によって一足飛びに決定的となる。

学校制度が成立したことで、子どもたちの生活は激変した。それまで家や奉公先で、見よう見まねで職業技術を身に付けていった彼らは、一定の期間教室に座り、授業を理解し試験に合格することによって社会に出てから就業する基礎資格をえるようになったのである。このような、近代の学校化のなかで、移入された幼稚園制度は、学校教育とのいかなる関係を想定されていたのだろうか。学校教育とは異なる内容方法をもつという幼児教育固有の意味を、人々はどのように理解したのだろう。同時に、今日課題と意識されている幼小接続、つまり「学校教育の基礎としての幼児教育」という理念は、いつ頃から登場しどのような役割を演じたのか。近代的な学校制度と幼稚園など就学前の教育の関係認識について、教育制度成立期の思索を跡づけることが、本書の第一の課題である。

そのことはただちに、本書の第二の課題に繋がる。それは保育制度の成立過程を近代家族形成過程との関係で検討すること、保育施設と家庭との相互関係の歴史を探ることだ。それは、裏面で近世の家の教育と、近代の家庭教育の差異を検討することでもある。

田中不二麻呂や中村正直（一八三二〜九一）は、近代的な子育てのモデルを母親たちに示すために、幼稚園制度が必要なのだと考えていた。幼稚園における子どもとの関わり方が、近代にふさわしい親子関係創出の内実を作り出すと期待されていたのである。

このような「模範としての幼稚園」思想は、施設保育が定着するにしたがって、「集団保育の独自の意義を軽視する思想」として批判の対象にもなる。それは、批判という形を採りながら、実は幼児教育が子どもに豊かな人間関係を実現することの発見と理論化への努力であったと見ることができる。

都市スラムに開設された民衆幼稚園の推進者や新教育の推進者、セツルメント運動家や二十世紀初頭の社会事業者になると、集団保育の独自性を前提としつつ、保育関係者による地域や家族への子育て支援の取り組みが始まる。今日的課題であるような保育施設の社会的な機能について、二葉幼稚園、愛染橋幼稚園・保育所、子どもの村保育園など、民衆幼稚園や保育所はその出発から意識的にとりくみ、経験を蓄積していった。二十世紀初頭の地域家庭支援の思想は現代のそれとどのような点で重なり、どのような点でずれていたのか、今日の子育て支援のルーツを考える上でも興味深い問題だ。

また二十世紀初頭には都市新中間層を中心に、人口の約一割、都市人口の三〜四割の人々が新しい家族を形成した。実際にそのような人々は、どのような家族関係と子育て文化を生み出していたのだろうか。近代家族は、形成された途端にその英才主義的な子育てに伴う困難や、女性の自立と家庭責任の葛藤(性別役割分業制度の矛盾)を露呈し始めた。「家庭教育」の模範を期待された幼稚園は、このような「家庭教育」の矛盾をどの程度理解し感応することが出来たのか、あるいは出来なかったとしたらなぜかという点も、幼稚園の思想を考える上で避けられない問題であろう。

保育制度成立と専門性の内実をめぐって

本書の第三の課題は、この幼稚園制度成立期に、なぜ幼稚園と保育所の複線化が定着していったのか、という問題である。今日まで続く二元制の原型はこの時代に形成された。法令や規則のレベルに関しては既に丁寧な先行研究が積み重ねられている。(5) 本書では、保育実践と保育者、保育関係者の思索のレベルで、二元制成立の一側面を読み解いてみたい。

当時の保育者が子どもたちの生活の背景として捉えていた保育ニーズの格差とはどのようなものだったのか、制度論としてでなく、保育ニーズと保育内容のレベルで、簡易幼稚園や貧民幼稚園など託児機能をもった幼稚園が対応できなかった事情の一端を明らかにしたい。

第四の課題は専門化への離陸の問題である。保育者自身による保育研究の成立、専門職としての保育者像の成立を問うということに関わる。よく言われるように、近世日本は小学校から大学レベルまでの学校を自生させていた(その接続に関しては未成熟だったのだが)。ところが、女子教育と教員養成学校、幼児教育のための施設は自生しなかった。教員養成学校が生まれなかった背景に、中内敏夫は日本人の「学習法的」教育意識を指摘する。つまり、より良く教授する、あるいは教育するという意図的な術として教育者の仕事を捉える視点が欠如していたというのだ。確かに近世社会では、学問を深く極めたものが良い教育者であると一般に考えられていた。学習者と教育者は横並びで、共に学問に向う人間であり、教師は学問の先達にすぎなかったのである。

そのような同胞としての教師像にも意義があることは確かである。しかし被教育者の実態を分析し、意図的に教育内容と教材を選びとって、その効果的な学習を組織する専門性をもつのが近代教育学の追求する教師像であろう。そのような専門性への関心が、どのような回路をたどって日本の保育者の自己認識になってゆくのか。本書では、実践の「記録」化を手がかりに、専門職としての保育者の誕生の過程に光を当てたい。

また専門化への離陸は、子どものための文化財の創作と研究に従事する人々にもあてはまる。「児童文化」成立史の一コマを、家庭の子育てと専門家による保育の関係史という角度から探ってみたい。以上のような四つの課題に関わる幾つかの視点について、もう少し検討しておきたい。

乳幼児期と学齢期の区分と連関

今日では、わたしたちは「子ども期」という概念そのものが歴史的な産物であると考えている。[6] 人類の文明は産業革命以降とくに急激なスピードで進展を続け、成人までの学習課題が質量共に拡大した。「子ども期」の発見は、その中で子どもの「自然」——種としての人間の自然とつながる——を守ること自体が課題として意図的にとりくまれるようになったことの証だ。[7] 無理のない、さらには自主的で意欲的な学習を保障しながら文明を継承してゆくことが簡単ではなくなった時代に、子どもの自主性を守りながら文明化するための手段として、子ども期は発見された。ルソー、フレーベル、そして日本の貝原益軒などにも、近代教育思想に共通する課題意識がその点に認められる。子どもの「自然」への配慮を、思索の中心課題としているのだ。

幼児教育を学校教育の基礎として位置づける思想そのものは、幼稚園が生まれたその当初から自覚されていた。幼稚園の生みの親、F・フレーベル（一七八二〜一八五二）は自らが主宰した学校、一般ドイツ教育舎の教育経験を通じて幼児教育に開眼したといわれる。[8] 学校教育の前段階として、家庭における子どもたちの経験の重要性に注目したところから、彼は家庭教育改良のために知的な遊具セットを開発したり、母子関係を重視したあやし遊びの歌集を編集したりした。その際重要なことは、フレーベルは経験的な子ども観察を通じて、発達段階の認識をもっていたことであろう[9]。彼は乳幼児期にその心身の発達にふさわしい充実した生活を送ることが、結果として次の段階の準備になってゆくことを確信していた。学校教育の内容や方法を、そのまま幼児期に下げることで学校教育の準備になると考えていたのではない。

幼児教育の重視というとき、小学校以降の学校教育との関係の「準備」として上から教育内容・方法の連関を考えるのか、あるいは乳幼児期の生活経験の充実が、結果として質の異なる学校教育の準備に繋がると考えるのか。近年のＯＥＣＤ報告書“Stating Strong”の言葉をかりれば「学校教育準備型」を採るのか、「生活基盤充実型」を採用するのか[10]。ベクトルの向きは双方向的なものなのだが、子ども自身の能動的な活動に即して教育の計画を構想するという意味で、フレーベルの発達思想は後者の立場に近い。

いま世界的に乳幼児期の子どもの就学（園）率が高まりつつあり、その変化と関連して、乳幼児期の保育の質が生涯にわたる人生の豊かさに大きな影響を与えるという縦断的な実証研究の成果が数多く発表されている。そして保育の質の内容をめぐる重要な論点の一つが「学校教育準備型」か「生活基盤充実型」かという点にある。イギリスやフランスの幼児教育は比較的前者の伝統が強く、北イタリアや北欧の幼児教育は後者で貴重な成果を上げつつあるというのが、先のＯＥＣＤ報告書の見解だ。

それでは日本の幼児教育はどうなのだろうか。その到達点を丁寧に明らかにしていく作業が必要で、本書はこの課題を意識しながら近代日本の保育制度成立の時期を検討する。乳幼児期や学齢期という「発達段階」とは何か、またその時期における発達課題の認識と、教育内容・方法における幼小関係認識を明らかにしたい。この点で、二十世紀初頭における「遊び」概念（本書第一章参照）と現代の「学び」概念[11]の距離を検討してみることは、一つの重要な視点になるだろう。

近代家族・「家庭教育」と保育施設

ところで、Ph・アリエス（一九一四〜八四）の重要な指摘の一つは、「子どもの発見」が近代家族の形成と表裏の関係で進んだという点にあった。その点に関わっていえば、日本における「近代家族」の形成はどのように進んだのか、そのことが保育制度の成立過程とどのように関係しているのかが検討されなければならない。

社会史における近代家族とは、①夫婦間の伴侶性と親子の間の強い感情的な絆、②子どもに対する教育責任意識の強まり、③プライベートな場であることの重視と社会に対する閉鎖性、④そして性別役割分担性などを特徴とする家族をさす[12]。小さな閉鎖的家族のなかで濃密な感情の絆が形成されることと並行して、子どもの将来を心配する教育意識が強まる。しかも、教育による階層移動の可能性が拡大する近代社会においては、子どもに対する教育責任のプレッシャーを親は強く受ける。社会史において、近代家族をしばしば教育家族と呼ぶゆえんである。

アリエスはこの面を捉えて、「子ども期」は子どもを濃密に管理し、教育するために発見されたと指摘した。このような管理的側面が、時代や階層によっては決定的に重要でもあろう。「子どもの発見」が、子どもの人権、とくに学習権や意思表明の権利の拡大に繋がるかそれとも濃密な管理に繋がるか、それは子どもを迎え入れる家族や地域社会、国家の「豊かさ」やヒューマニズムの質を映し出す。

日本における近代家族の成立過程については、すでに多くの先行研究がある。[13] しかし、日本における近代家族の成立のプロセスが保育制度の成立と関わりをもっていたことについて、本格的な検討は行われてこなかった。

二〇〇六年の改定で、教育基本法ははじめて家庭教育と幼児教育に関する条文を創設した（第十条、十一条）。拡大しゅく保育と衰退しつつある家庭教育が、ともに法的な規定の対象として浮上したことについて、歴史的な視野からの批判的吟味が不可欠と考えている。

一九八〇年代以降、ヨーロッパを中心に男女共同参画社会化がすすみ、性別役割を固定化する近代家族型の家庭教育はそのまま継続することが困難になった。東欧やスカンジナビア半島の国々はもとより、イギリスのシュア・スタート計画、フランスの幼児学校の義務化と無償化など、両性の家庭責任の平等化とともに、家族の子育てを支援する社会的な保育の充実、社会で子どもを育てるという理念の浸透が顕著になった。そうした保育政策、家族政策の進展は、もはや近代家族を前提としているとはいえない。女性が家庭にいても就労していても、それぞれの条件に即した子育て支援・家族支援が必要だという認識に立っている。

日本でも多様な子育て支援策が登場しており、実態としては「社会全体で子どもを育てる」という理念に向かった営みが模索されている。この大きな転換期にあるからこそ、保育制度成立の所以を家族や家庭教育の変動とともに探りたい、それも制度史のレベルではなく、直接子どもと接する大人の実践のレベルで、日々の営みの記録のレベルで考察したいと考えている。

幼稚園と保育所——二元的な制度の出発について

「総合子ども園」という幼保一体型の制度が日本の保育制度を一元化してゆくかどうか、いま私たちは保育制度の大きな曲がり角に直面している。

もともと幼稚園の開祖フレーベルは、市民幼稚園（Bürger-Kindergarten）とそれを簡素化した民衆幼稚園（Volk-Kindergarten）を共に幼稚園制度の中に位置づけて普及しようとする一元的な構想を持っていたし、ドイツやアメリカでは民衆幼稚園の支持者がフレーベルの仕事を継承した。日本における当初の受容過程でも「簡易幼稚園」（「貧民幼稚園」）の普及には、多くの識者が積極的な議論を展開していた。

湯川嘉津美は、その著書『日本幼稚園成立史の研究』（二〇〇一）において、幼稚園と保育所という今日の保育制度の二元性を固定化したプロセスを、その発生の過程で明らかにしようと法制史的な研究を行なった(14)。湯川も指摘しているように、江戸時代の西洋保育施設に関する知識は、主に幼院（養院、託児施設・孤児収容施設）だった。人口政策のために国家の関与する託児施設が必要だと考えられたのである。維新後も明治政府内部で簡易幼稚園、小学校保育科（いわゆる子守学校も含む）普及への一貫した努力が存在したが、実際に定着していったのは初等教育の基礎を培う役割を期待された幼稚園だった。託児施設や簡易幼稚園の必要性についての認識も一定の努力も存在したのに、これらを置き去りにする形で幼稚園制度は成立して行った。都市貧困層と農村の、簡易幼稚園普及を必要とする階層の実態を明らかにすることで、このプロセスの意味がより明確になると筆者は考えている。

本書で、そのような課題が全面的に解決できるとは考えていないが、早期教育への傾斜を食い止め、「学校的幼稚園」脱却を試みたフレーベル会関係者の当面していた課題と、民衆的幼児教育を進めようとしていた保育者たちの課題意識のずれを探ることで、少しでも実態を明らかにしたい。

本書の構成について

本書は五つの章から構成されている。

第一章では、幼稚園制度の成立期に幼稚園関係者が広く教育関係者を組織して幼稚園の理念を問うた「幼稚園論争」に注目し、幼稚園教育の家庭・学校教育との関係や、幼児教育固有の方法原理について深めようとした認識内容を明らかにする。

第二章では、実践記録の成立過程を追究することで、幼稚園とその教師の専門性の成立過程に光を当てる。

第三章では、近代家族の成立過程と家庭教育の内実を問うために、日本の家族に即した家庭教育論を編み出そうとした堺利彦の実践と思想を紹介し検討する。

第四章では、保育の質と深く関わる近代的な「児童文化」の成立過程を、玩具研究に即して検討する。最後に第五章では、二元的な発展の道を辿り始めた保育所関係者の実践と研究に焦点を当てる。そこでは、幼稚園とは異なった地域との関係や、保育の専門性理解が見られるであろう。

また各章に配置したコラムは、「誕生」の意味を長い時間軸の中で見通す参考になればと考えて挿入した。コラムだけを読んでも楽しんで頂けると思う。

注

（1）小山静子『家庭の生成と女性の国民化』勁草書房、一九九九年。沢山美果子「教育家族の成立」『教育――誕生と終焉』藤原書店、一九九〇年。山本敏子「〈家庭教育〉創出のシナリオ」、寺崎昌男・編集委員会共編『近代日本における知の配分と国民統合』第一法規、一九九三年、ほか。

（2）幼稚園保育所に関する統計数値は、村山祐一「日本の幼稚園・保育所の歩み」『現代保育学入門』フレーベル館、二〇〇九年による。

（3）太田素子「保育という人間形成」、小澤政夫他編著『人間形成論の視野』大月書店、二〇〇四年。

（4）「幼稚園と保育所との関係について」昭和三十八（一九六三）年十月二十三日　文初初第四〇〇号、児発第一〇四六号、各都道府県知事宛文部省初等中等局・厚生省児童局長連名通達。

（5）湯川嘉津美『日本幼稚園成立史の研究』風間書房、二〇〇一年。岡田正章『日本の保育制度』フレーベル館、一九七〇年。日本保育学会編『日本幼児保育史』全六巻、フレーベル館、一九六八～七五年。宍戸健夫他編著『保育の歴史』青木書店、一九八一年、ほか。

（6）Ph・アリエス『〈子供〉の誕生』（邦訳、杉山光信・杉山恵美子訳、みすず書房、一九八〇年）。*L'enfant et la vie familiale sous l'Ancien régime*, Plon, 1960.

（7）中内敏夫『新しい教育史』新評論、一九八七年。
（8）岩崎次男『フレーベル教育学の研究』玉川大学出版部、一九九九年。同『近代幼児教育史』明治図書出版、一九七九年。
（9）松村尚子「フレーベルのヘルバ・プランに関する一考察──国民教育施設構想を中心に」、中四国教育学会編『教育学研究紀要』四三号、一九九七年。
（10）OECD編著、星三和子他訳『OECD保育白書』明石書店、二〇一一年。
（11）ワタリウム美術館編『驚くべき学びの世界──レッジョ・エミリアの幼児教育』Access、二〇一一年、など。
（12）落合恵美子『近代家族とフェミニズム』勁草書房、一九八七年。同『近代家族の曲がり角』角川書店、二〇〇〇年。
（13）沢山美果子、前出「教育家族の成立」。同「子育てにおける男と女」『日本女性生活史四／近代』東京大学出版会、一九九〇年。小山静子『良妻賢母という規範』勁草書房、一九九一年。
（14）前出、湯川嘉津美『日本幼稚園成立史の研究』。

第一章

幼稚園論争の回顧と展望

太田素子

第一節　幼稚園論争と遊びの教育

フレーベルは、遊戯が、子どもたちの成長にとって本質的な不可欠の要因を成している事実を、彼の時代の人々に気づかせねばならなかった。

J・デューイ

1　幼稚園論争の時代

近代日本の幼稚園が独自に法的な位置づけを確立するのは一九二六（大正十五）年の幼稚園令からである。一八七〇年代、日本人にとって全く未知の制度として輸入された幼稚園が、独自の法的根拠を持つまでには、およそ五十年の歳月を要した。近代日本にいちはやく定着した小学校や大学はもとより、少し遅れて発展をみる中等教育・実業教育などと比較しても、幼稚園の普及・発展はたいそう遅れていた。(1)ところで、近世の日本人は、「習いごとは六歳から」とか「子ども組の組入りは七歳の誕生に」など、子どもの集団生活の始期や教育・訓練の始期に一定の年齢的な目やすを持っていた。そうだとすると、それ以前の幼児期からの集団保育の必要性や有効性は、明治の日本人にどのように映ったのだろうか。幼稚園の思想は、日本人の幼児観、養育観や教育観とどのようにぶつかり、それをつくり変えていったのであろうか。

ここでは、こうした問題の一端を明らかにするために、明治後半期（一九〇〇年前後から十数年間）に幼稚園関係者・教育学者の間で論じられた、幼稚園の必要性と有効性に関する論争に着目した。それは、この論争が、幼稚園制度の理念を正面からとりあげたという点で日本でははじめての論争であり、かつ相当数の教育者・教育学者が参加している点でも、幼児教育界では数少ない例だからである。本節では、幼稚園批判や有害論と対決しながら、幼児期固有の教育の課題や方法とは何か、学校体系の一環としての幼稚園はどのような位置にあるかを考え続けた幼稚園関係者の主張をとりあげて、幼稚園の思想のこの時代における到達点を明らかにしたい。[2]

倉橋惣三は、明治後半期を幼児教育の「停滞期」、大正・昭和初期を「飛躍期」と表現し、彼のこの評価はその後の保育史研究に大きな影響を与えてきた。確かに明治初期、「文明開花」の希望の目で幼稚園を見た教育界は、後半期になるとその「実績」に公然と疑問を抱き始めた。親たちは学校のイメージを通して幼稚園を理解していたために「幼稚園ではなにも教えて貰はぬ」と不満をもっていた。初等教育界には「幼稚園出身者の成績が必ずしもよくない」「教師の言うことを聞かない」という批判が広がり、卒園児の成績を、家庭から直接入学した児童と比較する追跡調査もくり返し行われた。幼稚園は数のうえでも頭打ちであった。[3]

一方、国際的な新教育運動の影響を受けた教育学者の間には、幼稚園の文字教育批判、恩物（フレーベル考案の教育遊具）批判が広まった。[4]

こうした幼稚園をとりまく厳しい環境のもとで、東西二つの保育会が創設され機関誌が発行され始めた（フレーベル会＝一八九六年創設、『婦人と子ども』誌一九〇一年発刊、京阪神連合保育会＝一八九八年設立、『京阪神連合保育会雑誌』同年発刊）。また、法的整備・保姆（第二次大戦以前は一般に保姆が用いられた）の処遇改善への働きかけもこの保育会を通して行われるようになり、ひとまず一八九九年文部省令第三二号幼稚園保育及設備規程に結実した。当時フレーベル会の実質的リーダーであった中村五六（女子高等師範学校附属幼稚園＝以下附属幼稚園と略す、主事）は、保育会の中心的な課題は幼稚園という制度の理念的根拠の確立にあると述べている。中村は続けて、それを確立するにはまず保育内容の研究を進め、その成果によって法的整備を目指すべきだと説いている。[5]

幼稚園批判は、論争に先立つ一八八〇年代からみられた。附属幼稚園は、一八八〇年代、世間から次のような矛盾した評価を受けたという。

「多くの父兄から幼稚園では何も教へて貰はぬという不平がありました。片仮名だけ教えようと、……辻新次（文部次官）さんの子や吉村寅太郎（学務局）さんの子が幼稚園に来ていたが、幼稚園がすむと、すぐこの近くに小林という人の私立学校があってここへ行ったものです。……（中略）その頃外山博士から幼稚園の恩物についてあまりこまか過ぎるという小言あり、大きくなれば細いのをするが、幼稚園でこまかいものをしすぎると云はれた。[6]」

ここには当時の親の幼稚園にかける期待がよく語られており、今日とさして変わらぬその諸相は興味深い。つまり一方では、「幼稚園では何も教へて貰はぬ」という不平があり、中には幼稚園の帰りに学校に立ち寄らせる親がある。そうかと思うと他方には、恩物の作業が幼児に無理をさせている、という批判がみられるのだ。また、一八九〇年代になると、初等教育界の中に「幼稚園出身者の成績が必ずしもよくない」「出身者は教師の言うことを聞かない」という批判が広く存在することが指摘されている。[7]

幼稚園論争は、こうした教育界内外の幼稚園批判を当時者が意識的にとりあげ、幼稚園改革の契機としようとしたところからはじまった。またアメリカにおけるフレーベル主義批判や児童研究運動の中での幼稚園改革論が、日本の関係者の間に改革への見通しを持たせ、論争の触媒となっている。

一八九八（明治三十一）～一九〇三（明治三十六）年、論争は、『京阪神連合保育会雑誌』（以下『連合保育会雑誌』と略す）第一号に掲載されたMW生「幼稚園につきて言いたきまま」（一八九八年七月）から始まった。同誌は関西の教育学者の幼稚園論を意識的に掲載して幼稚園改革をめざした。またこれに続く著書・論文として、市橋虎之助『幼稚園の欠点』[8]（一九〇二年）と、高島平三郎が創刊した『児童研究』[9]誌上における松本孝次郎「幼稚園に関する三大問題」（一九〇二年）などがある。『児童研究』誌上の論文はいずれも短いものだが、例えば「幼稚園は果して益なきか」（一巻七号）、「教育上における幼稚園の位置を論ず」（一巻一〇号）というように、正面から教育論争として幼稚園の存在意義を問い、小学校とは独自なその役割を明らかにしようとするものであった。

そして、このような幼稚園教育の基本原理を問う関心は、一九〇一年創刊されたフレーベル会機関誌『婦人と子ども』にひきつがれていく。同誌は一九〇三年末から一九一二年頃まで意識的に教育学者・文部省関係者の幼稚園論を掲載しているが、内容的にみても、この時期をピークと考えることができよう（章末の〈**付表1**〉参照）。

一九〇三年末、森岡常蔵が「幼稚園の立場とその務[10]」の中で、〈幼稚園は家庭の権利を侵害している。貧民子弟のためにのみ幼稚園は必要だ〉という議論を提起してから論点は複雑になった。同様の立場から谷本富は、幼稚園の充実より、家庭保育・女子教育の重視を説いた。幼稚園論争は良妻賢母主義をめぐる議論との接点をもつに至ったのである。小学校と幼稚園をテーマにしていた議論は——その点もひき続き論じられてゆくが——、家庭と幼稚園をめぐる議論に拡大した。しかも、家庭と幼稚園をめぐる議論も後述するように幾つかの相をもっている。

この時期に『婦人と子ども』誌に幼稚園論を説いた教育関係者は、伊沢修二、野尻精一、乙竹岩造、槙山栄次、佐々木吉三郎、林吾一、三輪田元道、寺田勇吉、日田権一など十数人を数えるが、これら多様な角度からの幼稚園論あるいは幼稚園批判に応える形で、東京女子高等師範学校附属幼稚園の中村五六・東基吉・和田実は幼稚園の機能や保育の基本原理に関する探究を続けた[11]。

以上のような論争の概容をふまえて、この論争が提起した問題を仮設的に整理しておこう。

第一点は、後で検討するように、幼児期固有の方法原理に関する問題である。

アメリカの幼稚園論争はフレーベル主義の評価をめぐる論争だった。そこでは、幼稚園は必要か不要かが問題にされたのではなく、遊具としての恩物の抽象性や、体系的な指導過程が、本来、子どもの自発的な興味や遊びを重視するフレーベルの根本精神と矛盾するという、方法への批判が論じられた[12]。従ってそこでは、幼児期の子どもの遊びの心理的特質はどこにあるか、遊びを指導する——自発的な遊びを教育の基礎に据えながら、教育を計画する——ことはなぜ可能かといったテーマが論じられた。日本での幼稚園論争も、フレーベル会関係者らは、幼児の心理的特質にもとづく方法の改革によって幼稚園批判にこたえようとしたのである。

第二の論点は、家庭保育と集団保育の関係をめぐる問題だった。これは谷本富の「幼稚園をいかにすべきか」の講演[13]でよく知られるように、賢母主義・家庭教育の改良を強調する立場から、家庭教育と幼稚園の関連を問うものである。家庭改良が成ったあかつきには幼稚園は無用になるという議論に対して、幼稚園関係者は、幼児には同年齢集団が必要である（東基吉）、保育にも専門性が必要だ（和田実）、幼稚園には家庭にはない設備・環境条件があるといった観点から幼稚園の根拠を論じた。

第三は、日本でも産業革命が進行することに伴ってようやく社会問題化してきたスラム対策、女工の社会的需要、こうした事態への対応としての保育施設への着目と、保育の二元制、階層性の問題であった。

一八九〇年代以降、附属幼稚園分室（一八九三年）、二葉幼稚園（一八九九年）、愛染橋幼稚園（一九一〇年）など、著名な貧民幼稚園が設立されていることから考えると、この時期こそ保育施設の一元的な発展の必要性が客観的に存在した時代だと考えられる。しかし幼稚園論争の中では、都市下層階級に対する幼稚園の必要は自明の前提とされ、幼稚園はすべての階層にとって普遍的に必要かどうかが争点になった。そして、自明の前提であったはずの「貧民幼稚園」は事実上軽視されてしまう。

第四の点は、保育内容をめぐるナショナリズムの問題である。井上円了は幼稚園に関する談話を求められて、「我邦には亜米利加的幼稚園ありて日本的幼稚園なし」「日本の家庭よりあみ出したる幼稚園を作るべからず」[14]と述べているが、明治後期は、桃太郎主義の東洋幼稚園（一九〇三年）、早蕨幼稚園（一九一〇年）創設など、幼児教育においてもナショナリズムへの志向が強まった時代であった。それは確かに政治社会におけるナショナリズムの高揚に触発されたものだが、一面では、生活と教育の結合という新教育の思想と結びつくことによって幼児教育の世界にも立ち現われている。この時代以降、新教育運動における幼児教育思想は、〝日本的な生活文化〟の中のどのような部分と結びついてゆくのかが問われなければならないのであろう。

以上、一つ一つの論点が立ち入って論じる必要のある問題となっている。第三、四点についてはまだ検討する準備がないが、本論では幼稚園論争が保育関係者の幼児教育観、幼稚園制度観にどのような足跡を残したか、第一、二点を中心に検討することとしたい。

2　幼児教育の独自性

一九〇八（明治四十一）年、大阪市保育会で講演した園田徳太郎視学官は、幼稚園開設から三十年も経たのに、保育研究の未熟さは驚くべき水準にあると関係者を叱責している。曰く、幼稚園は「小学校と西洋式のそれ（幼稚園―引用者）との模倣折衷」にすぎず、卓越したモデルや指導者が出ないために「適従する所に迷いつゝ、旧習を遂ひ、半信半疑なる自己の心中をよすがとして、目前を済まし行くの状あるは遺憾ながら事実」なのだと。[15] 半信半疑、その日暮しの保育とは、いかにも辛辣な評価だ。しかし当時、教育界内外からの幼稚園批判としてこの発言はけして異例のものではなかった。幼稚園不用論も含めた幼稚園批判を方法の誤りから生じたものと把え、方法の改革によって我国の教育界に幼稚園を定着させようというのが、フレーベル会関係者の共通した認識だった。

幼稚園批判に対して、「之レ全ク実施ノ方法ノ誤リタルニ原因スルモノ」だから、幼稚園関係者はこのような「批難ニ逢ヒテ十分ニ弁解シ得ヘキ調査ナカルヘカラス」と述べた会長高嶺秀夫(16)、保母の保育研究・保母養成の改革が急務だと主張する中村五六や東基吉(17)、そして、方法の誤りをもって制度自体を批判するのは「見当違いの管見」だと強調し、「漸次進歩し来れる所の科学的教育学は亦我幼児教育の前途を輝かすに炬然たる光明を以てして居る(18)」と語る和田実まで、方法の改革にかける期待は共通している。

それでは論争を通して、方法の「誤り」の原因や内容はどのように理解されていたのだろうか。

この点に関して、フレーベルの思想そのものあるいは恩物の体系にこめたフレーベルの意図に関する検討は、全体としてアメリカの論の部分的な紹介の域を出ていない。幼稚園保育の中で恩物の占める実際上の比重は極めて重かったが、恩物の思想やフレーベルの神学的な世界観がそれ以前わが国でどれ程深く理解され、影響力をもっていたのかは実は疑問である。実際当時の論者たちは、フレーベル思想の欠陥をつっこんで論証することはさし当って切実なものとして意識していなかった。それより彼らが一様にくり返し問題にしたのは、「幼稚園が小学校的にすぎる」こと、学齢期の子どもの教育と幼児期の教育の方法原理が区別されていないことであった。

例えば一九〇六年、自ら幼稚園経営に乗り出した伊沢修二は、我が国には女子高等師範学校系統の公立幼稚園と、ハウ女史に起源をもつミッション系幼稚園の二つの流れがあるのだが、共にフレーベル主義をうけつぐはずの両者を比較してみると「日本人の径《ママ》営して居る方の幼稚園は殆ど学校の如き組立であって、総ての幼稚園の造り方からして学校的」だと難じている。[19] さらに和田実によれば、その学校的な要素とは、「武家教育、寺子屋教育の厳格主義・課業主義」の伝統をひきずったもので、「邦人の真面目なる気風」が、とくに幼稚園を学校的にしてしまったのだという。[20]

確かに安定した近世社会の中で、長い時間をかけて形成されてきた国民の学校観は、急激な近代化・西欧化を経験したあとでも根強く近代学校制度の中に生き残ったと指摘されている。[21] そこで伝統のない幼稚園は、まず学校のイメージを通して受けとめられ、〝学齢期以前の学校教育〟として早教育の期待を担わされることになったのである。「子供が幼稚園から帰って来れば直に今日は何を教はったかと聞く」[22] 父母の幼稚園への誤解や、「文字教育、算術教育を喜ぶ親にも罪の一端がある」[23] と言われる親の期待は、学校のイメージを通して幼稚園を理解している一つの表れであろう。果して、藩校や寺子屋につらなる「学校」以外に、幼稚園の先行形態はあり得なかったのだろうか。

冒頭に紹介したように、デューイは「フレーベルの教育原理」[24] の中でこう書いた。フレーベルの遊戯の研究は、実は当時の子どもたちの日常的な遊びを観察し、帰納的に研究する中で進められたこと、そしてこれらの遊戯は、子どもたちがしているからといって、けして子どもじみたものなのではなく、彼らの発達に本質的で不可欠の要因をなしていることを、フレーベルは同時代の人々に理解させる必要があったのだ、というのである。

日本でも長い平和な時代が続いた近世には、著しく子どもの遊びが豊富になった。そして、遊びを子どもが成長していくために必要な過程として認めるところまではいった。しかし、遊びを積極的に教育方法の原理にすえる思想は自生しなかった。[25]明治初期に幼稚園制度を輸入した人々において、近世日本に展開した子どもたちの遊びを帰納的に研究する課題は等閑に付されてしまった。[26]したがってこの時代、日本のフレーベルたちは、学童とは異なる幼児たちの心理的な特質と、遊びのもつ教育的な意義を、現実の子どもたちの姿の中から〝発見〟し、教育界と国民に伝えなければならなかったのである。ただし、フレーベルがしたように、日常生活の中での遊びを帰納的に研究するのではなく、既に形づくられた幼稚園での園児たちの遊びの研究を通して、また、フレーベルの時代にはできなかった「近代科学」（東基吉）・「科学的教育学」（和田実）の助けを借りながら。

このように、一八九〇～一九一〇年における保育内容・方法改革の歴史は、日本の幼稚園界が、幼稚園移植から二十年してようやく学校教育とは異なる幼児教育固有の方法原理を自らのものとしてつかみとろうと苦闘した試行錯誤の過程だった。そうだとするとこれは、「幼・小の連携」が課題となっている今日ではもう「古い」「過去の遺産」ということになるのだろうか。そうではないと考えている。一歩幼児教育関係者の外に出れば、しつけ塾やおけいこ塾など依然として「幼児教育の固有性」への認識は今日でも広がりをもたない。そのことと関わって「幼・小接続」そのものも、幼児教育の固有性をより深くとらえ直すことと連動しながらその認識を深めることが期待される。その点については後に改めて言及したい。

3 「新人物」像と感情・意欲の教育

幼稚園論争は国際的な新教育運動の台頭と重なっているので、論者の中には単に学校体系上の幼稚園の位置を問題にするだけでなく、教育目的や目標そのものの再考を求める志向も顕著だった。のちに幼稚園界をリードする倉橋惣三が、「幼児保育の新目標」という印象的な講演で一九〇九年にデビューしたことはよく知られている。(27) その中で彼は、知識の教育はあとでもとり戻せるとし、強い活力・実行力・意志力の土台を幼児期に培うよう保育者に呼びかけた。このような子ども像は、近世社会に一般的だったしつけ中心の儒教的子育て論、「天賦の知覚の開発」にウェイトをおく啓蒙期の知的幼児教育論に対して、意欲・活動力に最高の価値をおく新教育らしい子ども像といえる。

一八九〇年前後の幼稚園教則は修身をトップに掲げ、「教育勅語」を導きだした徳育重視の教育政策を反映した性格を持っていた。連合保育会雑誌も創刊当初は、幼児期の習慣形成を重視する儒教的子育て論の再来を印象づけるような議論が目立った。しかし、一九〇〇年代に入ると論調は明らかに変化する。新教育の子ども像を幼稚園関係者の間に浸透させる契機を作ったのは京都帝国大学の谷本富であった。日本の帝国主義的発展を支える「新人物」像を提起して教育界に大きな影響力を持った谷本富が連合保育会に呼ばれたのは一九〇七年だが、彼はその講演で次のように述べている。

「今日の幼稚園は五感を練るとか、観察力を養ふとか言って、詰り智力の開発に傾いて居る様に思いますが、私は智力よりも寧ろ情と意とを教育することを希望するのであります[28]」

彼は恩物重視の保育は知育に傾きすぎると考えて、情意の教育を主張している。

一般に幼児教育の目標は、教育活動の総和として次の世代に期待する人間像と、幼児期固有の発達課題についての認識が統一されたものとして表現される。人間像の方はより直接的に、発達課題は間接的にではあるがやはり歴史的性格をもっている。それではこの時代、保育内容改革の前提におかれたのは、どのような子ども像だったのだろうか。二つの特質を指摘しておこう。

第一に、子どもを愛玩の対象としてみるのではなく、一人の人格として尊重し、独立した人格へと形成しようとする近代的な人権感覚が子ども観にも反映してきていることだ。詳述はさけるが、例えば子どもを一人前の人間、仲間として扱えとか、「子宝」は子にカカルという意味でなく、子育てを通じて親が人間的に成長するという意味でとらえよとか、さらには、非歴史的、人生論的見地からではあるが、親の人生をのりこえるものとして子どもへの教育を説く議論など、二つの保育雑誌に見られる子ども観は全体として近代的な響きを持っている[29]。

第二に、幼児教育の目標を、次第に土台としての身体の発育を重視し、精神面では知徳より感情・意欲を基礎的なものとして重視する考え方が支配的となっていく傾向を指摘できる。

幼稚園関係者の中で東基吉は、幼児教育の目標として、「身体の発育を主とし、感情の教育之に次ぎ、而して智産の教育は更に之に次ぐべし[30]」と言った。中村五六は、さらに進めて「幼児に対しては身体の

知産の教育
感情の教育
身体の発育

図 1-a　東基吉の教育目的論

善良の言行	交際の情誼	身体の健全	心思の啓発	知覚の開達

図 1-b　啓蒙期の保育目的論

（1877 附属幼稚園規則第 1 条）

養育といへば即ち心身両者の教育と解し得べき[31]」と述べて、養護と幼児教育の統一を求めた。幼児教育において意識的に身体発達の意義が問われたことは注目してよい。また、中には儒教的なしつけ論から情意の教育に宗旨変えしたものもみられる[32]。

今ちなみに、東基吉の保育目的論を図示してみると、**図1―a**のように表すことが出来る。いっぽう谷本や倉橋が批判の対象とした啓蒙期の保育目的は、最も早い時期の附属幼稚園規則の文言でいえば**図1―b**のように示すことが出来る。啓蒙期の保育目的は徳育論争[33]と前後してすぐ儒教的なそれに取って代わられ、日本の幼児教育界に深く理解されることはなかった。しかし否定的に捉えられた啓蒙期の知的な幼児教育論がなぜ広く日本の社会に浸透することが出来なかったのかという問題の解明は、幼稚園教育を学校教育の一環として捉え幼小接続を検討することへの困難をもたらした要因を明らかにしてくれる可能性がある。また「幼児に対しては身体の養育といへば即ち心身両者の教育と解し得べき」（中村五六）という表現は、新教育の人間像が近世社会で生まれた「気」一元論とどこかで繋がっていることを予感させもする。近世近代を通じた長い時間軸において検討すべき課題が幼児教育において残されていることを確認して、小論では、この時期の幼稚園論において保育目的の変化が生まれたことを指摘するにとどめておきたい。

4 「保育四項目」の形成過程

こうした新教育的な保育目標の出現、つまり子どもの自主性の強調は、幼児の自発的な活動を保育内容の中心に位置づける方向へと保育内容改革を方向づけた。つまり儒教的子ども像や、恩物主義を克服する試みの中で、保育者の意図する活動だけではなく、子どもの自発的な活動と保育者の意図との相互作用を保育内容として計画する視野が開け始め、保育内容の構造が少しずつ問題にされ始めたのである。

図2は、戦前まで全国の保育内容研究の中心であった附属幼稚園の保育課程の構造を図示してみたものだ。一八九〇年代まで（明治前期）にはほとんど課業だけで保育内容が形づくられていた。ところが十九世紀末以降明治後半には課業的遊びと自発的遊びを区別する論理があらわれ、生活指導の領域の独自性も位置づけられ始める。一九三〇年代（昭和初期）、倉橋惣三の指導による『系統的保育案の実際』（附属幼稚園編、一九三五年）になると自由遊びを中心に保育内容がつくられていくが、明治後半期はその中間段階に位置している。次に、この構造化を可能にした関係者の認識の発展を跡づけてみよう。

まず、実際の保育内容が、この時代を通してどう変化したかを検討してみたい。

フレーベル会の中心だった附属幼稚園を例にとって考えると、一八九〇年代以降の保育内容・方法の変化の要点は次のようなところにあった。(34)

まず、保育課目が、積ミ方・板排へ・箸排へ・……・修身・庶物・唱歌・遊戯（嬉）など二十数課目から、次第に「遊戯・唱歌・談話・手技」の四課目へとまとめられていったことである（**表2**参照）。二十恩物が「手技」として一課目にされたことが特に大きな変化であった。一八九二年頃から試行錯誤の末、一八九九（明治三十二）年六月文部省が制定した「幼稚園保育及設備規程」（翌年、小学校令および同施行規則に編入）で一応の決着をみたこの変化は、先行研究も指摘するように、恩物の保育内容に占める位置が相対的に小さくなり、遊戯や唱歌が重視されるようになったこと、二十恩物すべてを忠実にとりあげるのではなく、弾力的に使用するようになったこととして、ひとまず理解することができ

図2　東京女子高等師範学校附属幼稚園の保育内容

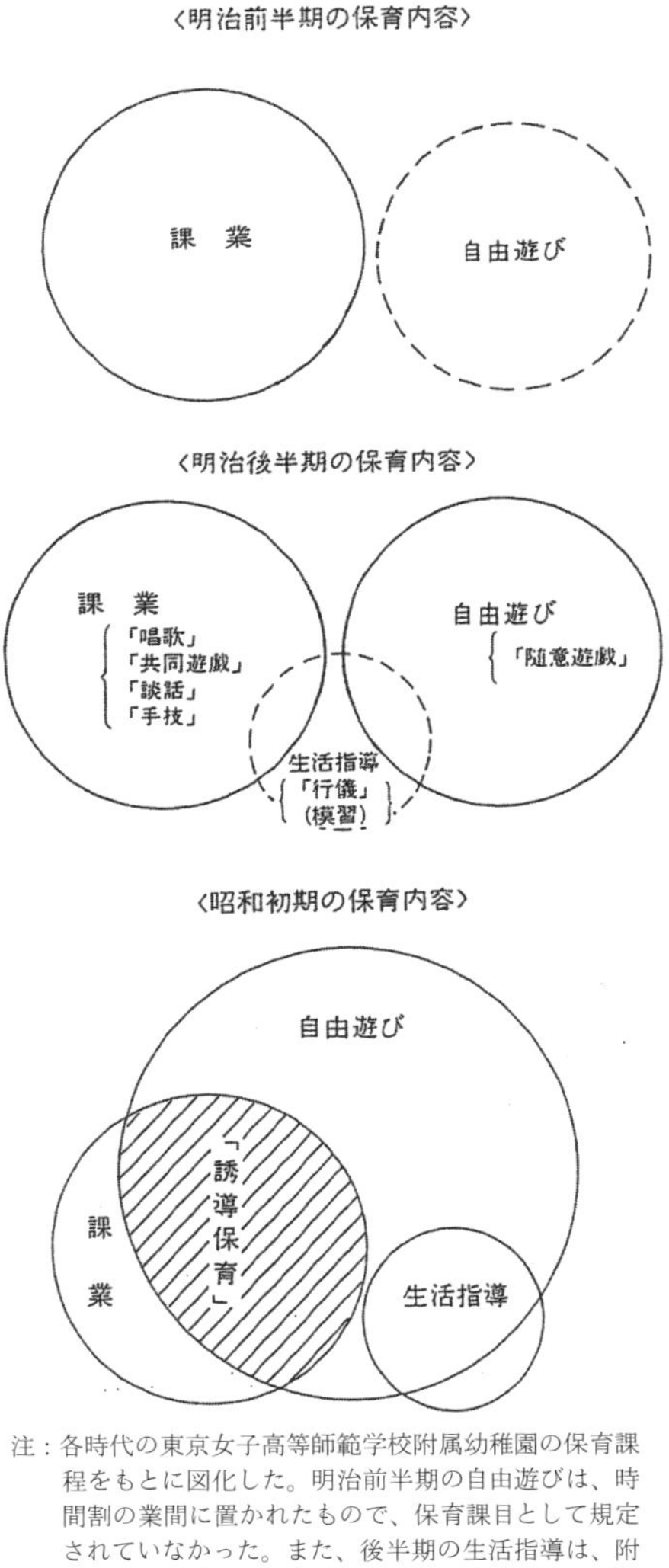

注：各時代の東京女子高等師範学校附属幼稚園の保育課程をもとに図化した。明治前半期の自由遊びは、時間割の業間に置かれたもので、保育課目として規定されていなかった。また、後半期の生活指導は、附属幼稚園の教則には定められたが、文部省規定の「保育四項目」には規定されなかった。

表2 「保育四項目」の形成過程――保育科（項）目の変遷

1881(明治14)年7月	(東京女子師範学校規則第七章幼稚園規則第八條) 会集、修身ノ話、庶物ノ話、雛遊ヒ、木ノ積立テ、板排ヘ、箸排ヘ、鐶排ヘ、豆細工、土細工、鎖撃キ、紙織リ、紙摺ミ、紙刺シ、縫取リ、紙剪リ、結ヒ物、画、数ヘ方、読ミ方、書キ方、唱歌、遊嬉、体操
1884(明治17)年2月	(東京女子師範学校附属幼稚園規則第二章第一條) 会集、修身ノ話、庶物ノ話、木ノ積立テ、板排ヘ、箸排ヘ、鐶排ヘ、豆細工、珠撃キ、紙折リ、紙摺ミ、紙刺シ、縫取リ、紙剪リ、画キ方、数ヘ方、読ミ方、書キ方、唱歌、遊戯
1892(明治24)年4月	(女子高等師範学校附属幼稚園規則第四條) 箸排ヘ、 紙刺シ、 修身、庶物、読ミ方、板排ヘ、環排ヘ、画キ方、縫取リ、紙剪 紙織リ、 リ、紙組ミ、紙摺ミ、豆細工、粘土細工、撃キ方、唱歌、遊嬉
1893(明治25)年7月	(女子高等師範学校附属幼稚園分室仮規則第一條) 説話(修身、実事、庶物等)、行儀(言語、動作、整頓、清潔等) 手細工(重積方、排置方、連結方、画キ方、豆細工、粘土細工、紙細工、麦稗細工等) 唱歌、遊嬉
1894(明治26)年3月	(女子高等師範学校附属幼稚園規則第二條) 説話(修身、庶物、事実等)、行儀(言語、動作、整頓、清潔等) 手技(重積方、排置方、連結方、画方、豆細工、紙細工、麦藁細工等) 唱歌、遊嬉
1899(明治32)年2月	(フレーベル会「幼稚園制度ニ関スル建議書」) 説話、唱歌、遊嬉、手技、模習
1899(明治32)年6月	(文部省令第三二号、「幼稚園保育及設備規程」第六條) 遊嬉、唱歌、談、手技
1900(明治33)年8月	(文部省令第一四号、「小学校令施行規則」第九章第一九七條) 遊戯、唱歌、談話、手技

出典:『文部省年報第九年報』『同第十二年報』『女子高等師範学校一覧』『同、年報』『フレーベル会第三年報』『幼稚園教育百年史』による

よう。

ところで、中村五六が附属幼稚園主事に就任したのは一八九〇（明治二十三）年四月であった。しかし、現存する一八九二（明治二十五）年度の附属幼稚園規則をみると、「保育ノ課」を「修身、庶物、積ミ方、板排ヘ、……粘土細工、繋キ方、唱歌、遊嬉トス」というように、明治前半期の規程の性格をまだそのまま残すものであった。「四項目」の前身、つまり恩物関係をひとまとめにした規則がはじめて登場するのは同じ年の附属幼稚園「分室仮規則」だった。そこでは「説話、行儀、手細工、唱歌、遊嬉」という五課が規定された。保育内容の改変は、スラム街に開設された「分室」、つまり簡易幼稚園から着手されたのである。

一八九四（明治二十七）年度「附属幼稚園規則」になると「手細工」が「手技」に改められ、「説話、行儀、手技、唱歌、遊嬉」の五課目とされて、本園の規則にも恩物をひとまとめにした手技の課目（後の「項目」に相当）が登場した。その後、フレーベル会が一八九九年二月に建議した「幼稚園教育令ニ関スル意見」中では、「説話、唱歌、遊嬉、手技、模習」の五科目となった。附属幼稚園の従前の規定と比べると、唱歌・遊嬉の位置が前に出、「行儀」が「模習」と改められている。そして同年六月、文部省が制定した「幼稚園保育及設備規程」は、遊嬉や唱歌がさらに前面に出た「遊嬉、唱歌、談話、手技」の四項目となった。尚、この四項目は、翌一九〇〇年、小学校令施行規則に組みこまれた時、「遊嬉」を「遊戯」に改めている。

こうした一連の経過は、用語・用字の変化も含め、一八九〇年代にその後半世紀近く採用された「保育項目」の骨格が作られたことを示している。変化の特徴は、前述したとおり、恩物の保育内容に占める位置が相対的に小さくなり、遊戯や唱歌が重視されるようになったことなどである。それでは、この、遊戯や唱歌の重視と、恩物の相対的後退という現象を支えた幼児教育の思想はどのようなものだったのであろうか。

5 課業と遊びの分化――遊嬉から随意遊戯へ

幼稚園教育の独自性を確立したいと願う関係者にとって最大の課題は、当時の学校的教育方法(〝課業主義〟ともよばれている)の克服を理念的にも実践的にもなしとげることだった。教師が主導する保育活動や生活形態から、子ども主導のそれへの重点の移動は、「遊戯」つまり子どもの遊びを教育活動の中に如何に位置づけるかという問題を軸に理論と実践の両面から模索された。

この点に関わって二つの誌上で多くの論者が遊戯論を説いているが、その内容を検討する前に、まず当時の「遊戯」という用語がもっていた二重の意味についてふれておく。一つは、現代の用語と同じ、子どもの自発的な遊びという意味で使われるが、もう一つ、幼稚園発足以来、保育科目の一つとして「遊戯」があった。その中心は唱歌にあわせて振りをつけたいわゆる「お遊戯」(唱歌遊戯・唱遊などともよばれる)なのだが、時代を遡るほど、この意味で「遊戯」が使われることが多い。保育四項目の時代に入ると、規則の上ではこの意味での「遊戯」は「共同遊戯」と呼び、前者を「随意遊戯」と呼んだ。したがって、「お遊戯」とは別に、子どもの自発的遊びを指す「遊戯」が学術用語としてさかんに使われ、規定上では「随意遊戯」などという特別な呼称が使われたこと自体、この時代を象徴する事実である。以下、本稿では「遊戯」は「共同遊戯」の意味で、また「随意遊戯」は「遊び」と書くこととしたい。

さて、課業主義からいかに保育を自由にしていくか。その点で、当時の理論的リーダー中村五六、東基吉、和田実の三人は少しずつ異なった解答を出していた。

中村五六は一八九〇年附属幼稚園主事に就任し、途中二年数ヵ月を除き、一九〇九年まで十六年余その地位にあった。実践的な研究という点になると、附属幼稚園批評係として彼が招いた東基吉（一九〇〇～〇五年在任）、和田実（一九〇五～一二年在任）の果たした役割が大きいが、彼らに充分な活動を保障すると共に、全国の幼稚園関係者の文字通り中心的リーダーであった。

さて、中村の場合、恩物にしても遊戯・唱歌・談話など他の教材に関しても、急激な改廃といったことは考えていない。中村は、「戯」という字を好まず、「遊嬉」という用語を一貫して使い続けた。また感情・意欲を育てるという彼の子ども観からして、遊びへの共感的理解では人後に落ちない。しかし、なぜ課業でなく遊びなのかという問いに、彼は幼児が一つのことに長く集中できないからだ、と考えた。断片的で変わり易い興味だけれど、その興味に従って活動させることが「幼児一般の能力を高むる最良の方法」だと彼はいう。幼児のもつ集中力についての評価が低いことが一つの特徴だが、これは当時の三十分きざみの保育を前提として、その中でつかみとられた子どもの実相ではなかっただろうか。

当時の保育を前提としていることは、課業と遊びの関係についての彼の認識にも現れている。彼はいう。

「凡ソ仕事ト遊嬉トハ共ニ其源活動力ニ在リ。而シテ遊嬉ニアリテハ、活動其物ヲ目的トスルモ、仕事ハ之ニ反シテ活動ノ結果ヲ以テ必要ノモノトス。又活動ハ真ニ愉快ナルモノニシテ、当初ハ之ヲ洩出スルニ仕事ニ於ケルト遊嬉ニ於ケルト其間ニ大差ナキモノナリ。[35]」

ここでいわれる「遊嬉」「仕事」は、実践のレベルでは「随意遊戯」とそれ以外の課業的活動に対応するものと考えられる。したがって、課業も幼児の興味や能力にあっていて、興味が湧くように誘導できればよいのである。当時、附属幼稚園がめやすとした「保育事項」(一九〇二年)は膨大な保育教材を掲げているが、中村にあっては、それらの課業的な遊びがよく幼児の興味をひき得ると予定調和的に考えられていた。彼は二十恩物も基本的には支持していた、そして「好悪調査」により、子どもの興味や能力に適さない一部のものの改廃と、積木の部分の混合使用など恩物の部分的改良、さらに保姆の誘導技術の改良が中心的な課題と捉えられていたのである。

ところが東基吉になると、国際的な児童研究運動の遊び論を消化して、その到達点からフレーベルを批判的に継承しようとする姿勢が鮮明になってくる。彼は、フレーベルの汎神論的世界観、自然法則を認識すること、つまり神を知ることだとする教育目的論、恩物論などに疑問を呈した。その一方で、フレーベルの遊び論と、子どもは人類発達の歴史をくり返すという子ども論とを高く評価し、東自身の理論的根拠にすえている。

恩物についていえば、彼は恩物の体系、つまり論理的順序が子どもの認識の順序と同一ではないこと、恩物は自然現象の特質を抽出してモデル化し演繹的認識をうながそうとしている、しかし、子どもはむしろ帰納的に認識を広げるのだと考えていた。「自然の物体は一方から云ふと、体も線も面も皆一様に具へて居る」のだから、積木も板・紙・粘土もすべて混ぜて使わせた方が子どもの気持ちに合っている。また「そうして使用する中に若し必要がありますれば、子供は立体からだんだん抽象に至る具合を知る」というのである。中村においては是認されていた恩物の系統的指導が正面から批判され、恩物は「自由に任意に遊ばせる所に最大の価値」があると言いきったことが注目される。[36]

しかし遊び論では、彼は積極的にフレーベルを継承しようとする。遊びは幼児の内面の「最必然的、最任意的なる外発」であり、しかも、子どもが自ら選ぶ遊びに「児童将来の全生活の萌芽が包含」されているという。[37] したがって、幼児の自然としての遊びを抑えるとその能力の開花が片寄ることになる。このような自発的遊びの重視と、遊びの発達にとっての意義を説く東の基本的立場は彼の著書『幼稚園保育法』（一九〇四年）でも貫かれ、さらに詳細に発展させられた。東は遊びのもつ教育的意義を、身体・感覚・知力・意志や感情など全人格的な発達と関わって捉えており、その理論的な包括性が情意中心の新教育論者と異なっている。

ところで東基吉については、幼児の社会性・共同性の発達への言及が従来から注目されてきた。そして彼が幼児の自我の伸長と他者理解の関係、個と集団の関係をどのように捉えているかについて論者の評価は分かれていた。筆者は同時代の他の幼稚園関係者と比べて東の思想に全体として近代的な合理主義、個人主義への志向が強いと考えている。それでも、例えばゲームルールなど規則への従順は説くが規則の改廃の指導は視野外で、幼児の自己主張そのものを教育的に位置づけることも問題にされない。こうした民主主義把握の弱さは時代的制約として今日との距離を見せている。

さて、恩物を批判し自発的遊びをフレーベル理解の鍵にするなど、東の理論的貢献は大きかった。しかしそれでもなお、自発的遊びの重視を日課や〝時間割〟との関係で貫徹することはできなかった。彼は唱歌・共同遊戯・談話の教材を子どもの興味にあうように改革することに努力を傾けた。しかし保育計画全体が課業的な教材の持ち込み方である点には疑問を呈しなかったのである。

6　自発的遊びであるかのような課業の指導を――和田実と保育形態の改革

東は「此時代に於ける幼児遊戯の真正の価値は、寧ろ反って彼等の随意遊戯に於て存ずるを見るなり」[38]とまではいった。しかし、自由遊びと課業の関係はついに、俎上に載せなかった。当時の保育が、日課（今日のデイリープログラム）の点でも週単位の「時間割」の点でも学校的で、課業中心に組み立てられている問題に手をつけることはできなかった。和田実はこの点にふれて後年次のように語っている。

「先生方は能く子供と調和して遊ばせては居りましたが、形式の上からは全く学校と同様で、就学以前の子供という感じはありませんでした。それから半年ばかり経つ中に（一九〇五年秋頃―引用者）、室の入り口の時間割は自然に必要を感じなくなり、何時の間にか取り去られて差支えない様になって仕舞ひました。併し夫れでも、会集することヽ午前に二度の入室と午後一度の入室とは殆ど規定の様にきちんきちんと行はれて居ました。是が追々、子供の遊ぶ状態に連れて、臨機に変更される様になりましたが、此状態で、私の任務が小学校の方の専任になるまで（一九一二年―引用者）……続きました。[39]」

当時の「時間割」をみると、午前中には会集と二回の設定保育が計画され、業間に二十～三十分の「随意遊戯」や「外遊び」が行なわれる。設定保育は三十分程度で、一回目が曜日により唱歌や談話、二回目が手技だった。また午後は、再び外遊びのあと手技を中心に三十分の設定保育が行われる。[40]このように、遊び―課業―遊び―課業……と三十分きざみで変化するのが、当時の保育のリズムだった。それでも、一八七七年の附属幼稚園の規定と比べると、二十年の間に、恩物の保育時間が減り、設定保育の時間が四五分から三十分に短縮されるなど、多少ゆるやかになっていた。このように画然と区別された遊びと課業のサイクルに本格的に疑問を提起したのは和田実以降である。彼はこの問題を解くのに、課業と遊びの関係を幾つかの側面から検討している。

和田は課業を内容面では学校教育への連続性において捉えていて、例えば恩物の教育を「遊戯的手工」と呼んだ。小学校教科の手工との連続性において恩物の意義を捉えようとしたのだ。それでは、〝遊戯的〟と限定したのはなぜか。それは小学校の作業が結果の有用性（和田によれば「社会的実用的価値」）

を目的として行われる「仕事」なのに対して、幼児の手工は過程の面白さ自体を目的として行う遊びでなければならないからである。和田は、「此説は吾人が遊戯の心理的性質を説明するのに誠に恰好なる論拠」としてK・グロースの次のような遊戯論を引用している。[41]

「遊戯は仕事の反対なり。仕事は常に達せられる可き他の目的の為に為さるるものなり。仕事は愉快ならざることあれど、遊戯は常に愉快なり。……」

和田は「仕事」と「学習」の関係については概念の整理をしていない。しかし、両者とも活動の結果を問題にする点では共通しており、それが困難な点に和田は幼稚園教育の、学校とは異なる独自の方法的根拠を見出したのである。

遊びは面白さの追求、客観的結果を考慮しない主観的興味の追求を本質とする。そうだとすれば、課業的遊びといえども、幼児が面白いと感じている間だけ教育として成立する。興味が持続しなければ活動を転換しなければならない。冒頭に和田の回想を引用したが、遊びの状態に応じた日課の弾力化はこうして彼の中で理論的裏づけを持った。

ところで子どもが自発的にあそんでいる間だけ教育がなりたつとすると、教育的観点から遊びを計画し、組織することはどのようにして可能なのだろうか。彼は「遊戯的手工」の指導方法を述べた論稿の中で、自由遊びをモデルにして課業的遊びの方法を考えようとしている。幼児の自発的遊びは生活経験の中に起源をもっており、課業的遊びとの違いは生活経験が自然発生的か意図的なものかということだけなのだ、ということを彼は発見した。幼児の自発的遊びは生活経験の中に起源をもっていること、したがって、課業的遊びも、幼児としてはそれが自発的遊びであるかのように興味を誘導する環境構成が決定的に重要だとした。

実際の製作過程では、〈自由製作―半自由製作―模造製作〉の三段階を想定し、自由製作を理想としながらも、幼児の自発活動を発展させる方向での注意や訂正、評価、限定された場面での示範的教材を位置づけている。(42)

さらに一九〇七年の講演では、表現的な遊びの研究は進んだが、受容的な遊び（「受領的収得的」）の研究は進んでいないと指摘し、「総じて子供に見せて置くと云ふことは既に保育の半ばをなしたるもの」と述べている。このように、課業主義を批判し、自発的遊びを重視したところで、却って課業的活動の指導方法について本格的に分析的な検討が始まった。(43)

7　学校的形態からの脱皮――園庭・園舎・遊具

幼児教育の独自性への関心から、保育の物質的条件を見直す機運も高まっていた。松本孝次郎は「幼稚園問題」という包括的タイトルの論稿の中で、相当のスペースを施設設備の改革に割き、保育室を参観した者は「宛然小学校の教室にあると同様な感を起」こす、幼児には厳格すぎて不安を起こすような学校建築を踏襲していること自体、幼稚園の研究不足なのだと強調した。

それが、いわば時代の思想であったことは、連合保育会雑誌上の多くの論者が、口をきわめて物的条件に言及していることでもわかる。まず園舎についてみると、「花園のよう……な名にふさわしからぬ『ごみ庫』か『監獄のやうな』建築」（松浦正泰）とか、大阪公立幼稚園の幼児は「狭いところにおしこめられた金魚」で「半死半生」（岡田熊太郎）などと、その狭さやいかめしさが批判された。そして、幼稚園が家庭教育と学校教育の媒介であるべきだという位置づけから、うすべり敷や畳敷の家庭的保育室（伊沢修二）や、家庭風の部屋と学校風の部屋の兼備（山松鶴吉）が提案されている。

また遊園についての言及も多い。園庭を欠く幼稚園は「名ばかり園で、其実は幼稚箱」と皮肉る美篤生は、「田舎の児童は餘程幸福である。彼等は新鮮なる空気中で『フレーベル』の根本主義たる自発活動によりて自然研究に汲々として居る」と述べていた。寺田勇吉や中村五六の指摘の中にも、本来のフレーベル幼稚園と日本のそれの差異の一つとして、園庭の貧弱さがあげられている。東基吉も、随意遊戯に「幼児遊戯の真正の価値」を見る立場から自由遊びの条件として園庭を問題にする。東によれば、ピアノやオルガンなどいかなる教具・遊具にも増して自然恩物を豊富に備えた園庭が大切なのであった。さらに谷本富は、松林の中に幼稚園を、と提言しつつ、都市ではそうもいかぬとすれば「雨天は屋根の下でしなければならぬが、平日は十中八九は露天の下で」保育するよう求めていた。

倉橋惣三の「森の幼稚園」、橋詰せみ郎の「家なき幼稚園」はこうした議論中で準備されていた。保育四項目は、一九二六年幼稚園令で「自然」を加え、保育五項目に改められて敗戦まで続いた。都市に失われた自然環境のとりもどしが、このように明治後半期から関心事となりはじめることをみるならば、保育四項目と五項目の性格は基本的には変化のないものと考えてよいであろう。

さらに物的条件への関心から遊具研究にも新しい動きが現れた。東京のフレーベル会では和田実が、フレーベル館の高市次郎と組んで一九〇九年春から「実験的玩具研究」に着手している。また、同じ頃園庭に固定遊具を設ける幼稚園が増えていた。関西ではこれより少し早く、沙壇（砂場）への関心が語られている。一九〇一年の連合保育会雑誌には、「記者」の署名でこう書かれていた。子どもが「水いじり、泥捏ねを好むことは誰でも知っている」「余輩の考ふる處では、幼稚園の初手などは、……如何なる日にても無理無体に課業に従事せしむるなというよりも、寧ろ適当の沙壇を設けて、気侭に遊ばせて置いた方が余程増しであると思ふことがある。」これはアメリカにおけるサンドテーブル、サンドコート（いずれも室内用）の流行をヒントに、戸外用の沙壇を考案しているのだが、自由遊び主体の保育形態と結びつけて発想されていることが注目されよう。また二年後になると、「砂遊びの装置」を実践した記録が現れる。「自由遊びに就きて」（随意遊戯がここでは自由遊戯と記されている）のタイトルで書かれたこの報告は、砂遊びは粘土細工と同じ効果があり、公園

写真1　園庭での遊び——共同で積み木遊びをする
（『愛珠幼稚園写真集』より）

づくり、堤防づくりなど戸外保育と結びついて遊びが発達すると述べている。

一八九九年幼稚園保育及び設備規程、一九〇〇年小学校令及び同施行規則には、園庭に固定遊具を設けるべきことについての規定がない。しかし、一九二六年幼稚園令には、「砂場等」としてもりこまれた。こんな点にも、一八九〇〜一九〇〇年代の保育が一九一〇年代以降の大きな飛躍を準備していることがうかがわれる。

8　直訳教材のみなおしと教材改革

課業的遊びの教材を幼児の興味にあうように改革しようという課題意識は東基吉に最も鮮明だった。また彼の先行者が既に関西の保育研究にあった。

大阪師範学校教諭、樋口長市は後に東京高等師範に転任し、「八大教育家」の一人として、大正自由教育の頂点に立った教育学者である。当時は『連合保育会雑誌』の編集を十号まで担当し、市内各地区保育会で児童心理を講じていた。彼は、シルレルの歴史的段階説に拠るのだとしながら、「心理発達の程度からして、児童は人類の原始時代に近い野蛮人に似ている」という。その観点から唱歌・遊戯・談話などの教材を見直すと、例えば唱歌や遊戯では、幼児はテンポの早いものを好む、アリタレーション（繰り返し）はその心理にあっている、そして音楽の歴史は、拍子時代・調拍時代・合奏時代・諧和時代と進化したが、拍子から調拍への原始的段階こそ幼児の心理に適している、といった主張になる。談話教材をこの発想で捉えると、昔噺や世界の民話は保育の教材としてふさわしいが、仏教の説法噺は、道徳的であって幼児の心理にそぐわぬ、ということになる。これらの指摘は東基吉とほぼ共通しており、東の方は、教材の創作も含め、幼稚園の実際に即してより具体的に展開していった。

一方、高島平三郎は、幼児の心理を石器時代人になぞらえ、「鬼ごと」など古代からのゲーム遊びを再評価しながら、他方では教育は文化史を繰り返せばよいのではなく、「工業社会にふさわしい生産的」遊戯を選びとって誘うことも大切とされている。鬼ごっこの復権といった指摘は同時代の遊戯にゲーム的な教材が増えていたことと対応する。また、「文化史的節約」の観点は、一九三〇年代の城戸幡太郎にひきつがれていくものであった。

一九〇三年の連合保育会保育部大会では、「日本幼稚園ノ特色」が第五議題として提案されている。「大和魂ノ養成ナルモノハ果シテ幼稚園ノ特色トシテ可ナリヤ否ヤ」というのがその趣旨であった。二年の後、『婦人と子ども』誌も井上円了の「我邦には亜米利加的幼稚園ありて日本的幼稚園なし」「日本の家庭よりあみだしたる幼稚園を作るべからず」という談話を載せている。日露戦争前後には、政治社会におけるナショナリズムの高揚に触発されて「日本的特色」が意識されてきたのだった。しかし、人間像や教育目標のレベルで本格的に「日本的特色」が検討されることは少なく、むしろ日本社会で生活する幼児の興味に直訳的教材が適合していないのではないかを問題とする、言い換えれば〈生活と教育〉という問題を方法的観点から説く傾向があった。伊沢修二がうすべり敷の幼稚園を説いたり、羊の教材は牧畜の少ない日本にはあわぬと批判しているのはその例である。

しかし、それでは日本文化の中の何を教材化すべきなのか。この点になると、文化の民衆的伝統から武士的なそれまでバラバラだった。そうした中で京都帝国大教授、上田敏の連合保育会における講演は、前者を自覚的に説いた議論として興味深い。上田は、「日本人でもなく西洋人でもない」人々を生み出している皮相な西洋化を批判し、近代化は民族的伝統の土台の上に実現されるべきこと、しかし東西文化の統一は「採長補短」などという折衷主義では実現せず、西洋文化の移入と伝統文化の発展を各々徹底して追求することが先決であることを説く。その際、童謡・民謡・労働歌など民衆的伝統こそ土台として重視されるべきで、特に子守謡・民謡などの伝承文化は音楽・舞踏・詩歌が未分化な原始芸術の面影をもち、文化領域に共通の根を養うべき子どもに与える文化として優れているというのがその趣旨であった[44]。これは唱歌教材に典型的にみられる和洋折衷、しかも、貴族文化の伝統を土台に近代的教材をつくろうとした学校唱歌・幼稚園唱歌の試みに対する真正面からの批判でもあった。上田のような発想が実際に教材として具体化されるのは大正期の芸術教育運動を待たねばならない。しかし、一八九〇〜一九〇〇年代という時期は、一つの転換点として後に発展していく多様な論点を生み出していたのである。

9　保育内容の構造的把握と幼小接続への視野

先述したように保育四項目が制定された時、フレーベル会案にあった「模習」の項目は削除された。「模習」という用語はこの案に一度出てくるだけだ。しかし同時代附属幼稚園には「行儀」という課目があり、同じ内容をさすものと考えられる。「模習」としたのは説いて聞かせる躾ではなく、実践躬行による習慣形成を強調したためであろう。それがなぜ削除されたのかは、今後の研究に待たねばならないが、「模習」が他の項目と性格を異にする生活指導に関する項目だったことは興味深い。

そもそも一八七〇~八〇年代以来、幼稚園に関する規則類で保育科（課）目として掲げられるのは学校教科（文化遺産の体系）へつらなる保育内容に限られていた。生活指導は、目標の中に「善良ノ言行」とか「徳性ヲ涵養」と言及されるものの、実際に行われていたであろう指導を教育計画として具体化し検討の対象にすることは視野外におかれていた。したがって、どちらかといえば、削除されたことよりフレーベル会案に一つの項目として登場したことの方が興味深い事実なのである。

生活指導を保育の一分野として意識してくるのは、明治期の幼稚園では附属幼稚園分室や貧民幼稚園の教育課程においてである。それらの園では、生活指導をとりわけ重要な教育活動と意識していたからだが、附属幼稚園ではそれを本園の規則にも採用した。後に倉橋惣三は「系統的保育案」において、「生活訓練」、「自由遊戯」と「保育設定案」（内容として中心的活動と課業的活動を含む）の関係を初めて構造化した。また、「生活訓練」分野は、保育所保育を研究対象に含めた第一期保育問題研究会の山下俊郎らによって意識的に研究が図られた。こうしたその後の歴史的展開の中に「保育四項目」を位置づけてみると、まだ構造化の前段階なのだけれども、課業的活動とは独自に「随意遊嬉」（後に「自由遊戯」）と「模習」（後に「生活訓練」）の分野を分化する萌芽がここにあったのである。

しかし一旦このように分離された小学校教育と幼児教育の関係について、改めて少しふれておきたい。子どもはいつまでも未分化ではいないし、課題によっては与えられたものでも自発的に集中できることこそ望ましいだろう。だとすると一旦分離された幼児教育は、実は学校教育の方向に向かって開かれていなければならない。例えば東は、「児童研究などというよりは、私の目的は近代科学に基礎を置く全教育体系の最切の一環としての幼稚園教育とその改善とに在った」[45]という言い方で、こうした課題が視野の内にあったことを示唆している。また、和田も積極的に、「幼児教育はやがて小学校の教育に接続す可きもの」で、教材の名称もつながるものは統一的な方がよいと述べている[46]。しかし、当時の実践的な必要は、ひとまず「学校的幼稚園」や「課業主義」からの脱脚にあった。しかも、小学校低学年教育の側からの幼稚園との連携の志向もまだ微温的なものであった[47]。幼年期教育あるいは幼小の連関といった問題が意識的な研究の対象として本格的に登場するのは、はるかに時代を下らねばならなかったのである。

ところで今日では多くの保育関係者が、幼小接続という視野から幼児期における「学び」の解明を研究の課題として設定している[48]。それはここで対象とした「幼児教育の発見」との関わりでいうと、どのような意味をもつのだろうか。

「幼児教育の発見」とは、この時代、自発的な子どもの遊びを教育活動の基礎に位置づけることを内容としていた。指導者の側から子どもの内面を考慮し、その主体的な活動を最大限活かした指導をめざした時、幼児教育における「遊び」の重要性が浮上したのである。何らかの経験や能力の獲得自体を直接の目的とする課業的な活動ではなく、子どもの自発性や達成感の伸張自体を最大の目的とし、経験や能力の獲得を随伴的な成果で可とする指導の方法が幼児教育の固有の方法として位置づけられた。何らかの経験や能力の獲得自体、いいかえれば「結果」を求めるあまりに、自発的な遊びの発展を阻害することがないように、「遊び」の概念を重視したのである。

ところが急速な社会の知性化は、個別の知識や能力の獲得自体というより自身に有用な知識や技術を選択しつつ獲得する学習能力やコミュニケーションの力、自主性などの基礎的な人格・能力を改めて重視する方向へと社会を押し進めている。(例えばDeSeCoによるキー・コンピテンシーなど[49])。社会全体が大人の学習と子どものそれを区別する必要がなくなるほど、大人にとっても学習が創造的で学習内容が流動的な時代にはいったということでもある。乳幼児が「遊び」の中で実現している自主性や試行錯誤の自由、自らたぐり寄せるテーマへの集中といった能動的な環境への関わり方、課題解決と学習の営みが、子ども大人を問わずその存在価値を増してきて「学び」という概念の重要性を高めてきているのではないか。そうだとするとこの時代に論者たちが重視していた自発的な活動の重要性が子ども大人を問わずよりその重要性を増してきているのが現代なのだと考えている。

第二節　良妻賢母主義と幼稚園論争――〈施設保育／家庭保育〉関係の原像

次に幼稚園論争のもう一つのテーマ、施設保育と家庭における子育ての関係について、幼稚園制度創設期の思索を簡潔に検討しておきたい。制度移入の直接の動機において近代的な育児のモデルとして家庭教育への貢献が期待された幼稚園ではあったが、結論的にいえば、幼稚園関係者の方は施設保育の内実を作り上げることに懸命で、家庭や親子関係の在り方、近代的な子育てについての言及はこの時期にはまだ微温的である。

1 「家庭を補う幼稚園」という理念――近代的育児の模範から補助的な教育機関へ

近代日本の幼稚園は「家庭教育を補う」教育機関と位置づけられていた。初の体系的な規則、一八九九（明治三十二）年の幼稚園保育及設備規程は「第五条保育ノ要旨」において、「幼児ヲ保育スルニハ其心身ヲシテ健全ナル発育ヲ遂ケ善良ナル習慣ヲ得シメ以テ家庭教育ヲ補ハンコトヲ要ス」と定めている。また一九二六（大正十五）年の幼稚園令も引き続き第一条の目的において「幼稚園ハ幼児ヲ保育シテ其ノ心身ヲ健全ニ発達セシメ善良ナル性情ヲ涵養シ家庭教育ヲ補フヲ以テ目的トス」と定めた(50)。この規定を文字通り読むと、幼児期については家庭で養育するのが原則であって、幼稚園はあってもなくてもいい施設という意味で、「補う」という意味合いを捉えそうである。しかし幼稚園制度は、母親の育児役割を重視した近代的な家庭教育創出のために、その模範となるべく移植された。「家庭教育を補う」教育機関という文言を、そのような意味で理解することも可能である。

近代の幼児教育思想が、まず母親の人格や育児能力を高める期待と結びついて生まれてきたことはよく知られている。「母親学校」を構想したコメニウス、女性の職分を強調し自らの手で子どもの養育にたずさわることを要求したルソー、当初母親たちのために唱歌集を編集し、恩物を考案したフレーベル。そして、このような育児の担い手としての女性の資質への注目は、啓蒙期の思想家を通して我が国にも忠実に輸入された。「善良ナル母ヲ造ル説[51]」を著した中村正直が、日本の女子教育の先駆者であると同時に幼稚園制度の産みの親であることは偶然ではない。

東京女子高等師範学校附属幼稚園（以下附属幼稚園）は、一八七六（明治九）年新しい母親教育のための模範施設として設置され、その性格は明治後期になっても受け継がれていた。『婦人と子ども』創刊号（一九〇一年）に発刊の辞を寄せた女高師校長高嶺秀夫（フレーベル会長兼任）は、保育についての科学的素養が女子教育に不可欠であることを強調して次のように述べた。

「抑も最大多数の婦人の天職の帰着する所は賢母となりて其子を充分に育成するにあるなり。故に婦人が、年少の時より学習するものは、すべて此天職を尽くさんがために必要なる準備とならざるべからず。……婦人が賢母となるべき資格は、即、幼稚園の保姆となり得べき資格を備えるに在りといふを得べきなり[52]。」

高嶺はまた、この論の中で、女子の伝統的教養における「虚飾的学習」を批判し、一般教養と教育・保育の知識や技術を強調している。こうした特徴は、一九〇一（明治三十四）年に書かれたにもかかわらず、啓蒙期の「良妻賢母」主義思想をよくうけついだものといえよう。なぜなら、男性と同等（同権ではないが）に対話ができ、しかも、男女両性の役割分担は天賦の役割分担であって、育児・家庭教育に高度な判断力をもつ女性こそ、啓蒙期の理想とする女性像だったからだ[53]。

写真2　エプロン姿（『愛珠幼稚園写真集』より）

高嶺が女子に一般教養を期待していること、また実学として教育・保育の知識・技術を要求していることは、良妻賢母主義政策の典型とされる一八九九（明治三十二）年の高等女学校令が、女子の教養に修身・家事・裁縫・習字などを必修としながら、教育を随意科目としていたのとは対照的であった。良妻賢母主義教育の変質については多くの先行研究があるので繰り返さないが[54]、国の教育政策全体が家族主義、儒教主義に傾斜を深めてゆく中で、「家庭を補う幼稚園」の文言の意味も変質の可能性があった。

2　集団的な保育に対する肯定と否定

一九〇七（明治四十）年、谷本富は京阪神連合保育会の記念講演で、幼稚園は「家庭が善良であって、而して其母たる人が相当の素養のある人」ならば「必らずしも必要なかろう。」と述べて関心を集めた。数年後少しニュアンスを修正して次のように述べている。

「幼稚園は廃めろと云ふのではないが、元来家庭に代るのが幼稚園であるから、幼稚園があるに見て《ママ》も、家庭は猶ほ幼稚園の如くでありたいことを希望するのである。[55]」

つまり幼稚園は不必要だという点に力点があったのではなく、賢母への期待に力点があったのだと言う。もともと家庭教育の模範としての幼稚園という思想は、家庭が改良されれば幼稚園は無用になる、家庭教育の改革それ自体がより重要だとする認識を含んでいても不思議ではない。

しかし制度化された幼稚園教育が家庭教育とは独自の課題を持つことも実践を通して次第に明らかになる。施設保育の独自な性格や意味についての認識は、谷本や森岡の幼稚園無用論を、否定的な媒介として生まれてきた。

例えば、東基吉は本格的に保育の研究を始めた当初から、集団保育の効果に着目していた。彼は一九〇一（明治三十四）年の論文においてすでに、フレーベルの「共同体感情の育成」という思想にふれながら、幼稚園の重大な仕事は、子どもの「社会的本能の指導」にあるのに、今日の保育では十分にその点の配慮が払われていないと指摘していた[56]。

このようなフレーベル理解をもっていた彼は、一九〇三（明治三十六）年、森岡常蔵が幼稚園は家庭の教育権を侵しているという説を紹介したのに対して、一方では後述する「家庭幼稚園」の提案をしながら、他方では集団保育による子どもたちの社会性の発達を対置して反論した。いわく、家庭教育は「個人教育」であるのに対して、幼稚園は「衆人教育」という意味で学校教育の一環である。そして、「多数同年輩の友と事を共にすることに依りて、家庭に在りては到底訓練せんと欲して能はざる独立自重規律忍耐遜讓社交の萌芽[57]」を養うことができるのだという。森岡の幼稚園論に接する過程で、東基吉は「衆人教育」「個人教育」、学校教育・家庭教育の区別をより意識的にとらえた。

この点で、数年後に谷本富の幼稚園無用論に反論した和田実は少し異なっていた。和田もたびたび、幼稚園の保育と家庭の保育を比較して幼稚園制度の根拠を説きあかそうと試みた。しかしその場合、彼は幼児教育の専門性や家庭の教育力には限界のあることだけを根拠にしている。[58]東と和田のこの違いは何に由来するものなのであろうか。

和田自身、この点について積極的には言及していない。しかし「幼児教育の特色」という論文では、小学校と幼稚園教育の違いを四点ほどあげた中で、「幼稚園は学校ほど集団的なとり扱いはできない」と述べており、[59]集団的な取り扱いに批判的なことが、東のようにフレーベルの共同体感情を位置づけることをしなかった一つの背景ではないかと考えられる。

そこで「集団的とり扱い」の意味内容をもう少し検討してみよう。

和田と同時代、附属幼稚園で保母をしていた野間とよは、後年当時のデイリープログラムをふり返って、毎日〈整容―会集―保育室（遊戯・談話・唱歌等）―外遊び―保育室（画方・ぬり絵・手技等）―昼食―外遊び―帰宅〉という日課を、四十人学級で実施していたのでずいぶん無理もあった、と述べている。[60]また、共同遊戯やぬり絵・手技などは、遊びの形が決まっているだけに、子ども同士の個性的な表現による相互の影響力は貧しいものとならざるを得ないだろう。

こうした点については東も批判していた。幼稚園にとって、幼児の「社会的本能の指導」が大切な仕事であるとすれば、「今日のように一人々々に同じものを与へて三十人が三十人まで、皆一人一人に同じ物を造って居る」ような保育は意味がない、「子供の共同的な仕事で、皆が寄ってやって、一つの仕事が成就する」ような経験こそ大切だというのである。[61] しかし、こうした東の提案は大正期になってやっと実現をみたもので、当時実践的に受けとめられた形跡はない。

なお顕在化してはいないが、東のいう「共同心の育成」が個人の能動性と集団の「一体感」（東は社会・国家の一体感を尊重している）を一元的に説明できる性質のものであったかどうかは疑問である。この時代の集団概念の限界についての危惧は、数年後のもうひとつの論争になると、もっとはっきりする。

3　国家主義の早期教育論

それは、当時文部省視学官を兼ねていた東京女高師教授槙山栄次と、東京府女子師範学校附属小学校主事日田権一によって、一九一三（大正二）年『婦人と子ども』誌上で行なわれた論争であった。槙山は行政官らしい立場から、幼稚園不振の原因を分析した。彼によれば、当時幼稚園の設置状況は、地方の経済力と比例して居らず、したがって地方の幼稚園理解に依存している。だとすると幼稚園の不振は、教育系統上の地位が不明確でなくてはならない施設という説得力に欠けているのだ、というのである。ここから彼は、次のように主張する。

「私の考を忌憚なく申して見れば、私は幼稚園の立場を明らかにするには、家庭及び学校の補助教育としてみるばかりでなく、教育系統上独立の立場の存することを認めなければならない。[62]」

「家庭教育ヲ補」う教育機関であることが法律に明文化されていた時代に、槇山は義務化も構想して説得力のある制度理念を確立すべきだとのべた。しかし、その際、彼は幼稚園の独自な教育機能を、国家主義的観点からとらえた「共同精神の涵養」におき、その点で地方行政官にアピールするように促している。

彼は、「共同精神の涵養」が幼稚園の独自な機能となる理由を二つあげている。一つは、子どもは幼児期から社会的生活を求めるようになってきており、「その時に共同心の教育をしなければ立派な国民の土台を作ることは出来ない」から。第二に、学校教育は教科の体系的な教育をする役割上、幼稚園のように自由な作業や活動ができず、幼稚園こそそれにふさわしい場だから、というのである。

この槇山の提言に対して、さっそく、翌号に日田権一はこう書いた。

「幼稚園と共同精神、ある無邪気に其日其日を暮して居る四つ五つの子供と国民としての義務、……余りに隔りたる推理過程の両端を俄に結合して見ると感情上妙な気がする。」「幼稚園の保育の如き四五歳の幼児の教育の根本精神は将来国民としての国家的及社会的要求よりも先づこの時期の幼児としての個人的要求により決定したいと思ふ[63]」

地方行政官にアピールするような国家主義の側から共同精神を把めば、日田の危惧するような無理はまぬがれまい。しかし一方、批判をした日田の側には、集団保育の独自な意義や方法の足掛りになる認識が認められない。彼は、「共同精神の涵養はむしろ小学校の時期」にと考えていた。なぜなら、共同精神の本質は「他人の為を顧慮する愛他的（顧他的）の」もので、幼児には困難な要求だという。幼児はむしろ「主我的精神の旺盛なる時期」であって、「この主我的傾向はとかく共同精神と相反し易」く、共同精神を目標とすると、とかく抑圧されがちになって、「個体自身の完成といふことを妨げ」やすいというのが日田の思いなのであった。

幼児が「顧他的」であることのむずかしさ、「主我的精神」の旺盛さに注目している日田は、そこから集団保育の意義を見出してくるのではなく、和田と同様、かえって集団的とり扱いを否定していく。個と集団の関係を本格的に俎上にのせて、幼児教育の方法原理を探究する課題は、倉橋惣三・城戸幡太郎を待たねばならない。

4　家族主義と幼稚園論争

最後に、幼稚園の思想家たちの家庭観を検討することによって、家族主義政策と彼らの思想の関係を考えてみたい。

先行研究によれば、一八八〇年代末（明治二十年代）から「家庭教育」の名を冠した出版が増え育児書も急増したという。また、婦人論や女子教育論も同時期から急激に増えている。(64)

明治後半期の日本では、第一次産業革命の進行に伴って、総人口に占める都市人口の割合が、一八八八年一二・八％、一八九三年一六・〇％、一九〇三年二〇・七％、一九〇八年二四・九％と急速に増えつつあった。都市と農村の分離に加えて、都市の中で階層分化が進み、家族国家観の強調とは裏腹に、現実の家族はすこぶる不安定であった。(65) 明治期の新聞紙上に現れた家族観の変遷をあとづけた有地亨によると、上流家庭においては、維新貴族の放蕩・蓄妾による家庭不和や財産をめぐるお家騒動が、中流階級では、自我にめざめた女性の「自由恋愛」や家庭内の葛藤が、また都市下層階級では、継続性に欠ける婚姻・離婚からくる家庭崩壊が、それぞれ社会問題として論じられているという。家族国家観は、このように誰もが家庭道徳の動揺を危惧し、指針を求めている時期に、忠孝道徳による家族制度の再編成を、国家統一の基盤として強めようとするものであった。教育勅語体制の下で、女子教育には伝統的な婦徳が再び力説されていた。

それでは、このような家族観の動揺と政策的な家族主義の鼓吹の中にあって、幼稚園論争関係者の家族観はどのような性格のものだったのだろうか。『婦人と子ども』誌上にも、例えば井上円了のように「日本の徳育」を期待する者や、「女子教育所感」を寄せた井上哲次郎のように「修身の改良」を主張するなど、家族主義国家観を積極的に支持し、あるいは推進しようとした論者がいなかったわけではない。しかし幼稚園論の中に散見される家庭論や『婦人と子ども』が特集した女子教育論のおおかたは、都市中産階級の比較的近代的な家庭像を代表していた。

例えば、高等女学校卒業生の自我の悩みを問題にした三輪田元道は、「多くの女子は高等なる教育を受くるに従ひ益自己の位置と待遇とに対して不平を起すは今日一般の状態」だとした上で、女子を「極端な」婦人解放論に追いやらないためには家庭の改良が重要だと述べる。彼の説く内容は、「男女の位置関係の改善」と、親の虚栄で子女の人生を決定しないこと、子どもの人格の尊重とあわせて、婢僕の人格を認めて雇用することが、「家人の人格の修養上大切」だという点にあった。[66]

このような家族構成員の、人格の一定の尊重という点は、東基吉にも共通している。例えば彼は、子宝思想を家の繁栄や親の打算とは無縁なところで理解していた。つまり、親としての「義務」観や我利我欲を去る心境など、親になってはじめて体験できる境地がある。これが「子供から学び得る凡ての賜」という意味で「子だから」なのである。「子供を持って、ただ玩具の様に可愛がる許りではなく、子供から学び得る凡べての賜に留意」せよという言い方には、子どもを親の私物とはせず、一個の人格として尊重する感覚が現われている。[67]

また彼は、極めて能動的な主婦像を描いていた。「幼稚園は家庭教育を受くるべき時期の子供を家庭から取り離して了ふ」という批判に対して、彼は「家庭幼稚園」という提案をした。それは、母親たちが「組み合」って数人で共同の子育てをしてはどうかという提案である。[68] 母親が交替で保母になるか、あるいは共同で保母を雇ってもよいとされるが、そのような場合にはかえって子どもへの愛情と責任が強いし、お互いに家庭の事情もよくわかっているので、「普通幼稚園よりも種々の利益」があるだろうという。そこには子どもたちの遊び仲間の必要性にこたえて、「組み合」って事業をする積極的な婦人像がみられる。そして同時に、「真実の母たちだから各々十分の愛と責任とを以て其任に当る」というように、私事の組織化として集団保育を位置づける思想の萌芽がみられる。[69]

しかしこのような近代的な側面をもつ東の家族観にも、大きな限界のあったことは先行研究の指摘する通りである。彼は、「家庭は道徳教育を施すに最も自然にして且つ便利なる位置」にあるといい、愛情や個性の育成などとともに「従順」や「一体感」の育成を家庭教育に求めた。その際、「従順」は「家長の権威」によって育てられる資質であり、「一体感」の方は、「将来社会国家的精神の萌芽」となるものとされていた。(70)子ども観・婦人観において近代的な感覚を表現していた彼も、「父親は家の中で個人的感情を表面に出さずに、家の統率者、家長としての態度を持して振舞う(71)」と指摘されるような「家長＝父親」像からは自由でなかった。

家父長的父親像は中村五六にも共通していた。中村は、「社会は絶えざる生存競争の巷にして、家庭は慰藉の花苑」だという閉鎖的な家庭像をもち、父親は「威厳・秩序・正理」の体現者で、幼児は父親との接触を通じて「柔順・服従・規律・尊敬」のめばえをつちかうことができるという。一方彼は、母親について、世の母親たちが「高尚なる本能的教育事務を自己の職分として明白に自覚せしむべき時は来れるなり」として、賢母は「天賦」というより「本能」に基づく職分であると強調していた。(72)

母性が本能に基づく職分である点は、幼稚園無用論を説いた谷本富にも共通している。谷本はコメニウスやルソーを引いて「天然の教師たり保母たる母親」を強調するが、その際、育児や教育が女性の本能であることを、女児は生来人形遊びを好むことなどによって証明しようと試みている。「自我に悩む」少女たちを目の前に母性が本能であることを証明してみせなければならなかった点は高島平三郎にも共通している。啓蒙期に積極的な役割を果たし得た賢母主義は、保守の思想へと転換しつつあった。(73)

婦人解放と子どもの発達保障を同時に実現するためには、それを可能にする社会的な条件や保障が不可欠である。余力があれば社会的な活動も結構だという西山哲治[74]や、蒸気・電気・機械など生活が便利になった「世に生れた難有さ」を大事にして、「良妻賢母の働きは少なくも通例女子はせねばならぬが、其外出来れば社会的にも働かねばならぬという下田次郎[75]なども含めて、『婦人と子ども』にみられる家庭論・教育論には、子どもの発達保障と婦人解放を同時に実現する必要性や可能性を本気で検討しようとする糸口がみられない。

中村・東・和田らは、少なくとも儒教的な良妻賢母主義や家族主義の積極的な推進者ではない[76]。しかし、婦人解放と子どもの発達保障の同時的な実現への歩みは、彼らとはまったく別のところからはじまらなければならなかった。また、家族構成員の人格の尊重ということも、自由民権運動の最高の到達点からみれば、ずい分後退したものであることも確かである。

以上、幼稚園関係者の家庭論が近代の性別役割分業の枠内であることは当然としても、儒教的な家族主義政策との距離について充分に意識的であったとはいえない。同時に、保育者一人に対して子どもが四十人という近代日本の幼稚園は家庭保育のモデルとしては限界があったと考えられるが、家庭保育と集団保育の差異に関する検討もリアリティを欠いている。家庭に於ける子育ての在り方、集団保育と家庭における子育ての関係を本格的に問う思索は、「家庭」をリアルに対象化しなければならない時代と階層に直面した、別の回路からもたらされたといえよう。

年代＼雑誌名	「婦人と子ども」誌上の幼稚園論	「京阪神連合保育雑誌」誌上の幼稚園論
1910年	佐々木吉三郎「幼稚園に就きて」(3月)	フレーベル先生祭典席上の演説(中村五六) 幼稚園の作業(及川平次)
1911年	佐々木吉三郎「幼稚園に関する諸問題」(3月)	現今の保育に就きて(和田実)
1912年	倉構惣三「幼児保育の新目標」(10月)	幼児保育の新目標(倉橋惣三) 保育事業に就きて(能勢頼俊) 保育に対する希望(庄司善吉)
1912年	槙山栄次「教育系統上幼稚園の保つべき地位」(6月) 日田権一「槙山督学官の「教育系統上幼稚園の保つべき地位」を読みて所感を述べ併せて御教示を乞ふ」(7月) 槙山栄次「幼稚園の問題に関して日田権一君に答ふ」(8・9月)	教育の成否は家庭教育の良否による(宮川経輝) 保育事業に対する所感(大久保利武)
1914年	倉橋惣三「家庭と幼稚園」(8月) (なお1918年～1923年には再び幼稚園論が増えてくる。)	家庭教育に就きて(高島平三郎) 都市児童の教育(大橋唯雄)
1915年		幼児教育の方針に就きて(小西重直) 幼児教育の特色(倉橋惣三) フレーベルの原則の批評(高島平三郎) 幼稚園教育に就きて(倉橋惣三) 児童研究の所感(倉橋惣三)
1916年		幼稚園教育に就いて(田所美治) 学校教育の基礎としての幼児保育(野田義夫) 幼稚園保育に関する注意(高洲謙一郎) 幼稚園及小学校初学年に於ける砂の使用法に就きて(入間弟佶) 戦後の幼稚園教育(槙山栄次)
1917年		欧州に於ける幼稚園の現在及び将来(野上俊夫) 米国に於ける児童保護事業の現状(水野和一)
1921年		戦後の幼稚園教育(槙山栄次) 最近幼児教育の趨勢(森川正雄) 雑録に小学校初年学級及幼稚園統一問題

雑誌名 年代	「婦人と子ども」 誌上の幼稚園論	「京阪神連合保育雑誌」誌上の幼稚園論
1905年	東基吉「幼児依託所」(3月) 東基吉「家庭幼稚園」(4月) 井上円了「井上博士の幼稚園談」(6月)	幼稚園の創設につきて(ウヲルフ) 幼児期の衛生と理想の幼稚園(バルンハム、東基吉訳) 保育上の矛盾(藤堂忠次郎) 小児の教育／母たる人の心得(リチャードソン)
1906年	伊沢修二「適材教育の幼稚園」(2月) 和田実「幼稚園の保育と家庭に於ける保育」(3月) 林吾一「上流社会に於ける幼稚園の必要」(4月) 東基吉「家庭幼稚園」(7月) 伊沢修二「幼稚園に対する意見」(7月) 三輪田元道「幼稚園に関する意見」(7月) 和田実「幼児教育の特色」(10月)	
1907年	野尻精一「幼稚園攻撃」(10月) 和田実「一般教育か特殊教育か」(10月) 川口孫治郎「幼稚園の局外観」(12月)	幼稚園を如何にすべきか(谷本富) 幼稚園の事業(伊沢修二) 我国の事業(エ・エル・ハウ) 家庭保姆の選択(中村五六) 幼稚園の一新紀元(伊沢修二) 保姆の価値と其責任(林歌子)
1908年	乙竹岩造「独逸における幼稚園教育の状況」(5月) 槙山栄次「独米における幼稚園」(7月) 和田実「幼稚園の効果に対する質問に答ふ」(10月)	保育に関して(高崎親章) 現今の保育事業に関する所感(楠品次) 今日の保育は如何及其改良法は如何(田中勝之丞)
1909年	和田実「我国における幼稚園の特色」(2月) 寺田勇吉「幼稚園の前途」(3月) 寺田勇吉「幼児教育の機関につきて」(6月) 藤井利誉「小学校よりみたる幼稚園」(7月) 和田実「幼稚園問題二つ三つ」(11月) 藤田東洋「幼稚園問題につきて」(10.11月) 和田実「幼稚園出身者の成績に関する調査につきて」(10月)	現今幼稚園に対する疑問(服部一三) 保姆と家庭(須藤求馬) 保育事業の改善につきて(山松鶴吉) 幼稚園出身児の成績に関する調査に就いて(和田実) (雑録に比較調査　含明石師範の比較調査)

表1　幼稚園論

雑誌名 / 年代	「婦人と子ども」誌上の幼稚園論	「京阪神連合保育雑誌」誌上の幼稚園論
1898年		中村五六、是石辰二郎「三市連合保育会に於いての演説」(7月) 「幼稚園につきて言いたきまま」(7月) 岩谷英太郎「家庭の感化と保育事業と」(7月)
1899年		「文部書記官寺田勇吉君の独逸国幼稚園に就きての談話速記」(4月) 清水誠吾「幼稚園に就きて」(4月) 高浦丈雄「幼稚園不振の原因に就きて」(4月) 「三市連合保育会に於ける木下京都帝国大学総長演説」「中年女子校等師範学校附属幼稚園主事の演説」(10月) 松本朝吉「幼稚園に就きての管見」(10月)
1900年		樋口長市「幼稚園に就きての疑のふしぶし」(4月) 松尾貞次郎「幼稚園の教育」(10月)
1901年		「幼稚園自滅策」(5月) 松浦正泰「幼稚園に対する希望」(5月) 岡田熊太郎「幼稚園長及保姆諸君に対する希望」(5月) 北田幸民「現今の幼稚園保育法は刺激多きに過ぐる弊なきか」(5月) 幼稚園と小学校の連絡は精神上に求む 「幼稚園に従事せらるるお人方の欠点」(12月) 中村五六「我国の幼稚園は果してフレーベル流のものなるか」(12月)
1902年		ヒュース「幼稚園及び初等教育」(7月) 清水清吾「幼稚園所感」(7月) 東基吉「幼稚園学説及現今の保育法」(7月、03年3月)
1903年	森岡常蔵「幼稚園の立場とその務」(11月)	湯本武比古「保育に関して」(8月) 高嶋平三郎「幼稚園児童の幼児精神の傾向」(12月) 森本清蔵「幼稚園に於ける保育上注意の一端」(12月) 「自由遊戯につきて」(12月)
1904年	東基吉「家庭教育と幼稚園」(4月) 東基吉「幼稚園保育の効果につきて」(7月)	吾人身体上の悲観　承前(寺田勇吉) 保育に関して(杉山外世四郎) 幼稚園事業に就きて(中山謙二郎) 幼児保育に就きて(田中勝之丞) 保育に関して(森川正雄)

注

（1）幼稚園制度の不振は関係者の共通認識であった。例えば高島平三郎は次のように言う。「日本ニ於ケル幼稚園ハ其現レタ年代、英吉利抔ト余リ違ハヌ程ニ早ク現ハレタノデアルガ、其発達ノ遅々タル事ハ、実ニ驚クベキデアリマス」（『児童研究』一四巻五号、一九〇八年、一四九頁）

（2）従来この論争は、「幼稚園批判」や「幼稚園無用論」として紹介されていた。しかし反論を試みた人々が、幼稚園の必要性・有効性・方法原理を明らかにしようとしていたのだから幼稚園論争と呼ぶ方がふさわしいだろう。尚『婦人と子ども』誌上ではアメリカのフレーベル主義批判の論争を幼稚園論争と呼んでいる。（「説林・幼稚園保姆に望む」『婦人と子ども』一巻九号、五三頁。）

（3）『京阪神連合保育会雑誌』二六号、三頁。

（4）『京阪神連合保育会雑誌』一号、二一頁。

（5）『京阪神連合保育会雑誌』一七号、三頁。

（6）小西信八「私の監事時代」『幼児の教育』二九巻一号、一九二九年一月、二三頁。

（7）例えば「幼稚園は果して益なきか」『児童研究』一巻七号、一八九九年五月。尚、幼稚園出身者の小学校での成績を他の児童と比較した追跡調査もたびたび発表されている。例えば、『児童研究』一巻一〇号、一五巻一号。『婦人と子ども』一巻一〇・一一号、八巻三号、九巻一〇・一二号など。

（8）市橋虎之助は『幼稚園通覧』（一八九一年）と『幼稚園の欠点』（一九〇二年）の二冊の著書がありながら不明の点の多い人物である。前者の著作と後者の著作では立場が変化しているという評価もあるが筆者はそうは考えない。『幼稚園通覧』の序文において既に「基本を極めずして其末を講じ」「幼稚園を以て単なる教科の場所と見做し喃々として保育すべきに呶々として教授するに至る」幼稚園の現状批判意識を鋭くもっていた市橋にとっては、アメリカの幼稚園論争の展開は愁眉を開くものであったに違いない。『幼稚園の欠点』はS・ホールの同名の論文や、F・エビイの「幼稚園改革論」から、フレーベルの象徴主義批判、遊戯論、幼児の本能についてなどの点で多くの示唆を受けて書かれている。水野浩志「『幼稚園通覧』解説」『明治保育文献集』別巻参照。

（9）『児童研究』誌は、一巻一号に Preyer, W. の肖像、二号に Hall, S. の肖像を掲げていることからも推測されるように、アメリカの児童研究運動、特に Pedagogical Seminary 誌に触発されて出発した雑誌である。当初から幼児教育に関心を持ち、フレーベル会には積極的に助力をしていた。『フレーベル会報告』（第三年、第四年）参照。
（10）『婦人と子ども』三巻一一号、一九〇三年十一月。
（11）『婦人と子ども』誌上では大正中期に再び幼稚園教論が登場し、幼稚園令制定まで継続する。その度は、主として貧民幼稚園問題（児童保護問題）がテーマになっている。しかし、幼稚園論の主なテーマは明治後半に出尽した感がある。大正期の社会情況は明治後半期とまた著しい差があり、幼稚園論争に一つの結着をつけたと思われる倉橋惣三の保育論には体系性があるのでそれらについては、また機会を改めて検討したい。
（12）E by, F., The Reconstruction of the Kindergarden, Pedagogical Seminary, vol.7-2, 1900, p.229.
（13）京阪神連合保育会における講演。『京阪神連合保育会雑誌』一九号所収、一九〇七年七月。
（14）「井上博士の幼稚園談」『婦人と子ども』五巻六号、一九〇五年六月。尚この談話は、『日本之小学教師』から転載されたもの。
（15）『婦人と子ども』六巻三号二二頁、『京阪神連合保育会雑誌』一一号一九―二〇頁。
（16）『フレーベル会報告』一八九九年。
（17）中村五六『保育法』一九〇六年、九頁。東基吉「現今の幼稚園保育法につきて」『婦人と子ども』二巻九号、一九〇二年九月、五二―五四頁。
（18）和田実「我国における幼稚園の特色」『婦人と子ども』九巻二号、一九〇九年二月、四頁。
（19）伊沢修二「幼稚園の一新紀元」『日本之小学教師』九巻九七号、一九〇七年一月、三―六頁。
（20）和田実「幼児教育の特色」『婦人と子ども』六巻一〇号、一九〇六年十月、四頁。
（21）勝田守一・中内敏夫著『日本の学校』岩波新書、一九六四年、六六―七〇頁。
（22）前出、小西信八「私の監事時代」。
（23）和田実「幼稚園問題」『婦人と子ども』八巻一一号、一九〇八年十一月、一三頁。

（24）John Dewey, *The School and Society*, 1900. 引用は宮原誠一訳『学校と社会』岩波文庫、一九五七年。
（25）太田素子『近世の家と家族――子育てをめぐる社会史』第五章、角川学芸出版、二〇一一年。
（26）近世の児戯論の系譜をひく幼稚園文化への言及は小西信八が監修した附属幼稚園規則（一八八一年、八四年）及び、飯島半十郎『幼稚園初歩』（一八八五年、和綴二冊）などに見ることができるが、その後展開しない。
（27）倉橋惣三『子供讃歌』一九五四年。
（28）谷本富『連合保育会雑誌』一九号、一二頁。
（29）『婦人と子ども』六巻三号、一二頁。『京阪神連合保育会雑誌』一一号、一九―二〇頁など。
（30）東基吉『幼稚園保育法』一九〇一年、四六―四七頁。
（31）中村五六『保育法』一九〇六年、二頁。
（32）例えば『連合保育会雑誌』一七号、三頁。
（33）徳育論争とは、一八八〇年の「改正教育令」と軌を一にして儒教主義的な修身教育が強調された際に、『幼学綱要』（一八八二年）を著した元田永孚ら復古派と『教育儀』を発表した伊藤博文ら欧化派の間に交された道徳教育をめぐる論争。
（34）規則の保育項目に関する引用は『お茶の水女子大学百年史』「附属幼稚園史」による。
（35）中村五六『保育法』一九〇六年、三九頁。
（36）東基吉「幼児保育法につきて」『婦人と子ども』一巻一号、六七頁。
（37）東基吉「幼稚園保育法」一九〇一年、四六―四七頁。
（38）（36）に同じ。
（39）和田実『幼児の教育』三三巻三号、七二頁。
（40）『連合保育会雑誌』一号、八二頁。
（41）和田実『幼稚園教育法』五九頁。
（42）和田実「幼稚園問題二つ三つ」『婦人と子ども』九巻七号、一九〇七年七月、七頁。
（43）和田実『婦人と子ども』一〇巻四号、一九〇八年四月、二六―三二頁。

(44)上田敏「子守歌と童謡に就きて」『京阪神連合保育会雑誌』二五号、一九一〇年七月、一—五頁。

(45)東基吉「「婦人と子ども」創刊当時のこどもと其頃の幼稚園の状況について」『幼児の教育』五〇巻一一号、一九五一年十一月。

(46)和田「手工的遊戯とは何ぞや」前出。

(47)小学校教師の立場から幼稚園との関係を問題にしたものとしては、藤五代策「幼稚園の手技と小学校の手工」(一〇巻三号)、小学校低学年教育における遊びを問題としたものとしては、藤井利誉「小学校よりみたる幼稚園」(九巻七号)、槙山栄次「教育系統上幼稚園の保つべき地位」(一三巻六号)などがある。

(48)ワタリウム美術館編『驚くべき学びの世界——レッジョ・エミリアの幼児教育』二〇一一年など。

(49)一九九七年から二〇〇三年にかけて、OECDが自らの能力像をあきらかにするために組織した研究プロジェクトDeSeCo(デセコ、Definition and Selection of Competencies: Theoretical and Conceptual Foundations コンピテンシーの定義と選択——その理論的・概念的基礎プロジェクト)によるキー・コンピテンシーは、「①言語・情報・知識等のツールを相互作用的に活用する力、つまり人が周囲の環境と対話的に関わる思慮深さ(反省性)、②多文化社会の交流を可能にするコミュニケーション力、③複雑な社会で自分のアイデンティティーを実現し、権利を行使して責任をとる自立性」とされる。

(50)最も古く現われたのは、東京女子高等師範学校附属幼稚園の一八八四年改訂された規則であろう。そこでは、「第七条保育ノ要旨」の中で、次のように定めている。「幼稚園ハ学令未満ノ幼児ヲ保育シテ家庭ノ教育ヲ裨ケ学校ノ教育ノ基ヲ成スモノナレハ務メテ徳性ヲ涵養シ……」。

(51)中村正直「善良なる母を作る説」『明六雑誌』三三号、明六社、一八七五年三月。

(52)高嶺秀夫「『婦人と子ども』発刊について」『婦人と子ども』第一巻第一号、六〇頁、一九〇一年一月。

(53)木下比呂美「日本人の母性観について」『林学園女子短期大学紀要』第九号。三三—三四頁、一九八〇年。

(54)深谷昌志『増補 良妻賢母主義の教育』黎明書房、一九六六年。小山静子『良妻賢母という規範』勁草書房、一九九一年など。

(55)谷本富「幼稚園を如何にすべきか」『京阪神連合保育会雑誌』一九号、京阪神連合保育会発行、一九〇七年七月。同「母としての女子教育の勢力」『女子教育』実業之日本社、一九一一年十一月。
(56)東基吉「幼稚園保育法について」『婦人と子ども』一巻一号、六八頁、一九〇一年一月。
(57)東基吉『幼稚園保育法』目黒書店、一九〇四年、一九六頁。
(58)和田実「一般教育か特殊教育か」『婦人と子ども』七巻一〇号、一九〇七年十月、「幼稚園問題」同八巻一一号、一九〇八年十一月、ほか。
(59)和田実「幼児教育の特色」『婦人と子ども』六巻一〇号、一九〇六年十月。
(60)野間とよ「お茶の水時代——思ひ出をたどる」「幼児の教育」三三巻三号、七七—七九頁、一九三三年三月。
(61)東基吉「幼稚園保育法について」『婦人と子ども』一巻一号、六八—六九頁、一九〇一年一月。
(62)槇山栄次「教育系統上幼稚園の保つべき地位」『婦人と子ども』一三巻六号、一九一三年六月、一九八頁。この考え方は、一九〇八年の彼の渡独以来の見解であった。
(63)日田権一「槇山督学官の『教育系統上幼稚園の保つべき地位』を読みて所感を述べ併せて御教示を乞ふ」『婦人と子ども』一三巻七号、二二六—二二九頁、一九一三年七月。
(64)このような指摘は早くからあって今日では定説化している。小山静子前出『良妻賢母という規範』。吉田昇「明治以降に於ける女子教育論の変遷・女子教育に関する文献」『野間教育研究所紀要』第一輯、一九七一年十月。
(65)有地亨『近代日本の家族観・明治篇』弘文堂、一九七七年、七四頁。
(66)三輪田元道「女子教育と人生観」『婦人と子ども』六巻五号、一九〇六年五月。
(67)東基吉「子だから」『婦人と子ども』六巻三号、一二一頁、一九〇六年三月。
(68)東基吉「家庭幼稚園」『婦人と子ども』六巻七号、一頁、一九〇六年七月。
(69)東は、別のところで「気に入った幼稚園がなければ入れずとよい」ともいう。不十分な幼稚園が多い中で親の教育意志を尊重するという文脈で言われている。東基吉「幼稚園へ子供を入れることに就いて」『婦人と子ども』七巻八号、一九〇七年八月。
(70)東基吉『幼稚園保育法』一二五頁、前出。
(71)有地亨、前掲書一五〇頁。

(72) 中村五六『保育法』、五六頁、一一頁、前出。
(73) 谷本富『女子教育』第一章・第四章、前出。
(74) 西山哲治「婦人問題と男女交際」『婦人と子ども』六巻六号、一五頁、一九〇六年六月。
(75) 下田次郎「女子の教育」『婦人問題資料集成』第八巻、三六三頁、ドメス出版。
(76) たとえば東は、世間が「自由恋愛」を問題にし、女子教育と芸術の取締を厳しく求めたのに対して、東は芸術の取締に反論している。(「女学生の風紀問題」『婦人と子ども』六巻六号、一九〇六年六月)。また良妻賢母そのものには反対しないが、良妻賢母主義教育が、婦徳を重んずるあまり、少女たちの発達段階を無視していると述べている。(「現今の風紀問題につきて」『婦人と子ども』六巻九号、一九〇六年九月)

〈付記〉

本稿は、以下の三論文を併せて一編に改稿したものです。

太田素子「幼稚園論争と遊びの教育——『婦人と子ども』誌上の論争を中心に」お茶の水女子大学心理・教育研究会編『人間発達研究』第七号、一九八二年。

同「賢母主義・家族主義と幼稚園論争——二十世紀初めにおける集団保育と家庭保育」保育研究所編『保育の研究』第三号、草土文化、一九八二年。

同「保育四項目の思想」『保育幼児教育体系　第五巻　保育の思想』労働旬報社、一九八七年。

〈コラム〉乳　母——時代とともに

矢島（小菅）直子

子どもが、小さな家族のなかで、特に母親の養育のもとに育てられるという現代の家庭教育のイメージは、歴史のなかで決して普遍的なものではない。大きな「家」という共同体のなかで、血縁関係の薄い、またはない他者が育てる、それが古代・中世の貴族、武家の教育の客観的性格であった。その他者が乳母である。

乳母の役割といえば、第一に思いつくのは授乳であろう。記録に残されている初めての乳母の記述は『日本書紀』（七二〇年）であるが、これは授乳のためであった。

平安時代中期になると、貴族は自分の娘を天皇家に嫁がせ男子を誕生させることにより外戚となる。そして後見役として権力を発揮するようになった。有名な例が藤原道長である。道長の娘彰子はのちの後一条天皇を出産する。後一条天皇の乳母には大江清通妻などの受領《ずりょう》層の女性が多かった（服藤、一九九一）。

この時代に書かれた『枕草子』には「すさまじきもの。(中略)乳あへずなりぬる乳母」とあり、授乳が乳母の大切な役割であった。また「苦しげなるもの、夜泣きといふものするちごの乳母」とあり、日常的な世話も乳母の役割であった。

『源氏物語』においては若紫の巻で「少納言の乳母とぞ人言ふめるは、この子の後見なるべし」と少納言の乳母(紫の上の乳母)について論じている。この少納言の乳母は、源氏が須磨に下向するとき、「少納言をはかばかしきものに見おきたまへれば」と源氏の財産管理なども任され後見としての役割も果たしている。

院政期になると、摂政、関白にかわり、乳母の一族が院の近臣となり、力をもつようになる。その有名な例は藤原通憲(信西)である。通憲の妻は後白河天皇の乳母の藤原朝子である。その縁で通憲は政治的に活躍することとなった。そして、武家政治においても乳母の一族が武士団の形成に関わり、乳母の勢力はあなどれないものとなっていった。

時代とともに乳母の役割は変化し、授乳が乳母の第一の役割ではなくなっていったらしい。授乳、養育、教育、後見という乳母の役割のなかで、授乳とそれ以外の役割が分かれていったと考えられる。

この変化は平安時代末期にみられる。崇徳天皇(一一一九〜六四)の誕生の時も、はじめ授乳のためだけに皇子のそばにいたと思われる人物がいる。崇徳天皇誕生の元永二(一一一九)年五月二十八日の『長秋記』(平安後期、源師時の日記)には「男皇子誕生」とあり、その後、皇子の御乳付(新生児の口中の清掃と投薬をし、その後に乳を含ませるという儀式)は母親である宮(藤原璋子)がおこなう。その後に女房である甲斐（通季の愛人）が乳を飲ませ、但馬守忠隆の妻であり顕隆娘の藤原栄子が乳母として参上している。つまり、乳母が授乳をしているのではない。乳母とは別に授乳の役割を担う御乳人が存在した。

治承二（一一七八）年十一月誕生の安徳天皇の時になると、また、変化がみられる。『山槐記』（平安末から鎌倉初期の公卿中山忠親の日記）には安徳天皇の誕生について次のように記されている。「御乳人（遠江）が参上するが、この人は故兵衛大夫通清の娘で、右近将監親房の妻であった。通清は侍であった。夫の親房は故前上野守実房朝臣の孫であり父は無官六位の者である。」したがって、授乳する御乳人は父親、夫ともに階層は高くなかった。御乳人はもともと安徳天皇の母である平徳子の母の平時子の家の女房であった。その縁で安徳の御乳人となったのであろう。天皇などには乳母は一人ではなく複数つけられた。安徳天皇の乳母となったのは藤原領子、藤原輔子である。領子は藤原顕時の娘、平時忠の妻である。平時忠は平清盛の妻である平時子の同母弟である。領子は時子が生んだ平徳子の女房となり、徳子の生んだ安徳の乳母となったのである。輔子は藤原邦綱の娘、平重衡の妻であった。輔子の夫、平重衡は平清盛の息子であり、父親邦綱は大納言である。このように安徳天皇の乳母となった藤原領子と藤原輔子は父親、夫ともに階層も高く、御乳人となった遠江とでは階層がかなり異なっている。乳母となる女性は夫が平家一族で父親、夫とも官位も高く政治力、経済力もあったが、御乳人はそのような点は期待されていなかったといえる。

乳母は御乳人と異なる役割が期待された。安徳天皇の場合でみると、『山槐記』治承三（一一七九）

年正月六日には東宮の五十日の儀について記されているが、五十日の儀の衣装の用意を乳母が行う。乳母には経済力が必要であったといえるだろう。

乳母は、時代とともに授乳を主な仕事とする御乳人とは、明確にわかれていく。以上のように、古代・中世では現代家庭教育のイメージとは異なり、子どもは父母、乳母、乳母一族、御乳人などの大きな集団のなかで育てられる存在であった。

参考文献

吉海直人『平安朝の乳母達――『源氏物語』への階梯』世界思想社、一九九五年。
服藤早苗『平安朝の母と子』中公新書、一九九一年。

〈コラム〉鳩山春子にみる〈家の教育／家庭教育／幼稚園〉

太田素子

鳩山春子（一八六一〜一九三八、旧姓多賀）は、鳩山和夫（衆議院議長、東京専門学校長、法学者）の妻として、また政治家鳩山一郎（首相）、民法学者秀夫（東京帝大教授）の母親として、明治後半から大正期にかけて良妻賢母のモデルのようにみなされた女性教育者であった。自らも東京女子高等師範学校で教鞭をとり、共立女子専門学校の設立に従事したが、一九二九（昭和四）年刊行された『自叙伝』（執筆は一九一六〜一八年頃）は、夫の伝記『鳩山の一生』の付録として出版され、かつ自らの社会的な事業にほとんど触れることがなかった。

『日本人の自伝』第七巻「解説」において、村上信彦は春子の「良妻賢母」観を、歴史的な制約は当然としながら、当時の一般的水準を遥かに超えたブルジョア・デモクラシーを連想させると評価した。同じく春子の自叙伝を検討した小山静子は、男児のように育てられ男児と同じ初歩教授を受けた女性としてこの自叙伝をとりあげている（小山他編著、二〇〇八）。

春子は、維新の六年前、信州松本に生まれた。父は松本藩の大参事である。上級士族として教育熱心だが徹底した男尊女卑、夫婦関係は主従関係のようだったという。春子は七人兄弟の末子にして五女、つまり兄二人、姉が四人いた。次兄が夭逝したとき、父親は長兄以外にもう一人教育を施したいと考え、利発な末子春子に対して、男児のように父親自ら学問の手ほどきをしたのである。

父親に馬鹿にされても申し開き一つしない母親への侮蔑と愛情という、相矛盾する感情の葛藤は、春子が受けた男児のような教育と女性の現実との矛盾を体現したものだった。もし春子が男児のように教育されなかったら、家庭内における母親の位置への違和感を、新時代の価値観と繋げることはできなかっただろう。春子は新しい女性として、性別役割分業を主体的に受け止めた。「男児のように」育てられた女の子が、良妻と賢母という新しい女性像を実践的に創造してゆく過程が、この『自叙伝』の醍醐味である。

新しい家庭を構築しようと努力した春子は、自身が受けた「家」の教育に対する省察も深い。春子の母は良く身体を動かして家事に工夫を惜しまない女性だった。裁縫はもちろん、蚕の世話から糸紡ぎと織物まで、押絵細工や真田紐、園芸、池で魚の飼育、枝豆や玉蜀黍の種まきから収穫まで、生活に役立つ生産を楽しんだ。幼い春子は、母の趣味に好奇心を刺激されて、活発に育ったという。思わず父親の多趣味に育てられたという倉橋惣三の幼年期と比較したくなるが、幕末の地方都市では上級武士の家でも、趣味の内容が生活に直結している。手習や読書に関しては、いろはとカルタの手ほどきまでは母親が世話し、四書五経の手ほどきは父親が担当、父が忙しくなると近隣の漢学の先生に通学するようになった。母親の教育法は、もっぱら褒めることだったという。春子は褒められることが嬉しくて人並みはずれた努力を苦にしなくなった一方、「神経過敏」にもなって認めてもらえないと悔しがって泣いた幼年期の記憶が、自身の子育ての工夫の出発点の一つになっていると記している。

さて、春子は自身の子育てについて、「学校に入学するまでに家庭で学問も道徳もいろいろ順序を立て方法を講じて、良き習慣を作るために容易しい方法で教え導き、他日の基礎を築いておかなければならぬ」と思って努力したと語る。「知情意の円満に発達したる人」つまりバランスの取れた人格を育てることをめざし、「興味を持たせること」「自信力を持たせること」を方法上で重視した。幼いときには「五官の鋭さ」を活かすことが大切で、音楽に親しませ、「知恵の板」を使って数量を感知させ、外国人と交際の機会を活かして英語に関心を持たせる、兄弟の友情と連帯責任を育てる、等々。

それら個々の工夫も興味深いのだが、ここでは二点だけ強調しておきたい。一つは、春子は「良妻」も「賢母」も自らの工夫で新しいスタイルを作り出そうとし、とくに子育てを夫と共におこなう努力に意識的だった点である。

例えば湯殿を新築し、赤ん坊の清潔を計ると共に、「湯船に入る時だけでも抱いてもらうと、愛情が生ずるものと考えた」などと育児への夫の参加を計画する。「父は友達、母は教師」という役割分担の一方で、父親を尊敬するように育てることで、必要以上に叱らずに父親の感化力を活かした。自叙伝はあとから省察するのでより明快になるのかも知れないが、西欧の家庭を模倣した近代家族の理想が明晰に追求されている。

もう一点は、幼稚園教育と近代的育児を良く承知しており、それを自らの育児の指針としたことだ。「今のように幼稚園があったなら」「一時間終れば次は何をというふうにすべて興味を変え、始終課目を転換して教える」ので、子どもは幸せだという。「私が受けた教育はあまりに幼児放任された結果、一時に偏する癖があった」、「熱中する癖は根気が良いと褒められた」が、「自由勝手に振る舞えることが処世上は非常な損失」だったという自らの育ちへの反省と結びついた認識だった。ことの当否は別に考察が必要だが、新しい育児のモデルは幼稚園教育と児童研究書にあるという春子の確信は、その主体的な思索と共に強い印象を読む者に与える。

参考文献

引用は『日本人の自伝』第七巻（平凡社、一九八一年）による。
小山静子・太田素子編著『「育つ・学ぶ」の社会史』藤原書店、二〇〇八年。

第二章　保育記録の成立と変容

——『婦人と子ども』を中心に——

浅井幸子

保育者によって記された保育記録は重要な意味を持っている。それは単なる事実の記録ではなく、保育者によって選択され特定の語彙によって意味づけされた出来事の記録である。保育者が自らの保育について語ったことは、保育者が自らの仕事をどこに見出しているかということ、子どもたちにどのように関わっているかということ、活動や出来事にどのような意味を見出しているかということを表現し構成している。

本章の主題は、一九〇〇年代から一九三〇年代における保育記録を、保育経験の語り口に着目して検討し、保育が確立し構造化していく過程を解明することにある。具体的には、保育者が教育雑誌に寄稿した記事のうち、幼稚園の子どもとその活動について記述した記録を、内容と語り口に即して分析し、何が保育の営みとして語られているか、その営みがどのように意味付けられているかを検討する。

その際に、雑誌『婦人と子ども』に保育者が寄せた記事を主要な検討の対象とする。『婦人と子ども』は東京女子高等師範学校附属幼稚園内フレーベル会を母体として一九〇一年に創刊された。近代日本における保育の変遷を捉える上で、同誌への着目には一定の意味がある。まず一九〇〇年代から一九三〇年代という長期にわたって保育者の語りの変容をたどることのできる雑誌は他にない。創刊の早い幼児教育専門誌に、一八九八年から刊行された『京阪神連合保育会雑誌』があるが、同誌には保育者による保育記録があまり掲載されていない。また『婦人と子ども』の母体であるフレーベル会および東京女子高等師範学校附属幼稚園は、保育史において重要な位置を占めている。同園は一八七六年に日本で最初の幼稚園として設立され、幼稚園の草創期においてモデル園として機能した。同園の保育の指導者であり『婦人と子ども』の編集にあたった東基吉、和田実、倉橋惣三は、日本の幼稚園教育の基盤を形成したといっていい。『婦人と子ども』に掲載された同園の保育者による保育記録もまた、当時の保育のあり方を表現しているだけではなく、その特徴を構成した媒体として捉えることができる。

『婦人と子ども』が一九〇一年に創刊された際の「発刊の辞」には、「児童教育法の研究」、「婦人教育殊に母としての婦人教育の普及」、家庭への「読書材料の供給」という三つの目的が記されている(1)。実際の誌面にも、保育者向けの記事と家庭の主婦向けの記事、両者に向けた記事のほか、子どものための読み物が掲載されていた。『婦人と子ども』の創刊時の編者である東基吉によれば、その創刊の目的は「正しい幼稚園教育思想」の普及のために「研究なり意見なりの発表機関」を持つことにあった。しかし「保姆《ママ》育専門の雑誌」にしたいとの意向はかなわず、売り上げのために「家庭でも教育者の間でも読まれるもの」を目指すことになったのだという(2)。

『婦人と子ども』が幼児教育の専門誌へと脱皮していくのは一九一〇年前後のことである。一九〇九年一月号からは表紙に「幼児教育研究雑誌」の語を冠するようになる。同じ頃から「保育の実際」という言葉が誌面に現われ、意識的に保育実践の語りが掲載されるようになる。この時期の同誌では、保育の営みとして何をどのように語るかということが模索され、保育者による保育記録の基本的なかたちが多様性を含みつつ成立したといっていい。ちなみに編集は、一九〇八年十月から和田が、一九一二年からは倉橋が担っている。

さらに誌面が転換するのは、倉橋が東京女子高等師範学校附属幼稚園の主事となった一九一七年頃からである。幼稚園の保育を扱う記事が増えるとともに、附属幼稚園の保育者たちによる実験的な保育の試みの記録が目立つようになる。誌名も一九一九年の一月号から『幼児教育』に、一九二三年の七月号からは『幼児の教育』に変更され、名実ともに幼児教育の専門雑誌となった。一九二〇年代後半から一九三〇年代には、倉橋と附属幼稚園の保育者の記事が増加し、同園の保育を普及する機関誌としての機能が強まっている。

以下、本章では、一九〇〇年代から一九三〇年代における保育記録の成立と変容の過程を、『婦人と子ども』に発表された記録に即して時期ごとに検討する。一章では一九〇〇年代の二種類の保育者の語りに着目し、子どもの問題を中心とする育児の語りと、子どもの遊びの様子を記述する「児童観察」の語りの特徴を明らかにする。二章では一九一〇年代の保育者の語りを検討し、一方で「保育の実際」という言葉の登場とともに何が「保育」かということがゆるやかに規定されていく過程を、もう一方で「問題の子ども」の語りが多様に展開される過程を記述する。第三章では、一九二〇年代から三〇年代における東京女子高等師範学校附属幼稚園の保育実験の展開を、子どもと教材の記述に着目して検討し、保育が構造化される過程を描出する。

第一節　一九〇〇年代における保育の語り

1　育児の補完としての保育

『婦人と子ども』は一九〇一年に創刊された。当初の誌面に頻繁に登場している保育者は、東京女子高等師範学校附属幼稚園に勤務する林ふみと、その分園に勤務する松村ひさである。彼女たちの保育の語り口の特徴は、語られる出来事の選択においても、保育者としての自己意識のありようにおいても、育児の語りに近接している点にある。

『婦人と子ども』に最初に掲載された保育の記録「幼児と愛」（一九〇二年）を参照しよう。松村が発表したこの記録は、「良くない幼児」への関わりを主題とし、一人の「男児」を焦点化して自らの経験を記述している。男児の問題は、「保姆」を慕わない、「友達」と遊べない、「自然物」「恩物」「画本」を喜ばないといった点に見出されている。そしてその要因は、男児が周囲の人、とりわけ母親からの愛を受けていないという点に求められている。そこで松村は男児の「愛」を広げようと考える。具体的には「私の愛を受けいるる事」「私に対する愛」「自然物、人造物等凡て人間でない物に対する愛」「友達に対する愛」という順番で「愛」の拡張が企図される。「私」との関わりの中で男児が変化する様子は、出来事の描写を交えつつ、次のように記述されている。

処が此児はじめには木の葉に付て何の興味をも持ちません。けれども私が自分でいかにも面白そうに拾い集めて、大事にするものですから、それに誘われて段々拾うことが面白くなり、又進で其木の葉を愛するようになりました。或日私は「先生は此葉を甲さんや乙さんに分けて上ましょう」と言いました。処がしばらくして此児も「先生私も之を皆に分けて上ます」と、此人に分けようという心、人を思う心、こういう心が少しでも起ったのは、他愛、同情という方面から考えて真に喜ぶべきことと考えました。(3)

松村は「男児」において、家庭における母親からの「愛」の欠如を問題にし、その問題を自らとの「愛」の関係において解決しようとしている。彼女の語る保育は基本的に家庭の育児の失敗の埋め合わせである。ただし彼女は、愛することよりも愛を感じさせることを志向している点で、母親になろうとするのではなく、あくまでも母親を補う保育者として振る舞っている。また男児が「私」を媒介としつつ「木の葉」や「人」に関心を持つ過程の記述は、子どもの課題と成長を捉える保育者のまなざしを感じさせる。興味深いのは、その関心が男児と周囲の人や事物との関係に集中している点である。恩物でさえも、課題をこなせるか否かではなく、それを喜ぶかどうかという観点から語られている。

創刊当時の『婦人と子ども』には、実は、幼稚園における保育の記録はあまり掲載されていない。その中で数少ない記録の一つである「幼児と愛」が、「良くない幼児」との関わりを記述していたのは、おそらく偶然ではない。松村や林が『婦人と子ども』に多く発表していたのは、子どもの問題やその背景にある親の問題を論じる記事である。子どもの問題に関する論考では、幼稚園の子どもや知人の子どもを例にとりつつ、嘘をつく、よく泣くといった様子が記述され、その原因が考察され、改善の方法あるいは過程が示唆されている。特徴的なのは、子どもの問題の要因が家庭に求められている点である。林の「子供にうつれる家庭のかげ」（一九〇一年）は、ある女の子の「告口」の背景を母親の「悪口」に求めている。[4] 松村の「子どもの泣くことについて」（一九〇一年）は、ある子が「大変よく泣く」理由をその母親の嘆きや愚痴に指摘している。[5] 親の問題に関する論考では、著者が見聞きした親子のエピソードが記述され、その問題点が指摘され、望ましい接し方が提示されている。林の「子供を叱ることに付きて」（一九〇一年）は、立ち寄った紙屋での出来事から子どもの叱り方を論じている。[6] 松村の「阿母さん、これ何」（一九〇一年）は、湯屋で見かけた親子のやりとりをとりあげ、子どもの質問をうるさがる母親を批判している。[7] 子どもの問題に関する論考と親の問題に関する論考は、子どもの問題の背後に親の育児の失敗が見出されることによって、望ましい子どもへの接し方というテーマに収斂している。そしてこれらの記事が「家庭」欄に配置されることによって、保育者である林と松村は、家庭の母親により良い育児のあり方を教示する啓蒙者として誌面に立ち現われている。

ただし松村や林は、単なる啓蒙者ではなく、自ら育児に従事する者としても語っている。父親による育児記録「親馬鹿」（一九〇一年）に対する林のコメントを参照しよう。[8]「親馬鹿」の著者が母親から子どもへの謝罪の是非を否定的な観点から問うているのに対して、林は母親に非がある場合は当然子どもに詫びるべきだと主張する。その際に彼女は「わたくしは日々子供と一しょに居りまして、時には誤って子供の足を踏むこともあります。……斯様な時には……自然に、詫びの言葉が出てまいります」と述べた。[9] 林の語りは、母親と「わたくし」を「子供と一しょに居」る存在として重ね合わせるものとなっている。

ちなみに、一八九八年七月に創刊された『京阪神保育会雑誌』に掲載された最初の保育記録「幼児を叱ることに就て」（一八九九年）もまた、記録者である保育者と問題を抱える子どもとの関わりを主題としている。「神戸一保姆」を名のる筆者は、「家庭教育」を欠いた「貧児」を扱う保育園に勤務していること、受け持った子どもの中に「非常な癇癪の強き剛情な」子どもがいたこと、その「剛情」を直すことに「心を砕」いたことを報告していた。[10]

「幼児と愛」の冒頭には「皆様の御矯正を願いたい」との言葉が置かれている。「幼児を叱ることに就て」の末尾にも「私の感じたることを実例を以て皆様のご参考に供え御教えを受けた」いとの言葉が見られる。これらの言葉は、保育者たちが記述された出来事を「私」の実践として把握し提示していたことを表現している。当時の保育者たちは、育児の補完を保育の中心的な仕事として認識していたのではないか。保育者たちが『婦人と子ども』の誌面に育児の啓蒙者として立ち現れたのは、『婦人と子ども』が家庭雑誌としての一面を持っていたからという以上に、保育者が育児の専門家として位置づけられていたからではなかったか。そもそも『婦人と子ども』が幼稚園教育の専門誌であると同時に家庭向けの育児雑誌でもありえたという事実は、この時点で両者が近接していたことを示唆している。「家庭教育を補う」機関という幼稚園の位置づけは、保育者の経験としての保育実践を確かに規定していた。

2 「児童観察」のまなざし

『婦人と子ども』の創刊当初、保育者たちはその誌面において、課業や遊びの経験についてはあまり語っていない。遊戯の方法や注意点、玩具の種類などを論じた論考は若干あるものの、活動の様子を具体的に語った論考は稀有である。しかしその数少ない論考は、「観察」という保育者の新たなまなざしの成立を表現しており興味深い。

子どもの活動を記述した代表的な記録は「和歌子」と名乗る保育者による「幼児の汽車遊び」（一九〇三年）である。この記録は、子どもたちが自由に遊びを展開している点で新たな保育の成立を示すものとして注目されてきたが、ここでは活動の内容ばかりでなく、その様子を報告する文体に着目したい[11]。和歌子が記しているのは、雨の日の子どもたちの遊び、とりわけ「最も複雑に大仕掛にはじめられ永い時間つづいた」という「汽車遊び」の様子である。

> まず初に年長株の二男児が何か相談らしい事をして居りましたが、やがて其辺にあった十余脚の腰掛を持て来ては向い合せ向い合せにくっつけて排べます。あんなに長くつづけて何をするのかと思て見て居りますと、最後に一番端の一脚だけは通常に置かずに立てて置きました。ハハー汽車の煙突かしらんと思て居りますと、果して其次の処には積木のはいって《ママ》箱を置きました。之は石炭でここは機関車なので。さて列車ができ上ると技師は化して乗客募集係となり、室の各方でいろいろ

の事をして居る幼児達に「汽車ニオノリナサイ」と勧めてまわります。「ハイ」と来るのもあり、「アタシ今オバサンゴッコシテマスカラ」とことわるのもあるのを、頼み廻ってやっと十余人の乗客ができて乗り込みました……（中略）……乗客の中では私が先生兼阿母さんに推され「ココは一等イイトコロデス」という処に乗せて貰って居る。「ガタンガタン」をまじめに一生懸命につづけて居るのはとりもなおさず進行中なので、私が「此汽車はドコカラ来タノデスカ」と問うと、「新橋デス」と答える。此語に連想して一児は忽ち一同に向って「汽笛一声ヲオウタイナサイ」とすすめる。皆歌い出す。[12]

和歌子は子どもたちの行為や言葉を具体的に記述しつつ、子どもたちによって織り成される即興的な遊びの展開を描出している。時系列に即した詳細な描出が、「あんなに長くつづけて何をするのか」「ハハー汽車の煙突かしらん」といった実況中継のような表現とあいまって、和歌子とともに子どもたちの遊びを見ているかのような感覚を読者に与える。この記録を検討した橋川喜美代は、子どもの遊びの展開過程の背後に「共感・共有する保姆の姿」を指摘し、「遊びを通して獲得されるもの」のみならず『遊ぶ』という現象そのもの」の意義を問題化している点に保育者の「幼児理解への発展」を指摘している。[13]

しかしながら「幼児の汽車遊び」の記述は、保育の記録としては奇妙である。問題の子どもへの関りを記した「幼児と愛」や「幼児を叱ることに就て」に比して、「幼児の汽車遊び」における保育者の「私」は実践の主体として明瞭には立ち現れていない。「私」が子どもに積極的に働きかけていないというばかりではない。子どもの行為や言葉の記述が淡々としているために、「私」の感情や思考を垣間見ることができない。「幼児の汽車遊び」の「私」は保育者としても記録者としても受け身である。

実際に和歌子は「幼児の汽車遊び」において、「私」の実践を記述したわけでも、子どもたちの遊びを支援する「私」を問うたわけでもなかった。論考の最後に彼女は、子どもたちの遊びを見て感じた自らの「興味」を、「幼児はこういう事に興味を有ちます。こういう事を観察記憶して居ります。こういう風に思索を発表します」ということが提出されているという点に求めている。ここに表れているのは幼児の観察者という記述のスタンスである。和歌子は他に「兵隊ごっこ」（一九〇三年）と題された記事を発表しているが、こちらも「幼児の汽車遊び」と同様に子どもの遊びの観察記録となっている。[14]

和歌子による幼児観察の記録は、保育者が主に子どもの問題を語っていた『婦人と子ども』誌上では異質な印象を与える。しかし当時興隆しつつあった「児童研究」に着目すると、そのような観察記録が記された文脈を理解できる。児童研究は子どもの総合的かつ科学的な理解を志向する世界的な子ども研究の潮流である。日本では、一八九〇年頃から高島平三郎が「小児観察」を導入し、一八九八年の『児童研究』の創刊から本格的な児童研究が展開された。[15] 児童研究と『婦人と子ども』の母体であるフレーベル会との関わりは深い。創刊号の『児童研究』には、フレーベル会の保育者が心理学者松本孝次郎の指導のもとで児童研究を開始したことが報告されている。[16]

実際に『教育実験界』の「児童研究」のコーナーには、和歌子の記録に似た文体を持つ子どもの活動の記録「幼稚園に於ける幼児観察の一班」（一八九八年）が掲載されている。中村五六の名前で発表されたこの記事は、「女子高等師範学校保姆諸君の観察に係る」ものと記されていることから、複数の保育者による「観察」の記録であると考えられる。焦点化されているのは子どもたちの間に生起した遊びである。その記録の冒頭には子どもたちの「想像の鋭」さや「模倣心の強」さに興味を覚えて「観たるままを記し」たとある。(17)

次の記録は女の子の遊びの一つ、「(五)おば様事」の様子を記述したものである。

(五)は一組中にてよく発達したる女児主婦となり男児を家長とし女児を長女とし尤も発達の遅き特別の一児あり之をアカンボと呼び其他女中に至るまで役ありて主婦なる女児は「さあ、夜があけたから、あかちゃんもおきなさいよ、さあ、おまんまをおあがり、さあおじぎして兄さんもおじぎして」など云い楽しげに各相応の事をなす。／かかる所へ保姆の一人常に余りよく遊ばざる数児をつれて遊びに行きたることありしに皆出て来り丁寧に礼をなし「あかちゃんもおじぎしましたか」といい互いに礼をなさしめたりやがて帰らんとしけるに「これをぼっちゃんのおみやげに上げます」とて木の枝を贈り「坊ちゃんも嬢ちゃんも又おあそびに御出なさい」とて終わりしが如き遊びなり。(18)

記録者は子どもの言葉や行動の描出を通して「おば様事」の遊びを説明している。子どもの言葉や保育者の言葉は括弧に入れられて具体的に記述されている。特徴的なのは、記録者と記録中に登場する「保姆の一人」が別人であるかのような文体となっている点である。そのことはこの記録に客観的な観察記録の体裁を付与している。

観察の導入は保育記録を変えた。いやむしろ、観察のまなざしが、育児から自立した保育の語りを成立させたというべきかもしれない。『婦人と子ども』に掲載された二つの保育記録、田中ふみ「一の組保育誌」（一九〇四年）と池田とよ「幼稚園に於ける幼児保育の実際」（一九〇九年）を比較しよう。両者はともに、東京女子高等師範学校附属幼稚園における一年間の保育の記録を掲載したものである。五年を経た二つの記録の様式と内容は大きく変化している。

一九〇四年の田中の記録では、一年間の保育の概要を報告する「保育の方法及成績の大要」が、「体育」「徳育」「知育」の三つの側面に分けて記述されている。最も多くの言葉が費やされているのは子どもの性質や人間関係を焦点化した「徳育」であり、「従順」「誠実」「勇気及自治」「親切にして愛すること」の四つの徳についてどの程度目標に到達したかということが報告されている。課業については、談話と画方を連絡して行ったこと、子どもの発達に差があること等が簡単に言及されている程度である。[19]それに対して一九〇九年の記録では、「始業前」「会集」「出席調べ、躾け方」「談話」「唱歌」「積木」「板排、環排」「書方」「外遊」「食事」「退園」の項目が立てられ、各項目ごとに記述が行われている。すなわち一九〇九年の記録では課業と遊びの活動内容や配置が中心的な主題として浮上している。

課業や遊びに関する具体的な記述を可能にしているのは「観察」である。外遊びの種類を列記した「外遊」はもちろんのこと、子どもが面白がった教材を記録した「談話」「唱歌」等の記述にも観察のまなざしが感じられる。「積木」の項目を参照しよう。記録者の池田は、積木を随意に積ませたこと、数え方の練習に使用したことを報告しつつ、あわせて「ミコシ」「軍艦」など子どもが積木で製作したものを図示している。

数えかたの練習は他のものによりてもなせしが主として此積木によれり／随意に積ましむる時は、汽車、軍艦、トンネル、オルガン、あうち《ママ》、等最も多し、小供が何か積む時には別に「何を積まん」との目的を有せずして積むこと多し、よい加減に積み重ねて「先生これなに？」と問うもの多きはおもしろし(20)

子どもが何に興味を示し、何を面白がるかということに焦点化した記述は、子どもの興味や関心を照準して子どもを知ろうとした児童研究の語り口を引き継いでいる。

観察のまなざしは保育に定着したと考えられる。その様相の一端を「某教生（某女）」の実習日誌「保姆となりし最初の一週間」（一九〇七〜〇八年）に確認できる。この実習日記を転載した記事では、一日の記録が「観察（事実）」と「所感」とによって構成されている。実習日誌において「観察」の項目が定着していたとするならば、保育者はその養成の過程において「観察」のまなざしの体得を求められていたことになる。

なお、観察された子どもの出来事が二つの方向で解釈されている点は興味深い。「保姆となりし最初の一週間」では、観察は一方で「幼児」一般の性質に結びつけられている。たとえば「百合子」や「孝子」がまとわりついてくることから「小供は一人で居ることの出来ぬものと見えます」との考察が導かれている。[21] しかし他方では、観察者の関心は子ども一人ひとりの特性に向かっている。

観察。外遊の時、寧子、仲一郎、英、捨子、愛子、の六児と共に砂遊びを致しました。有坂は独立してお盆を製し、独りで喜んで居ます。あまり団体的の遊びを好まぬ風も見受けました。しかし知力は大分発達して居て、しっかりとして少しもおじけて居りません。金子仲一郎は注意が永続せず、一寸土を掘って直にあきたらしくて、ドングリを拾いに行きました。又それにも飽きましたと見えて、小石や小葉を拾って持って来て、先生上げましょうといいます。それから又一寸土を掘り初めて、遂にまとまったものを作りませんでした。畠山は幼稚園の御山を型らんとて作業して居ました。[22]

ここでは子どもの砂遊びの様子から、集団遊びを好まない、知力が発達している、注意が永続しないといった個々の子どもの特徴が導かれている。すなわち個々の子どもの言動が、その子どもの発達の状況を表現するものとして捉えられている。

第二節　一九一〇年代における保育記録の成立

1　「保育の実際」への着目

一九〇〇年代後半の『婦人と子ども』には、保育者による保育関連の記事があまり掲載されていない。一九〇七年の巻頭言「本誌の本領」が「家庭研究」をうたっていることから鑑みると、この時期は幼稚園教育の雑誌としてよりも家庭教育の雑誌としての側面が打ち出されていたと考えられる[23]。誌面が転換しはじめるのは、表紙に「幼児教育研究雑誌」の語を冠した一九〇九年一月頃からである。前年の十月号から編集を担っていた和田実と一九一二年から編集を担当した倉橋惣三は、同誌の誌面を実際に「幼児教育研究」を中心とするものへと変えていった。それに伴い、創刊号から断続的に掲載されていた親による育児記録はほとんど見られなくなり、料理や裁縫の実用的な解説を行う記事も激減する。

『婦人と子ども』が幼稚園教育の専門誌へと脱皮したことを明白に伝えているのは、「保育の実際」への着目である。一九一一年一月号に掲載された「寄稿募集」の記事には、「新入園児の取扱い方」に関する経験と「保育の実際」を報告する原稿の募集が告知され、その理由が「育児及び保育上の基礎的問題を研究すると共て《ママ》実際上の経験を最大切と思う」と記されていた。「育児」と「保育」が併記されているとはいえ、ここで想定されている筆者と読者は幼稚園の保育者にほかならない。「新入園児の取扱い方」という幼稚園における具体的な困難を照準するテーマや、「日々保育の実際」における「出来事」

「感想」「工夫」を「会員同士互に惜まず知らせ合う」ことを呼びかける言葉は、保育者の経験と知見の交流という企図を明確に伝えている。[24]

保育者から寄せられた「保育の実際」は、一一巻一号から八号までの各号と一二巻七、八号に掲載された。注目したいのは、主題も語り口も多様であるとはいえ、「保育の実際」として何をどのように語るかということについて一定の合意が成立しつつある点である。その方向性は、「寄稿募集」の記事と同時に掲載された三本の「保育の実際」の論考によって示されていたといっていい。一つ目は秋に行う園の活動を述べた「種子の採集」、二つ目は園の朝会における話の内容を記した「毎朝のお話」、三つ目は園における体育重視の方針とその方法について述べた「体育と衛生」である。[25]これらは一見異なる内容だが、各幼稚園の特徴的な活動や教育方針を語るという点で共通している。

それぞれの園の保育の特徴は「保育の実際」の連載において中心的な内容となった。具体的には、自由保育、自然物の利用、戸外での遊びといった主題について、その理念や教育方法を論じる論考や、子どもの活動の様子を描出する論考が寄せられた。興味深いことに、問題の子どもへの関わりを記述したものはほとんどない。典型的なものは「強い子弱い子」(一九一一年)の一編だけである。[26]「寄稿募集」と同時に掲載された論考が園の教育方針を内容としていたことによって、その後の論考の語りが方向づけられた面はあるだろう。しかしそのことも含めて、保育者が自らの仕事として認識する営みの中心は、育児の補完としての子どもの問題への対応ではなくなったのではないか。

「保育の実際」の語りは、子どもの活動を語っていても、観察記録とは異なる。「保育の実際」では複数の論考において、保育の主体としての保育者が「私」という一人称において明瞭な輪郭を伴って立ち現われている。東京女子高等師範学校附属幼稚園の「みどり」の論考「保育の一日」（一九一二年）を参照しよう。みどりは冒頭で「庭が広いので可成外で遊ばせる事にして」いるとの方針を説明し、「六月二十日」の出来事を詳しく具体的に語っている。

○「今度は皆で此お庭の草を採りましょう。一本ずつこんなように違ったのを幾つも幾つもとって見ましょうさあ採って入らっしゃい。」／△「ハイ」勇ましく答えて蜘蛛の子の散るが如く私一人を残して去りました。／糸や鋏や帳面などを用意して待って居りますと、やがて一人かえり二人戻りして、一々報告しましたり、結えて下さいと申ますので一の組の子供には可成自分で数えさせたり、糸で結えさせたり致しました。私は小さい子供のを数えたりしばったりそれぞれの数や其様子やらを控えたり、暫くごたごた致しました。けれども別に喧嘩もいたずらも致しませんでした。控え終わって見ますと、少きも二三種多きは十四五種に及びました。猶個人個人に就いて見ますと日頃綿密な子は採り方もきれいで、種類も多うございますし、乱雑な子は枯れ葉や根のついたままで且大小不同で数も少うございます。又小心翼々とした採り方のや、大胆に抱えて来ますのや、倦み易いのや、わけもなくうろうろするのや、同種ばかり多く採ったのや。一旦採っては見たが蝶を追うのが面白くて捨てたのや様々でした。／で、あまりにひどいのには整理させましたり、力の余って居る子や、まだ採らぬ子等を集めて、／○「さあも一度採りましょう。そして先生の採ったのと同じのが採れたかどうか較べて見ましょう」と、又初めましたが、狡猾な子は私の後についてばかり居ました真面目な子は隈なく探しますし真面目の中にも遠征するのと、近所を丁寧に探すのとございました。／此処でも亦個性を知る事が出来ました。(27)

この記録では「私」が意志をもって子どもたちに働きかけている。草の採集に際して、様々な草を集めてくるよう声をかける。上級生には採った草を数えたり結んだりする作業をさせる。採ろうとしない子には再度言葉をかける。採った草の名前を教えてその比較を行う。また記述にあたって「私」の思考や感情が抑制されていない。子どもの草の採り方の語り口からは、個々の子どもの活動への評価を読み取ることができる。

保育の主体である「私」の屹立は、鈴木マサの論考「自由保育」（一九一一年）にも確認できる。鈴木は「同一のことを同時に強いてさせて遊ばす」ことの無益さと不自然さに気付き、幼児が自由に「手技の材料」を用いる保育、「随意」で「自由」な保育を行うようになったという。その試みの実態として、「四五名の女児と二三名の男児」が地面に石で絵を描いていたのを見て、彼女が「紙と鉛筆をあげましょうか」と尋ねたところ、熱心に描く子どもと描かずに他のことをして遊ぶ子どもがいた、それが「真に子供にとっては満足であったことと感じた」というエピソードを紹介している。(28)

みどりや鈴木の記録において重要なのは、記録者の「私」が保育者の「私」と重なることによって、実践の省察が可能になっていることである。ただし半面で、子どもたちの表象は集合的なものとなっている。その意味で彼女たちの記録は、子どもよりもむしろ保育者の経験を表現しているように感じられる。子どもの活動を詳細に記した「観察」の記録と比較してみよう。次の引用は、須磨浦幼稚園の野田千代による「幼児観察記」（一九一五年）の一部である。

家庭の遊をなす時幼児は常に積木もて、家の輪郭を作り居たりしが、今日田中さんは下駄箱を構成して、家族の下駄を納めたり、傍らにありし保姆は人形を持来りて人形の着衣を入るる箪笥を作らんことを促したれば、直に構成し始む。片山さんは是を見て「ワタシ人形ノピアノヲ作リマスヨ」とて異なれる幾種の積木を持来りて、人形のピアノを作りたり。／しげチャンは「先生人形サンニ、音楽ノ本ヲ下サイ」とて音楽の書を持来りて人形を座せしめ四五人の女児は其辺にありて歌い居たり。しげチャン曰く「先生今日ハ音楽会デスヨ」此間ゆきチャンは、台所にありて、食事の用意を成し居たりしが「皆サン入ラッシャイ、十二時ダカラ御飯ニシマショウ」と云いしかど唱歌に熱中せる幼児はなかなかに食卓に著かんともせざりしかば、保姆は直に客となりて訪れ「私ハネ、今日御招ヲ受ケテ客ニ参リマシタノ、今丁度十二時デスカラ何卒御一緒ニ頂キマショウ」と云うや一同食卓に著きたり。(29)

野田の「観察記」には「私」は登場しない。記録の中で行動しているのは三人称の「保姆」であり、記録者と同一人物かどうかは分からない。また実践者である「保姆」の感情や思考も、記録者の感情や思考もあまり記されていない。それに対して子どもの言動は、固有名をもって丁寧に記述されている。読み手は複数の子どもによる人形遊びの展開を、目で見るように把握することができる。

野田の記録の冒頭には「観察記」を記す理由が次のように示されている。「保姆」が子どもの「背後」に立って遊びを「観察」するのは、活動の有効性を認めた場合は皆に経験させるためであり、子どもたちに必要だと思われる「課題」を与えるためである。子どもの「遊戯」を「観察研究」することによって、「其不足を補い以て心身共に円熟せる幼児を作」ることが目指されなければならない、と。ここでは「観察」という保育者のあり方に、子どもの遊びの支援を通してその発達を促すという実践的かつ積極的な意味が付与されている。しかし記録の文体は、観察者と実践者を分裂させたままとなっている。

「保育の実際」の記録が一九一〇年代に登場したとき、子どもの自由遊びや課題活動が「保育」の営みとして語られていた。またその記録では、保育者の「私」が実践者として立ち現われていた。ここには育児記録から自立し、子どもの観察記録から脱皮した保育記録の成立を指摘できよう。

2 「問題の子ども」の語り

一九一〇年代の『婦人と子ども』において、「保育の実際」として語られたのは遊びや課業だった。とはいえ、子どもの抱える問題への取り組みが報告されていないわけではない。一六巻一号では「問題の子ども」の特集さえ組まれている。このテーマについて編集部は、「担任の保姆は勿論、全国の保姆諸君が、保育上特別な苦心を払い、特別な骨折をして居られることは、一方ならぬものです」と説明している。そして編集部からの要請を受けた保育者たちは、「乱暴な太郎さん」「智能の特に優れた子」「剛情で共同心の乏しき子」といったタイトルで自らの経験を報告している。[30] 保育者にとって「問題の子ども」への関わりが重要な仕事であり続けていたことがわかる。

一九一〇年代の「問題の子ども」の記録には、一九〇〇年代とは異なる特徴が現れている。一つ目は子どもやその問題を科学的に測定し把握する視線の登場である。「問題の子ども」の特集に寄稿した多くの保育者が、その子の発達の評価や測定を行い、結果をふまえて問題に対応しようとしている。論考「乱暴な太郎さん」では、粗暴な行為を繰り返す「太郎さん」に対して「手先の動き」「聴力」「視力」「数の観念」等のチェックを行い、その結果を受けて「脳と手先との連絡」を図るべく「石拾い遊び」「色板拾い競争」「おはじき」等の遊びを行っている。[31] 論考「落ちつかない子」には、祖父母が「大酒家」であり母親が「白痴」であるとの家庭状況調査と、保育者による「精神的方面の発育」「皮膚感覚」「注意力」「記憶力」等の観察をふまえ、「黙りっこ」の仲間に入れる、絵本や玩具を分ける時にはその子を最後にする等の対応を試みている。またこの論考では、やはり問題を抱えた別の子について「三田谷先生のビネージ《ママ》モン法」による知能検査を行ったことも記されている。[32] 科学的な対応の重要性は、個々の論考に編集部が付したコメントによって、より一層強調されている。「乱暴な太郎さん」の記録については、「太郎さん」の問題行動について「先天原因」の存在が指摘され、保育者の遊びの選択の「科学性」と関わりの「優し」さが評価されている。「落ちつかない子」の記録に対しては、深い「家族調査」が賞賛され、「沈黙訓練」をはじめとする対応がモンテッソーリ等をひきつつ「要を得て居る」と評価されている。

「問題の子ども」への対応の科学化は、教育病理学、教育治療学へと傾斜した児童研究の展開を映し出している。雑誌『児童研究』は一九〇七年に組織改編を行い、心理学と教育学を中心とする誌面から、教育病理学、教育治療学、教育衛生学、学校衛生学、小児科学を主とする誌面へと転換した。[33]富士川游から治療教育学を学んだ三田谷啓が、ビネーシモン法の知能検査の翻案紹介したのは、一九一五年である。その使用を報告する論考「落ちつかない子」の発表が翌一九一六年であることを考えると、少なくとも一部の幼稚園では、児童研究の成果が迅速かつ積極的に導入されていたといえよう。

しかし一九一〇年代の記録には、もう一方で、「問題の子ども」を愛でるような、あるいは味わうような保育者の感受性を見出すことができる。後藤りんの「喬たん」（一九一二年）を参照しよう。この記録が示しているのは、典型的な問題の子どもの物語、すなわち困った子どもが保育者との関わりによって改善する物語である。女中に我意を満たされて育った「喬たん」は「剛情」でいうことをきかない。女中に我意を通させないよう指示しても、「私」が「賛辞」を与えても、目に見えた効果は現れない。ところが「私」が背中を叩いたことがきっかけとなり、彼は「段々面白い良い児」になる。興味深いのは、後藤が「喬たん」の振舞いを面白いと感じている点である。「小供らしく爛漫」「快男幼児」「気骨児」といった肯定的な言葉が用いられているばかりではない。たとえば兄の教室における「喬たん」の振舞いは次のように記述されている。

又喬たんは大きい組で説話なぞが初って若しか自分に判らないことになって来ると、ソロソロ退屈まぎれに方々へ出懸けて来て、まんべん無く悪戯をします〔。〕机の下を潜ったり、皆さんの背中を敲いたり、机の上に腰をかけたり、彼方の隅でことこと此方の隅ではことことと遣り出す。それでも別に皆さんから怒られたことは無いが、お話しが佳境に入った時に余りことこと遣り出すと、『喬たん喬たん小さいお組に往ってらっしゃい』と他の幼児から言われると、慌てて自分の席に付て頬杖をついて澄し込む、其態度のこっけいさは実に形容仕様がありません。(34)

兄の教室の活動の邪魔をする「喬たん」の振舞いは、通常ならば彼の問題を表す行動として語られる種類のものだろう。しかしユーモアを交えた後藤の語り口は、むしろ「喬たん」の振舞いを愛らしいものとして描いている。

「京子」と名乗る保育者のエッセー「蕾のいろいろ」(一九一六年)にも、子どもの問題を報告しながらも、その子どもの可愛らしさや健気さを伝える語り口を確認できる。父親と死別した「たき子さん」のエピソードを参照しよう。幼稚園にやって来た「たき子さん」は、付き添いの女中からなかなか離れられない。「先生」に誘われてようやく外に出て、仲介してもらいつつ友達と関わる。時間になって部屋に戻り、「お名前呼び」がはじまる。

「今日はたき子さん、先生がびっくりなさるような大きい、お声で返事しましょうね」とそばについて腰かけた見習保姆はこう云てはげました。たきちゃんはだまってがってんがってんをした。気の弱いはにかみやのたきちゃんはどこかにまた負けぬ気の処があったから、小さい胸に生れてはじめて位の決心をしたのでしょう。／「紅林たき子さん」と呼ばれた時、「ハイ」と大きい声で返事をするかしないか傍に居た保姆にきゅっとしがみついて顔をかくした。この時はりつめていたたき子さんは急によわいたきちゃんに返ったのだ。そして居ても立てもたまらぬほどきまりがわるかったのだ。(35)

京子の語り口は子どもへの共感を内包している。名前を呼ばれ大声で返事し保姆にしがみつく「たき子さん」の様子に、京子は「たき子さん」の決心とはりつめた感情、そしてきまりわるさを感受している。その記述は、子どもを問題において取り上げるよりも子どもを味わうことが中心となっているようにさえ見える。

後藤や京子の語り口は、子どもの行為や言葉を詳細に記述しながらも、客観性を志向する児童観察の語り口とは一線を画している。その視線のあり方は、観察に対する観賞として特徴づけることができよう。子どもの科学的な把握が同時代の児童研究に支えられていたのに対して、観賞のまなざしには当時の「童心主義」すなわち「子どもを無垢な存在と見なすロマン主義的な子ども観」を見出すことができる。(36) 沢山美果子は「〈童心〉主義子ども観」を新中間層の家庭における子どもの発見として特徴付けているが、それは新中間層の子どもが通う幼稚園における子どもの発見でもあった。(37)

さらに一九一〇年代の語りでは、問題の子どもに対する強い感情を伴う責任感が表現されている。「芙蓉峯」を名乗る著者の「玉ちゃんの一年」（一九一三年）は、「発達の遅れ」を抱えた女の子「玉ちゃん」に対する「保姆」の関わりを日記形式で記述した記録である。「玉ちゃん」は最初、自分の席も分からなかったが、「保姆」が工夫して机に赤い紙を貼ることによって忘れなくなる。「保姆」はそのことを「もつれた糸の端を見付けた様に喜」ぶ。しかし夏休みを経た「玉ちゃん」は、ふたたび室も席もわからなくなっていた。記録者はその時の「保姆」の「落胆」を、「胸も迫まって言葉も出ず。ただ顔打まもって居った。しかし又一方から考えると室が知れないとて泣くだけ感情の方が発達したのではあるまいかと、自ら慰めて、玉ちゃんを抱きしめた」と表現している(38)。この記録の冒頭に編者が付した言葉どおり、その記述は「愛すべき玉ちゃんの風貌」とともに、保育者の「真卒なる同情」と「細心なる注意」を感じさせるものとなっている。

「狸園」による「つとむさん」（一九一五年）も、保育者が子どもに抱く責任感を強く印象づける記録である。養父母と実母の双方から体罰を受けて育った「つとむさん」は、他の子どもに暴力をふるう、豆屋の商品を盗むといった問題行動を繰り返していた。その家庭状況を聞いた「保母」は皆、「彼れに対する愛」を沸き立たせて保育にあたる。しかし「つとむさん」は相変わらず古着屋の商品に悪戯をしていた。そのことを知った「受持」は、「自分の腕が足りないからであろうか」「まだ愛し様が足りないのであろうか」「取扱いに間違の点があるのか」と「声を挙げて泣」いて落胆する。呼び出された「実母」が退園を申し出るものの、保育者たちは「この哀れなるつとむさんが温き園を離れ冷き家庭のみにあるとすれば、どんなものになるであろう」と考え「離す気になれ」ない。結局彼女たちは、「つとむさん」を二年にわたって「力のあらん限り保護もし誘導も」する。その過程では「共に泣き或時は手を取って喜び又或ときはおどしもし。すかしも」したという[39]。

新たな保育者のあり方、すなわち子どもの問題の科学的な把握と対応、問題行動さえも愛でる観賞のまなざし、子どもの問題の解決への強い責任感は、一見相反しているように見える。実際に、大正期の「童心主義」を検討した本田和子によれば、明治末から大正期の「童心主義」や「子ども賛歌」の勃興には、子どもを観察の対象とし子どもの数値化や標準化を推進した「科学的子ども研究」への抵抗としての側面があるという[40]。一九一〇年代における「問題の子ども」の記録は、明治末から大正期に形成された新たな子ども観を取り込みつつ、保育者が強い感情をもって従事する領域を形作っていた。

第三節　東京女子高等師範学校附属幼稚園における保育実験

1　実験と実践の記録

『婦人と子ども』は一九一九年一月から『幼児教育』へと改題され、さらに一九二三年七月から『幼児の教育』へと改められる。編集を担当していた倉橋は、この改題について後に、「やや通俗的な名称」を改めて「専門的教育雑誌にしなければならぬ」と考えたと説明している[41]。誌面の構成に着目するならば、既にこの頃には家庭雑誌としての面影はなく、幼稚園教育の専門雑誌として編集されている。

東京女子師範学校附属幼稚園では、一九一七年四月に主事となった倉橋のもとで様々な保育の試みが行われていた。誌上には、同園の保育者によって記された保育実験の記録が多く掲載されている。ここで重要なのは、保育の経験を出来事として記述する語り口、すなわち保育の省察を可能にする実践記録の様式が成立していることである。そのような保育記録の様式を成立させたのは、おそらく、倉橋の理論的な主張をふまえて行われた保育の探求だった。倉橋の言葉は、保育者が子どもとの関係において自らのあり方を問うことを可能にする視点として機能している。

まず「本真剣」の概念に着目したい。「本真剣」は倉橋が一九一八年の初頭に発表した論考のタイトルである。彼は子どもが物事に「本真剣」であることを最も大切にしているという。それは「全身全力を挙げて一定時内唯一のことに集中して居る」ということを意味している(42)。倉橋がここで問題にしているのは、活動を手段化する目的的な教育が「直接目的」を剥奪すること、すなわち活動そのものへの没頭を困難にすることである(43)。興味深いことに倉橋は、活動への没頭としての「本真剣」を子どものみならず保育者にも求めた。彼は、保育者は「おもちゃなり砂なり」をもって子どもとともに「無心」になって遊ぶことが必要だと述べている(44)。

この倉橋の提起に呼応して、保育者たちは「本真剣」の語を含む保育記録を発表している。その「本真剣」の追求は、活動に没頭する瞬間の集中の感覚を求める点では共通しているが、多様な方途で行われている。池田とよによる「動物園遊びの記」(一九一八年)では、大規模な製作への取り組みに活動への熱中が見出されている(45)。同じく池田の「幼児の自由選択につきて」(一九一八年)は、子どもによる活動の「自由選択」に「本真剣」な遊びの可能性を託している。[46]また「分団保育の試み」（一九一九年）では、小集団の形成によって「じっくりした、しんみりさを味わせ」るという試みが報告されている。[47]小高つやの「彩色遊びに就て」（一九一八年）では、「彩色遊び」という形式化された活動に「熱中」「無言」「静粛」「荘厳」「集中」といった言葉で表現される「本真剣」が見出されている。[48]

これらの「本真剣」を追求する保育の記録では、必ずしも一人称の「私」は登場していないものの、保育の試みの主体としての保育者がくっきりとした輪郭を持って立ち現れている。「動物園遊び」の記述を参照しよう。「教生」が描いた実物大の象の絵を子どもたちが切り抜く様子を、池田は次のように描出している。

愈々象が出来上がったとなると、其悦びは一通りでない。「象が出来ましたよ」と云えば、見たさ、剪りたさに、何もかも捨てて慌て出した。やがて遊戯室に広く蓙が敷かれ、其上に象が拡げられた。「やや大きいなあ」「先生剪らせて下さい」「僕も剪らせて下さい」「僕、鼻ッと」「僕あたまッと」「僕脚ッと」「僕背中ッと」各自が欲する所を申出して、鋏を握って座った。先生に更に範囲をきめて貰って、各自剪り始めた。何れもベストを尽そうと鈴の様な眼を見張って夢中になって剪っている。座っているもの、足を出しているもの、腹這いになっているもの、其とりどりな姿に力が籠る。大きな象を小さな人が八人がかりで丸で象に吸い込まれた様になって剪っている。何と云う尊い光景であろう。やがて七八分したかと思う頃、象は紙から抜け出した。子供も夢中、大人も夢中、壁に掲げて見なければ承知が出来ない。取敢えず仮に正面の壁に掲げられた。先生は此時子供がどんなに悦んだか、其れを見、其れを悦ぶ余裕もなく、自分が先ず象に釣り込まれてしまった。(49)

ここには子どもと保育者の「本真剣」の様相が描出されている。子どもにとってそれは、活動に魅了されて他のことは「何もかも捨てて」しまう状態、活動に「夢中になって」いる状態、対象に「吸い込まれた様」になっている状態である。むろん「先生」も「夢中」でなければならない。おそらく池田自身である「先生」が、「子供」の様子が眼中になくなるほど対象に「釣り込まれてしまった」ことを、彼女は肯定的に記述している。

ただし保育者である池田は、単に子どもとともに活動に没頭しているわけではない。論考の終わりには「此の動物園の保育上の意義」として、幼児が楽しいという点、単調な幼稚園生活に変化をもたらすという点、規模の大きな作業ができるという点、社交的で祭典的な喜びを経験できるという点などが指摘されている。興味深いのは、この考察部分では教師の没頭でさえも、子どもがそれを見ることによって教育的な価値を帯びるという観点から意味付けられている事実である。この記録を通して立ち現れる池田は、子どもとともに活動に従事する主体であるばかりでなく、活動を意義づける主体でもある。

倉橋が提示した概念でもう一つ着目したいのは「個人性」である。彼は一九一六年の記事「新入園児を迎えて」において次のように述べている。

教育の実際に於て、現実に我等の取扱うものは、個別的な一人一人である太郎である。花子である。決して「幼児なるもの」ではない。家庭に於て親は決して、子供というものや、子供の群を其の教育の対象としては居ない〔。〕学校に於ても、幼稚園に於ても、真の教育は此の現実な個別的な一人一人が対象とせられなければならないのである。(50)

倉橋は保育者に対して、「生徒」「児童」「幼児」ではなく固有名を持つ特異な存在としての子どもが教育の対象なのだと述べている。この考えを深化させる過程で提示された概念が「個人性」である。倉橋は「子どもの研究は個人的でありたきこと」（一九一九年）において、「子供の個人そのものを認めるために、まず大人が「自己の個人性」を認めねばならないと述べた。彼によれば、子どもが固有の存在として、すなわち「いま、ここ」を生きるかけがえのない存在として屹立するためには、保育者における「私」が屹立し、その「私」が子どもと親密さをもって関わることが必要だった。(51)

「本真剣」の概念が保育者に共有され保育の模索の指針となっていたのに対して、「個人性」という概念は直接的には保育者の語りには見ることができない。ただし「個人性」の概念の提起と重なる一九一〇年代の末に、「一人一人」子どもが固有名で登場し、その一人ひとりを受け止めようとする記録が現れている。次に引用するのは「ＨＮ子」の名で発表されたエッセー「夏休みを終って」（一九一九年）の一部である。

今日こそは、一人一人子供を迎えて、我が心の中にシックリと受入れようと思って待ち受ける。室の掃除も整頓も先ず出来た。玄関に出たり、廊下を歩いて見たり、室の中の小さな椅子に腰かけて見たりして。／S子さんが見えた。女学校の大きい姉さんに連れられて。サッサと姉さんの手から離れて私の所へ来た。「先生お早うございます」と。私が顔をのぞきこむと「フフ」と何とも云われない嬉しそうな顔をして笑う。入園当時など笑う様な子供になるかとさえ案じられたS子さんが、今日はもう黙って私の手を握って嬉しそうに笑う様になった。続いてR子さん、Y郎さん、S二さん、雨にもまけずに来られた。……（中略）……夜を日に続いでも遊びたりない様なH吉さんやY造さんは、もう来るなり直に、莫蓙をひろげ、その上に座って、積木遊びに余念がない。(52)

「HN子」は夏休み明けの登園という保育の一場面を切り取り、子どもを受けとめる「私」のあり方を焦点化した記述を行っている。「一人一人」という言葉とそれぞれの子どもの様子の描写が、倉橋における「個人性」の提起を受けて記された記録であろうことを伝えている。

一九二〇年代の『幼児の教育』には、このような保育の一場面を切り取った実践記録がしばしば掲載されている。東京女子高等師範学校附属幼稚園の村上孝子の記録「秋の一日」（一九二五年）では、子どもたちの提案によって遠足に出かけ弁当を食べる様子が、子どもの行為や言葉の描写に風景描写を交えつつ記述されている。(53) 新庄よし子による「こども」（一九二六年）は、「西洋人」の絵を描く「晴子さん」の何気ない言葉や、郵便ごっこの葉書を誰に出すかという教室の子どもたちの他愛ないやりとりを切り取っている。[54]「むらさき」を名乗る保育者の「朝の一時間」（一九二八年）は登園時の出来事を描いている。[55]ただしこれらの記録は、「HN子」の記録に比べると「私」へと折り返す視線が弱く、記録者の感情は若干記されているものの、観察記録に近い印象を与える。

「附属幼稚園内一保母」の名前で発表された記録「幼児の生活」（一九二五年）は、「私」と子どもの保育中のエピソードを印象的に描出している。砂場での遊びは次のように進行する。「苔」や「木」を植えた本格的な山をつくっている。その山に「私」と「文雄さん」がトンネルをつくりはじめる。そのうちに反対側が見えてくる。すると「浩一さん」「正雄さん」「博さん」がもう一つトンネルを掘り、四方の口のあるトンネルになる。みんながたいそうよろこび、崩れないようにかためる作業を行う。

その中に正雄さんの方の入口がドサッと崩れてしまいました。一寸手をおいて私の顔を見ていましたが／「やあ　崩れた崩れた」／と云いながらふみつぶし始めました。すると文雄さんも広さんも浩一さんも秀三さんも大悦びで上りつぶしてしまいました。／「やあやあ」／と云いながら手をふり上げ、足踏みして嬉しがる様、／貞子さんと浩子さんと私はただぽかんとして見ているだけでした。私の心の何処かに惜しいと云う淡い感じがしていました。[56]

ここには砂遊びにおける出来事が記述されている。トンネルの一部が崩れるという事件をきっかけに、男の子たちが砂山を踏みつぶし始める。女の子と一緒に「ぽかん」と見ている「私」は、子どもとともに砂遊びを生きているといえよう。

しかしこのような「私」と子どもの出来事の記述は、『幼児の教育』に発表された東京女子高等師範学校附属幼稚園の保育記録の様式の中心とはいえない。同園のカリキュラムが構造化されるに伴って、その記録は具体的な出来事よりも教材について解説したものが目立つようになる。「誘導保育」の記録はその教材開発の文脈において記されている。

2 「誘導保育」と教材

東京女子高等師範学校附属幼稚園における実験的な保育の試みは、倉橋の一九一九年から一九二一年の欧米留学から「誘導保育」の成立へと向かった。倉橋はシカゴ大学とコロンビア大学においてデューイの系譜をひく進歩主義教育の実地研究を行い、とりわけパトリック・ヒルを中心に開発された「コンダクト・カリキュラム」の理論を摂取する。[57] 帰国した彼がプロジェクトメソッドの導入を主題的に論じるのは、一九二四年の論考「自発活動と目的活動」においてである。[58] それ以降、保育者たちの記録にも、及川ふみによる「八百屋遊び」[59]（一九二五年）や「新入幼児をむかえて」[60]（一九二九年）、「箱のお家」[61]（一九二九年）など、プロジェクト活動としての特徴を備えた実践の報告が増えていく。

一連の試みを受けて、倉橋は一九三三年の夏に行われた講演「保育の真諦並に保育案、保育課程の実際」において「誘導」を概念化する。彼はこの講演で、「幼児生活」の特徴を「刹那的」であり「断片的」であるという点に求め、そのこと自体は肯定しながらも、「真の生活興味」を味わうことができるように指導する必要があると述べた。[62]『幼児の教育』に発表された講演記録は、翌一九三四年、「誘導保育案の試み」と題された保育者による五編の記録とともに『幼稚園保育法真諦』に収録される。[63]それらの保育記録は、一九三二年から三三年にかけて『幼児の教育』に掲載されたものだった。

五編の記録の中で最初に発表されたのは神原きくの「『大売り出し』あそび」である。その記述の中心は、「おもちゃ屋」「下駄屋」「家具屋」「呉服屋」「瀬戸物屋」で何を売ったのか、どのような材料で製作したのかということに置かれていた。[64]このような教材中心の記述は神原だけのものではない。後に誘導保育と総称される営みを報告する語り口は、他の保育者の記録においても、材料、作り方、手順といった技術的な側面に多くのページを割いていた。誘導保育の代表的な実践とされる菊池ふじのの「人形のお家を中心にして」（一九三二年、**図1**）も、材料や製作方法の説明に多くの誌面を割いている。詳しく検討しよう。

最初は活動の構想に関する記述だが、菊池は多くを語っていない。子どもの頃に人形遊びをして楽しかったという自分自身の思い出を述べるに留まっている。続いて子どもと人形を出会わせるという「人形の家」の製作の導入が記されている。二体の人形を準備して、「メリーさん」「マリーさん」と名付けて子どもたちに紹介したところ、子どもたちは抱っこしたり寝かせたりして遊ぶ。そこで菊池は「人形のお家」をつくろうと提案する。

で私は皆の後に「先生はね、このお人形たちのお家を拵えて上げたいの」と申しますと「そうだ

図１　人形のお家（『幼児の教育』32巻５号口絵）

ね、お家を拵えて上げるといいね」と男の子はすぐ賛成。それから私「そしてね、そのお家、お窓をつけて、カーテンを下げましょう。そのカーテンの模様はみんなで描きましょうね。それからお家の床板に敷く敷物も欲しいの、そして敷物には、みんなで考えて何か縫いとりをいたしましょうね」というと、眼を輝かせていたみんなはコックリとうなずく。それから又、私はつづける「敷物が出来たら、今度はお人形さんのベッド拵えましょう、それからお机もお椅子も作りましょう、お家が出来たら今度はお庭の方にお花畑も作りたいし、温室も作りたいの。それからお馬も飼いたいし、豚も飼いたいの」と。ここまでいうと、子ども等の眼はいよいよ輝いて来ました。(65)

続いて製作活動を進める手順の記述である。最も多くの頁が割かれており、その説明は詳細である。「骨組み」「床」「窓」「壁」「天井」「塗り方」「壁紙」「カーテン」「カーペット」「ストーブ」「バルコニー」「寝具」「スタンド」「ポスト」の小項目にそって記述が行われている。「高さ五尺、横四尺、奥行き三・五尺、として骨になる柱を組み立てました」「窓は後と両側の三方につけました」「(カーペットの) 地はズック……渋を塗って、茶っぽい、しまった地色にいたしました」といったように、家の寸法や窓の位置、材料の種類や色、製作方法などが記されており、同じものを製作することも不可能ではない。

それに対して子どもたちの様子の記述は充実しているとはいえない。人形を教室に持ち込んだ時の子どもたちの様子について、とりわけ女の子たちが喜んで人形の世話をしたこと、人形の家や電車をつくろうと言った時に男の子が嬉しげな様子をしたことは報告されている。また子どもたちがどの作業を行ったかということ、できた家で遊んだことも分かる。しかしその語りは、子どもたちの様子を生き生きと伝えるものにはなっていない。

お家の出来上がりました今日は、これも写真の様に男の子も女の子も、このお家につづけては、おござを引いたり、お椅子を並べたりして、このお家を中心に遊んでいます。お外へ出る事が少くて困る程でございますが、やがてはまた飽きる時も来ようとそのままにしてまいりました。他の組の御子さんまでが時々は入って来ては、「よく出来たね、これバルコニーかい」等と云いながら前から、後ろから飽かず眺めてくれる姿を見ますと、たまらなく嬉しく思います。(66)

図2　東京女子高等師範学校附属幼稚園（『幼児の教育』32巻7号口絵）

菊池の記録は、子どもたちが「人形のお家」で楽しく遊んだことと、その様子を見た彼女の嬉しさとを述べるばかりである。

徳久孝子の「わたくし達の自動車」（一九三二年）や村上露子の「わたくし達の特急列車『うさぎ号』」（一九三二年、**図2**）も同様である。先行する菊池の記録が範例となったのだろうか、製作した物の材料や大きさを中心に報告するという様式が踏襲されている。徳久の記録では、「土台」「踏み板」「側面」「ドアー」といった「自動車」の細部の製作の様子がサイズと材料を中心に詳細に報告されている。[67]村上の記録は、出来た汽車で子どもたちが喜ばしく遊ぶ様子を報告した前半と、「機関車」「連結器」「シグナル」といった「列車」の細部の材料や作り方を詳述した後半からなっている。[68]

誘導保育の記録は、企図された活動の意味や子どもたちの経験よりも、教材や手順を詳細に報告するかたちで定型化したといえよう。ここで着目したいのは、一九二〇年代末の保育者たちが、得意とする分野の教材の紹介者として『幼児の教育』の誌面に現れていた事実である。及川は「切り紙」の図案や人形の製作方法を紹介している。その内容は、「切り紙」の教材として、たとえば「猫のお見舞」といったお話が紹介され、その中の一場面を「切り紙」で表現するための家、橋、犬の実物大の図案が示されるといったものである。[69] 新庄は子どもに聞かせる「おはなし」を発表している。一九二二年に掲載された「おはなし」を例にとると、「いたずら鳥」「お猿さん」といったタイトルの短い話がいくつか収録されている。[70] 菊池は「人形芝居」である。一九三〇年の論考「人形芝居」では人形をどのような材料でどのように製作するかということが示されている。[71] そして次の号の「人形芝居　お菓子の家」では童話をもとにした脚本が紹介されている。[72] この時期に『幼児の教育』に掲載された倉橋、堀七蔵、保育者らによる「保育座談会」でも、教材は中心的なテーマとなっている。一九二九年七月から三〇年十一月にかけて数回掲載された座談会のテーマには、「ぬり絵きり紙」（二九巻一〇号）、「粘土」（二九巻一一号）、「木工・きびがら細工・豆細工・摺紙・織紙」（二九巻一二号）といったように制作活動で使用する材料が含まれている。[73]

一九二〇年代から増加している教材に関する記事は、東京女子高等師範学校附属幼稚園の保育者たちが開発した教材を全国の保育者に紹介し、質の高い保育を技術面で支援する役割を担っていたのだろう。しかしこのような記録の様式の定着は、一面で、保育者における保育の語りを変質させ、保育者の役割を狭く規定したのではないか。一九一〇年代の池田や小高らが保育の実践的な研究者として語っていたのに対して、一九二〇年代から三〇年代の附属幼稚園の保育者たちは、誘導保育の記録も含め、主として保育の技術者として語っている。

3 保育の構造化ともう一つの語り

一九三〇年代の『幼児の教育』に掲載された保育記録を詳細に検討すると、東京女子高等師範学校附属幼稚園の保育者たちが、教材を焦点化した保育記録とは異なる語り口を有していたことが分かる。そのことを最も端的に示しているのは、誘導保育の記録が掲載されていたのと同時期に発表された「五月の一週間」だろう。「五月の一週間」は六人の保育者がそれぞれの教室における一週間の出来事を記した保育日誌からなる記事である。[74] 人形の家や汽車の製作は、一週間の活動の中のところどころに位置付き、教師と子どもたちのやりとりの中で進められている。その記述は、『幼稚園保育法真諦』に収録された記録よりも、子どもたちの様子を具体的に伝えるものとなっている。

菊池の「海の組」では、ほぼ毎日、少しずつ人形の家を製作する作業を行っている。五月二十五日には人形の家の庭木の椿の葉を、緑の模造紙を用いて作成している。菊池はその活動について、「こういう形？」「これでいい？」と子どもたちが口々に尋ねるので庭から椿の小枝を持ってきた、それを見た子どもが作った葉を真ん中で折って葉脈を表現したというエピソードを紹介している。また、人形の家で遊んでいた女の子たちを葉っぱの製作に誘ったところ、一度は「嫌！」と拒否し、結局は「仕方ない」といった表情」ではさみを出し作業したということを記している。[75] 徳久の「山の組」でも、毎日自動車製作に関わってちょっとした活動を行っている。五月二十四日にはドアに蝶番を取り付けている。喜んだ子どもたちが乗って遊ぶ。徳久はその様子について、「孝さん」と「栄一」さんのタクシーの真似事で「値切って」いたことを、驚きをもって報告している。[76] 他の保育者たちの日誌も、菊池や徳久と同様に、出来事を具体的に伝えるものとなっている。

一九三〇年代の『幼児の教育』には、数は多くないが、このような保育日誌に現れている保育者のまなざしを内包した記録、すなわち活動における子どもやその関係の変化が記述されている記録も掲載されている。村上による「大型の動物製作」(一九三五年)は、「わたくし達の特急列車『うさぎ号』」(一九三二年)と同じく誘導保育の記録だが、記述されている内容や語り口は大きく異なる。「大型の動物製作」は技術や材料よりも、活動を生きる子どもたちの様子を中心的に描いている。村上はまず「動物園を作り度い」と考えていたこと、数人の子が動物園の話をしていたのを契機に動物製作をもちかけたことを記している。翌日には「正大君」がビール箱を持ってきて水牛を作り、親夫さんもキリンを作成し、それを見た皆が動物製作に乗り気になってくる。ここで村上は「彰さん」という一人の男の子について次のように述べている。

いつも仕事は好きでなく、興味もなさそうで、云われればするが、ちょっと目を離すとすっと途中で抜け出して、一人で本を読みふけって居ると云った具合で御座いました。「水牛の首はどう云う風に付けたらいいのか知ら?」と誰れに聞くでもなしに云って居りましたら、其の彰さんが一人でごそごそ何か探して居りましたが、本の写真の中からわざわざ水牛を見つけて来て、首はこうなっているから、この位の長さでこうつけるといいんだよと色々教えてくれました。其の上鋸で木を切ってくれたり、一々写真と照し合せては適当な位置に釘を打ったり、大変な力の入れ方です。思えば今までの仕事は、彰さんにとっては、少しも力が入らない、面白味のない、手答えのないものだったので御座いましょう。其れをおろかにも気付かずに、仕事の嫌いな子としてのみ心配して居りました私は、申訳けなさと、又一方後ればせ乍らでもこの動物製作に依って、真の力を誘導し発揮させる事が出来た喜びを感じました。(77)

ここには動物製作の活動における「彰さん」の再発見が喜びをもって語られている。村上は他にも、「はっきりしない存在」だった「律夫さん」が二時間も集中して粘土で「燕」を製作したことについて、「子供の本当のよさを見出す事が出来た」と述べている。またキリンの実物を見てきた「正大君」が目を修正したこと、「道夫さん」が大工さんをまねた工夫をしたことを報告し、子どもたちの観察の鋭さや仕事の丁寧さに言及している。村上の記述は、この「動物製作」が動物と子どもたちの出会いであり、彼女と子どもたちの出会いであったことを鮮明に伝えている。それは同時に、誘導保育と呼ばれるプロジェクト活動の意義をも表現している。おそらく他の保育者たちも、誘導保育においてこのような子どもとの出会いを経験していたはずである。菊池は『生活に根ざした保育を』(一九九三年)の回想において、粘土で「ひじり橋」を作成した実践について、「いままで遊ぶ意欲もあまりなく、友だちとの遊びにも積極的ではなかった子どもでも、このひじり橋つくりにはいきいきとして参加していた」と述べている。[78]

一九三五年に発表された菊池の「小さい猛者連」は、遊びや生活場面における子どもの人間関係を主題としている。菊池の組には軍人の子である「成信君」をリーダーとする男の子の一団があった。ある日彼らは、隣の組の子たちの野球に割って入り、自分たちは戦争ごっこを始めてしまった。「私」はこの事件を「好機到来」と捉える。「成信君」の「横暴」のため落ち着いて仕事に取り組むことが困難になっており、「リーダーの力を殺ぎ度い」と考えていたからである。彼女は組の子どもたちに出来事を語り、「大将」の交代を提案する。しばしのやりとりの後、「口投票」の結果、「清ちゃん」が「大将」ということになる。ところが、である。

お弁当の空を職員室に置いてお部屋にもどって見たら、これは又どうでしょう、いつもは、早く食べ終えて、お遊戯室前のテレス《ママ》で、さっきのつづきの遊びをして成信君の済むのを待っている連中なのに、成信君が外へ出ずに、窓際のスチームの所で絵本を見ていたら、みんなが遊びを止めては入って来るではありませんか。そして成信君を中心にみんな頭を集めて絵本に見入っているのである。今が今、成信君の悪を認めて、成信君が大将でなくなった筈のが、事実は、依然として成信大将なのである。／愚かなる保母の長い間の信念、リーダーの力を殺ぐ方法としての第一段の構えは、一瞬にしてものの見事に敗北したのであった。[79]

菊池の筆致は、「リーダーの力を殺」ぐという「私」の意図、そしてその働きかけが失敗する過程をユーモアたっぷりに描き出している。この問題の子どもの系譜に位置付く実践記録には、子どもたちの言動がありありと描き出されているばかりではない。子どもの具体的な出来事から出発し、子どもに「私」として働きかけ、それを省察するという基本的な保育の過程が、この記述には含まれている。

しかしながら、一九三六年に入ると、このような私と子どもの出来事が記述された保育記録はあまり見られなくなる。一九三六年の三月号より『系統的保育案の実際』（一九三五年）の保育者による解説が始まったからである。菊池の回想によれば、同書は好評で版を重ねたが、表の形だったため分かりにくく問い合わせが多かった。そこで自分たちの保育を知ってもらおうという倉橋の発案によって解説の連載が決まったのだという(80)。倉橋が「生活訓練」、菊池が「誘導保育案」、村上と小島そのが「唱歌遊戯」、新庄が「談話」、小島光子が「観察」、及川が「手技」の項目を担当し、一年にわたって連載が続いた。その記述は、年少組と年長組について、それぞれの月のそれぞれの週に何をするかを記したものとなっている。保育のカリキュラムが構造化され、その普及が図られる過程において、保育者たちは自らの経験よりも保育の方法を語ることになったといえよう。

小括

本章では、一九〇〇年代から一九三〇年代における保育者の語りの歴史的な展開を、雑誌『婦人と子ども』、『幼児教育』、『幼児の教育』を中心に検討してきた。以下、明らかになったことを三点で述べる。第一に、課業や子どもの遊びを保育として記述する保育者の語り口は、一九一〇年頃に成立している。一九〇一年に創刊された当初の『婦人と子ども』に最初に現れた保育の記録は、子どもの問題への対応を、育児の欠陥を補完する営みとして記述するものだった。また少し遅れて誌面に登場する子どもの活動の記録は、保育を保育として記述する記録というよりは、幼児一般あるいは個別の子どもを知ろうとする「児童観察」の記録であった。育児からは差異化された営みとして保育を語る語り口は、一九一〇年頃の「保育の実際」という言葉の登場とともに、「児童観察」の語りを織り込みつつ成立している。このことは育児とは異なる営みとしての保育が、保育者において明確に成立したことを意味している。

第二に、東京女子高等師範学校附属幼稚園では、一九二〇年代の実験的な模索の時期に保育を出来事として記述する実践記録の様式が成立している。倉橋が主事となった一九一七年頃から、保育者たちは倉橋の提起に応えつつ自らの保育のあり方を模索し、その実践を記録として発表している。そこでは子どもたちの経験する出来事が記述される中に、その出来事を意味づけ自らの保育を構成する主体としての保育者が立ち現れていた。しかしながら、一九三〇年代の東京女子高等師範学校付属幼稚園の保育記録、とりわけ誘導保育の記録では、保育者のまなざしが子どもよりも教材に向かっている。その背景には、同園における保育カリキュラムの構造化と普及への意図が存していた。

第三に、課業や遊びに保育が見出される一方で、子どもの問題への対応もまた保育者にとって重要な仕事であり続けていた。一九〇〇年代と一九一〇年代の語りを比較すると、一九一〇年代に子どもやその問題へのまなざしが多様化していることが分かる。そこでは子どもの受容や子どもへの共感、問題の解決に対する責任感、それに伴う強い感情が表れる半面で、児童心理学や教育病理学の知見を用いた科学的な対応の重要性が語られていた。留意すべきは、子どもの問題をめぐる記録が、課業や遊びとしての保育の記録とは基本的に切断されている点である。両者はまれに、たとえば「誘導保育」における子どもの再発見を語る記録において重なり合いながらも、別個のものとして発展してきた。『婦人と子ども』における保育記録の展開の一つの特徴を、その点に指摘できるだろう。

本研究の限界は『婦人と子ども』、『幼児教育』、『幼児の教育』という特定の媒体の検討による点にある。保育者の語りについては、さらに、各学校に残された保育日誌や保育者の個人的な手記等においても検討される必要がある。また一九二〇年代以降は、『幼児の教育』の他にも保育雑誌が刊行されており、それぞれの雑誌における保育記録の語り口の特徴を明らかにしなければならない。今後の課題としたい。

注

（1）「発刊の辞」『婦人と子ども』一巻一号、一九〇一年。
（2）東基吉「婦人と子ども（幼児の教育の前身）創刊当時のこどもと其頃の幼稚園の状況に就いて」『復刻・幼児の教育　別巻』一九七九年、名著刊行会、一八—三一頁。
（3）ひさ子「幼児と愛」『婦人と子ども』二巻二号、一九〇二年、二〇—二五頁。
（4）林ふみ「子供にうつれる家庭のかげ」『婦人と子ども』一巻二号、一九〇一年、一九—二〇頁。
（5）ひさ子「子どもの泣くことについて」『婦人と子ども』一巻六号、一九〇一年、二六—二八頁。

(6)ふみ子「子供を叱ることに付きて」『婦人と子ども』一巻八号、一九〇一年、二二一—二二五頁。
(7)ひさ子「阿母さん、これ何」『婦人と子ども』一巻四号、一九〇一年、二二一—二二三頁。
(8)ヒッポポタモス、アイランド「親馬鹿」『婦人と子ども』一巻一〇号、一九〇一年、一九—二二頁。同「親馬鹿(つづき)」『婦人と子ども』一巻一一号、一九〇一年、二六—二九頁。
(9)ふみ子「親馬鹿といふを読みて」『婦人と子ども』二巻一号、一九〇二年、二四—二六頁。
(10)神戸一保姆「幼児を叱ることに就て」『京阪神保育会雑誌』三号、一八九九年、一一—一二頁。
(11)津守真「解題」『復刻・幼児の教育　別巻』一九七九年、三—一一頁。
(12)和歌子「幼児の汽車遊び」『婦人と子ども』三巻七号、一九〇三年、四八—五二頁。
(13)橋川喜美代『保育形態論の変遷』春風社、二〇〇三年、一九四—一九七頁。
(14)和歌子「兵隊ごっこ」『婦人と子ども』三巻八号、一九〇三年、五六—五八頁。
(15)松平信久「わが国における児童研究の系譜(一)——明治期における動向と実態」『立教女学院短期大学紀要』五巻、一九七三年、一三九—一六二頁。木内陽一「明治末年における『児童研究』の様態に関する一考察——高島平三郎と松本孝次郎を中心に」『鳴門教育大学紀要(教育科学編)』第八巻、一九九三年、二一一—二三五頁。
(16)『フレーベル』会に於ける児童研究」『児童研究』一巻一号、一八九八年、三四頁。
(17)中村五六「幼稚園に於ける幼児観察の一班」『教育実験界』二巻八号、一八九八年、三〇—三二頁。
(18)中村五六「幼稚園に於ける幼児観察の一班(承前)」『教育実験界』二巻一〇号、一八九八年、二七—二九頁。
(19)ふみ子「一の組幼児保育誌」『婦人と子ども』四巻三号、一九〇四年、五三—五六頁。
(20)某女史「幼稚園に於ける幼児保育の実際」『婦人と子ども』九巻六号、一九〇九年、一九—二八頁。
(21)某女「保姆となりし最初の一週間」『婦人と子ども』八巻二号、一九〇八年、二四—二七頁。
(22)某女「保姆となりし最初の一週間」『婦人と子ども』八巻三号、一九〇八年、二〇—二二頁。
(23)「本誌の本領」『婦人と子ども』七巻四号、一九〇七年。
(24)「寄稿募集」『婦人と子ども』一一巻一号、一九一一年、四八頁。
(25)「保育の実際」『婦人と子ども』一一巻一号、一九一一年、三三—三六頁。

(26)松田清「強い子弱い子」『婦人と子ども』一一巻二号、一九一一年、四一—四二頁。
(27)みどり「保育の一日」『婦人と子ども』一二巻七号、一九一二年、三一〇—三一二頁。
(28)鈴木マサ「自由保育」『婦人と子ども』一一巻四号、一九一一年、四二—四四頁。
(29)野田千代「幼児観察記」『婦人と子ども』一五巻九号、一九一五年、三八一—三九〇頁。
(30)「問題の子ども」『婦人と子ども』一六巻一号、一九一六年、一九—三五頁。
(31)坂口けい「乱暴な太郎さん」『婦人と子ども』一六巻一号、一九一六年、一九—二三頁。
(32)姫宮うめの「落ちつかない子」『婦人と子ども』一六巻一号、一九一六年、三〇—三五頁。
(33)下山寿子「雑誌『児童研究』の研究（二）——『教育病理学』欄にあらわれた教育病理」『高崎商科大学紀要』二〇巻、二〇〇五年、一二七—一四三頁。
(34)後藤りん「喬たん」『婦人と子ども』一二巻一一号、一九一二年十一月、五一三—五一七頁。
(35)京子「蕾のいろいろ」『婦人と子ども』一六巻一〇号、一九一六年十月号、四〇四—四一〇頁。
(36)河原和枝『子ども観の近代——『赤い鳥』と「童心」の時代』中公新書、一九九八年。
(37)沢山美果子「〈童心〉主義子ども観の展開——都市中間層における教育家族の誕生」『保育・幼児教育体系一〇　保育の思想』労働旬報社、一九八七年、六〇—八一頁。
(38)芙蓉峯「玉ちゃんの一年」『婦人と子ども』一三巻三号、一九一三年、一〇五—一一〇頁。
(39)狸園「つとむさん」『婦人と子ども』一五巻五号、一九一五年、一九九—二〇六頁。
(40)本田和子『子ども一〇〇年のエポック——「児童の世紀」から「子どもの権利条約」まで』東京書籍、二〇〇〇年。
(41)倉橋惣三「会名変更と解題を中心にして」『幼児教育』三〇巻四号、一九三〇年、四六—四九頁。
(42)倉橋惣三「本真剣」『婦人と子ども』一八巻一号、一九一八年、二—六頁。
(43)倉橋惣三「本真剣（二）」『婦人と子ども』一八巻二号、一九一八年、四二—四五頁。
(44)倉橋惣三「幼稚園の此頃」『婦人と子ども』一八巻七号、一九一八年、二五三—二五七頁。
(45)とよ子「動物園あそびの記」『婦人と子ども』一八巻三号、一九一八年、一一〇—一一八頁。

(46) 池田とよ「幼児の自由選択につきて」『婦人と子ども』一八巻八号、一九一八年、二九五—二九八頁。
(47) 池田とよ「分団保育の試み」『幼児の教育』一九巻九号、一九一九年、三五六—三六〇頁。
(48) つや子「彩色遊びに就て」『婦人と子ども』一八巻五号、一九一八年、一八一—一八六頁。
(49) とよ子「動物園あそびの記」『婦人と子ども』一八巻三号、一九一八年、一一〇—一一八頁。
(50) 倉橋惣三「新入園児を迎えて」『婦人と子ども』一六巻四号、一九一六年四月、一三七—一四二頁。
(51) 倉橋惣三「子供の研究は個人的でありたきこと——某講演演説に於ける講話の一節」『幼児教育』一九巻六号、一九一九年六月、二五四—二五八頁。
(52) HN子「夏休みを終って」『幼児の教育』一九巻一〇号、一九一九年、三九六—三九八頁。
(53) 孝子「秋の一日」『幼児の教育』二五巻八号、一八—二一頁。
(54) よしこ「こども」『幼児の教育』二六巻三号、一九二六年三月、一八—二一頁。
(55) むらさき「朝の一時間」『幼児の教育』二八巻六号、一九二八年六月、四四—四六頁。
(56) 附属幼稚園内一保母「幼児の生活」『幼児の教育』二五巻六号、一九二五年、四四—四八頁。
(57) 湯川嘉津美「倉橋惣三の人間学的教育学——誘導保育論の成立と展開」、皇紀夫・矢野智司編『日本の教育人間学』玉川大学出版部、一九九九年、六〇—八〇頁。
(58) 倉橋惣三「自発活動と目的活動——保育原理の問題」『幼児の教育』二四巻二号、一九二四年、三六—四七頁、「自発活動と目的活動(二)」『幼児の教育』二四巻三号、一九二四年、六八—七九頁、「自発活動と目的活動(三)」二四巻四号、一九二四年、一〇二—一〇八頁。
(59) 及川ふみ「八百屋遊び」『幼児の教育』二五巻五号、一九二五年、五一—五三頁。
(60) 及川ふみ「新入幼児をむかえて」『幼児の教育』二九巻四号、一九二九年、一七—二一頁。
(61) 及川ふみ「箱のお家」『幼児の教育』二九巻一一号、一九二九年、六六—七〇頁。
(62) 倉橋惣三「保育の真諦並に保育案、保育課程の実際」『幼児の教育』三三巻八・九号、一九三三年、二—七〇頁。
(63) 倉橋惣三『幼稚園保育法真諦』東洋図書、一九三四年。

(64) 神原きく『大売り出し』あそび」『幼児の教育』三二巻一号、一九三二年、五八―六七頁。
(65) 菊池ふじの「人形のお家を中心にして」『幼児の教育』三二巻五号、一九三二年、五四―六四頁。
(66) 同上。
(67) 徳久孝子「わたくし達の自動車――具体的生活指導による保育」『幼児の教育』三二巻七号、一九三二年、三七―四五頁。
(68) 村上露子「わたくし達の特急列車『うさぎ号』――具体的生活指導による保育」『幼児の教育』三二巻七号、一九三二年、四六―五二頁。
(69) 及川ふみ「切り紙（猫のお見舞）」『幼児の教育』三〇巻五号、一九三〇年、七一―七八頁。
(70) 新城よし子「おはなし」『幼児教育』二二巻一二号、一九二二年、三六四―三六八頁。
(71) 菊池フジノ「人形芝居」『幼児の教育』三〇巻一号、一九三〇年、三七―四〇頁。
(72) 菊池ふじの「人形芝居　お菓子の家」『幼児の教育』三〇巻二号、一九三〇年、五九―六三頁。
(73) 「保育座談会――ぬり絵きり紙」『幼児の教育』二九巻一〇号、一九二九年、四〇―五六頁。「保育座談会――粘土」『幼児の教育』二九巻一一号、一九二九年、四八―六五頁。「保育座談会――木工・きびがら細工・豆細工・摺紙・織紙」二九巻一二号、一九二九年、五〇―六三頁。
(74) 「五月の一週間――東京女子高等師範学校附属幼稚園に於ける保育の実際」『幼児の教育』三二巻六号、一九三二年六月、二一―六三頁。
(75) 菊池フジノ「海の組」『幼児の教育』三二巻六号、一九三二年六月、四―一六頁。
(76) 徳久孝子「山の組」『幼児の教育』三二巻六号、一九三二年六月、一七―二七頁。
(77) 村上露子「大型の動物製作」『幼児の教育』三五巻三号、一九三五年、六六―七四頁。
(78) 菊池ふじの『生活に根ざした保育を――誘導保育実践の歩みをふりかえる』大泉二葉幼稚園、一九九三年、四四―四七頁。
(79) 菊池ふじの「小さい猛者達」『幼児の教育』三五巻二号、一九三五年、六〇―六八頁。
(80) 菊池ふじの『生活に根ざした保育を――誘導保育実践の歩みをふりかえる』上掲、七五―七八頁。

〈コラム〉子どもの遊び——絵をみる・おはなしを聞く楽しみ

矢島（小菅）直子

古代、中世の子どもたちの日常生活の様子は物語、絵巻物などに描かれている。この時代の子どもは外での遊び、内での遊び、絵を見る、おはなしを聞くなどの楽しみがあった。遊びとしては、竹馬、胡《こ》鬼板《ぎいた》（羽根つき）、凧《たこ》あげ、花摘み、印地打（石合戦）、独楽《こま》あそび、毬打《ぎっちょう》、相撲《すもう》、闘鶏、雛遊、双六《すごろく》、貝合わせなどがあった。また、犬や小鳥などの動物と遊ぶ姿、蛇をいじめて遊ぶ様子なども絵画史料にみられる。

外遊びとしては『沙石集』に、小法師たちに堂の庭に出て遊べというと、相撲、物の越え、踊り、舞を舞って遊んだ話がある（巻九ノ二十『天狗、人に真言教へたること』）。小法師たちも相撲をとったり、軽業のような遊びや、踊り、舞をしたことがわかる。

子どもたち独自の遊び道具は少なかった。一方、大人とともに闘鶏、毬打を見物する姿が『年中行事絵巻』には描かれている（黒田、一九八九）。子どもも大人と一緒に年中行事を楽しむことが遊びのひとつでもあった。

『源氏物語』では光源氏十八歳の時に十歳の紫の上とはじめて会う。この時の紫の上は「走り来る女子」とあり、雀の子を伏せ籠のなかに入れていたのを召使の女が逃がしてしまったと、泣きながら駆け込んでくる姿であった。紫の上は無邪気で天真爛漫、活発な子どもを想像させるように描かれている。紫の上の雛遊びの場面では、夢中になっているところへ乳母の少納言が「十歳になったものはもう雛遊はいけません」と注意している（「紅葉賀」）。紫の上は人形を並べ立てて、道具も飾って並べ、人形のための御殿を作り、部屋いっぱいにひろげて遊んでいる。紫の上の描かれ方は実際の年齢よりも幼い、かわいらしい女子を想像させる。この当時、藤原道長の娘彰子は十二歳で一条天皇に入内する。また、『源氏物語』の明石の姫君も十一歳で入内している（熊谷、二〇〇九）。一方で、紫の上について十歳という年齢よりも幼い描き方をしている。このように年齢にしては奥手であることを強調して書くことは「子どもへの源氏の異様な執着ぶりが刻まれ、そのことにより逆に藤壺への思いの深さが浮かび上がってくるという構造である」（原岡、二〇〇三）との指摘もある。

遊びとは別に、物語を読む、絵を見るということも子どもにとって楽しいことであった。

平安時代の『更級日記』には十四歳の女の子が物語を読むことを何よりの楽しみとしていた様子が描かれている。もちろん、当時は現代の絵本や児童書のような子ども専用の物語本などというのは存在しなかった。大人が読むものを子どもが読んでいたのである。『源氏物語』には八歳の明石の姫君が女房などに物語を読んでもらいながら絵をみている様子を源氏が立ち聞きする場面（「蛍」）や、油をともして多くの絵を見ている十歳の紫の上の様子がみられる（「紅葉賀」）。この時代、物語を読むことは子どもにとって絵を見ながら大人が読んでくれる物語を聞くことであり、現代の絵本の読み聞かせのようなものであった。そして子どもにとって物語を読んでもらうことは日常の生活の一部であった。

『春日権現験記絵』には貴族の邸宅のなかで、二人の子どもが腹這いになって巻物を見ている場面が描かれている。また、『絵師草紙』では子どもが父親のそばで腹這いになって馬の絵を見ながら模写している場面がある。腹這いになっている姿が描かれていることから、子どもが自由な姿勢で取り組む姿を見ることができる（黒田、一九八九）。

『沙石集』には「慈心ある者の鬼病を免るる事」（巻五本ノ四）で、以下のような話がある。三井寺に式部という若い僧がおり、この者は学問は不得手であったが心根が穏やかでだれからも信頼され慈悲深く情け深かった。稚児たちが里から戻ってきてなじめずにいると、絵を探して見せ、一緒に遊んでやって寺に馴染ませるという人柄でもあった。寺に初めて稚児がくると必ず自分のところによんだ。この話から、寺においても稚児に絵をみせていたことがわかる。絵をみることは家が恋しい子どもにとって、その寂しさを一時的に忘れられる楽しみだったのだろう。

古代、中世の子どもたちは少ない道具を使って遊び、また、年中行事を大人と楽しんだ。このような遊びは子どもだけのものではなく、大人のなかにまじり、大人との共有物として記録されている。一方、物語の読み聞かせ、絵巻や絵を見ることは集団ではなく、個人的な楽しみであり教育でもあったと考えられる。

参考文献

田端泰子・細川涼一『女人、老人、子ども』中央公論新社、二〇〇二年。

黒田日出男『絵巻　子どもの登場――中世社会の子ども像』河出書房新社、一九八九年。

熊谷義隆『源氏物語　二つのゆかり――継承の主題と変化』新典社新書、二〇〇九年。

原岡文子『源氏物語の人物と表現――その両義的展開』翰林書房、二〇〇三年。

『源氏物語』①～⑥、小学館、一九九六年。

『沙石集』小学館、二〇〇一年。

『更級日記』小学館、一九七一年。

〈コラム〉『高関堂日記』にみる父親としての変容

太田素子

近現代の日記は書き手の内面を映し出すものが多い。思索のツールとしての日記で、他人に見せることを前提としていない。

それに比べると、近世日記の役割は相当異なる。女性の文学的な日記は例外だが、用務日記や家政日記など多くの近世日記は、全体として備忘録の性格が強く、感情や思索の吐露は第二次的で分量も少ない。近世日記は経験を蓄積し子孫や後継者に伝える目的で記される、他者に伝える記録としての日記である。

それでは育児記録、子育ての記録としての近世日記の特徴は、どのような点にあるだろうか。一つは、出生、生育儀礼、婚姻、継承、分家など、家の継承や歳時に関わる記録は比較的正確に記されること。第二に、贈答の記録、子どもをめぐる交際の記録が比較的よく記されること。第三に、子どもの性格や才能に関する評価的な言辞は抑制されることがあげられる。家制度下で競争が抑制されている分、近代の育児日記のように発育や性格・個性に対する強い関心はすくなくとも表面には出ない。

このように思索や感情の表現が抑制されがちな近世日記だが、丁寧に書かれた事実を積み重ねると、著者の感情が記述内容から伝わってくることもある。播州平野の豪農、永富定群の日記でその様子を見ておこう。

『高閑堂《たかせきどう》日記』は、播磨国揖保郡新在家村の豪農、永富六郎兵衛定群によって書かれた家政日記で、疎密があるが一八二九（文政一二）年から一八六一（万延二）年まで書き継がれた。永富家は、定群の時代には一九三石七斗余の高持ち（『田畑家徳帳』一八四四年）で、ほかに金融交易の収入もあった。自ら農作業に従事することはなく、奉公人一〇～二〇名を擁して耕作を進めている。近隣の宗門帳からうかがわれる当時の村落社会は、階層差の極めて大きな社会で、抜きん出た高を持つ名望家の家が村に二～三軒あり、小作が広範に広がっていた。

この日記も近世の多くの日記がそうであるように、（実質的な）代替わりからつけ始められた。家をバトンタッチされたという自覚が、記録をつけるきっかけになった。日記の前半は家の経営に関わる事実や人事に関心が向き、子どもの記録は少ない。例えば、父親定政が重病で隠居を申し出たときに、実質的な当主であった定群の家督相続と当時十歳だった嫡男勇吉の苗字帯刀が同時に許可されたとか、嫡男勇吉が十五歳で元服するのを待って定群は通称を家相伝の六郎兵衛に改めた、など嫡男の成長は家の継承と不可分に意識され記録にとどめられた。しかし勇吉の子どもとしての生活は殆どうかがい知ることは出来ない。ところが勇吉のあと二人の女児の夭逝を経て、四男豊四郎になると定群は沢山の記録を残した。四十歳を過ぎて子どもを得たことがとりわけ嬉しかったのだろう。

定群は二十七歳の時、従姉妹でもある佐用郡上月の大庄屋大谷五左衛門娘順と結婚した。順と定群の間には七人の子どもが生まれたが、うち四人が夭逝した。日記の開始以前になるが、長男直太郎（一八二五年生）は生後一年余で夭逝、長女かめ（一八二六年生）に引き続き生まれた次男忠之助（一八二七年生）は生後間もなく死亡。三男だが実質上嫡男だった勇吉（一八三一年）は成人してのちに家を継ぐが、続く女児二人はそれぞれ生後一日（一八三五）、生後一年（一八三七年生）で亡くなった。豊四郎（一八三九年生）は四男で、夫婦の末子である。七人子どもがいても二男一女しか残らなかった。はじめの三児が皆年子という出生間隔は異様だが、長男勇吉は前後に四年も空いて、丁寧に産み育てられたであろうことがうかがわれる。

末子豊四郎は父に愛され、成長過程のこまごまとした儀礼や慣行が良く書きとどめられ、そこから定群の子育ての性格を分析することが出来る。拾い親の習俗や貰い乳など興味深い記録がある。また、生後三日目の名付けや五日目の「初髪剃」、二十七日目の「弓明」（忌明カ）祝儀、秋の「豊四郎初社参」、一年後の初誕生の祝など、この日記に記された生育儀礼は、乳児期と半元服・元服に重点を置く郷村型の儀礼慣行だ。七五三中心の武家の生育儀礼に比べて、赤子の命を引き止める乳児期の儀礼と、一人前を披露する元服に強い関心をよせる伝統的な習俗である。

手習の開始が八歳、学問や武術が十代後半というゆるやかで寛容な子育てである一方、家業見習いだけは十歳前後から時に厳しい要求も向けられた。永富家は士分にとり立てられていたとはいえ農業と商いに基盤があり、具体的な家業にむけた人間形成が、家職に携わる生活環境の中でおのずと実現されていたのである。
豊四郎が数え七歳で疱瘡をおえた時、定群は「二男豊四郎疱瘡取掛、至而性宜敷、順痘ニ相廻り候ニ付、家族一同安心、大慶此事と覚候。……六月朔日、近類中村方迄内祝赤飯配り候。」と書いた。手放しの歓びようは、豊四郎の無事を歓ぶことは勿論、家の後継者を無事確保して子育てがおおかた終わりかけてきた安堵を伝えている。豪農では分家や養子縁組の契帯が家の経営に重要な意義をもち、庶子や女子といえども、親族ネットワークを形成するための貴重な駒の一つだった。次三男がしばしば過酷な運命を享受した庶民に比べ、豪農の家では末子がゆとりをもつようになった父親から多くの手間と愛情をかけられて育っている。

参考文献

今田哲夫校註、永富家編集委員会編『高関堂日記』鹿島研究所出版会、一九七二年。
太田素子『子宝と子返し』藤原書店、二〇〇七年。

第三章　家庭教育論成立への模索

――堺利彦に着目して――

藤枝充子

堺利彦は多くの著述を残しているが、それらの中には日記と家族宛書簡、自叙伝もあり、生活者としての彼の姿を生き生きと読み取ることができる。しかし、後述するように先行研究では、彼の社会思想や社会運動、婦人論や家庭論に関する論説に焦点があてられることが多かった。そこで、本稿では、彼の日記、書簡、自叙伝に着目し、父としての堺利彦の姿と『家庭の教育』の内容的特色を描き出し、彼の家庭教育論の特色を捉え直してみたい。それにより、近代日本で主流となる家庭教育論とは異なる家庭教育論成立に向けた一つの模索に光をあてることにつながると考えている。[1]

なお、『家庭の教育』は、一九〇一（明治三十四）年八月から一九〇二（明治三十五）年九月にかけて、東京神田の内外出版協会から刊行された六分冊から成る堺利彦『家庭の新風味』の第六冊である。この『家庭の教育』は、家庭の中で行われる教育的営みについて論じた家庭教育論となっている。本シリーズは、長男不二彦の病没後、妻美知子の転地療養の費用を捻出するために執筆された。長女真柄はシリーズ刊行後に生まれている。一九〇〇年前後のこの時期は、前半に長男の死と妻の病気、後半に思想的転回、長女の誕生、妻の死、そして再婚と、堺にとって変化の多い時期であった。[2]

第一節　先行研究の検討

1　家庭教育論に関する史的研究

近代日本の家庭教育論に関する史的先行研究には、小林輝行『近代日本の家庭と教育』（杉山書店、一九八二年）がある。小林は、家庭教育論と家庭教育の実態という両面から考察を行っているが、家庭教育論の時代的推移に関して、第一に、明治前期に現れた、独立した人格の共同体としての夫婦を中心とする家庭生活、子どもの人格と人権の尊重に基づく親子関係を土台とする「個性尊重主義家庭教育論」が、「西欧志向派」、「伝統への回帰派」、「両者の折衷派」の立場からの家庭改革論の論争を経て、「採長補短」的立場に立つ折衷派[3]に収束していくという。そして、第一の時代的推移の結果、第二に、明治後期の家庭教育論の特色の一つは[4]、「個性尊重主義家庭教育論がすべて名実ともに個人の解放を志向したもの」ではなく、『臣民』という枠組の中で個人の発展を要求する国家主義的立場」と結びついた「方法的次元における個性尊重主義家庭教育論」であり、これが、その後の日本の「個性尊重主義家庭教育論」の主流を形成していくという。

このように小林は、家庭教育論の時代的推移を、子どもの「個性尊重」に着目して、明治前期の個人の解放を志向した「個性尊重主義家庭教育論」から、明治後期の国家主義的立場と結びついた「方法的次元における個性尊重主義家庭教育論」へと描いている。そして、この推移とは異なる家庭教育論として「黎明期社会主義者の家庭教育論[5]」を取り上げている。そこでは、堺利彦の『家庭の新風味』と『家庭雑誌[6]』の分析を行い、彼の家庭教育論の意義や「個性尊重主義家庭教育論」及び「方法的次元における個性尊重主義家庭教育論」との関係について考察し、次のように述べている。「第一に、家庭における教育を親の義務とし、それを子の権利であると明確に把えていること、第二に、当時の個性尊重主義家庭教育論を社会主義社会という将来的展望の中において把えなおそうとしたこと、第三に、従って、そこには、容易にナショナルなものと結合する可能性をもっていた当時の個性尊重主義家庭教育論とは異なり、真の子どもの解放、個人の解放という地平を切り開く契機が存在したこと」の三点である。

写真１　堺利彦と３歳の眞柄（明治 39 年頃）

以上のように、小林の研究により、明治後期の家庭教育論の多くが、国家主義的立場と結びついた「方法的次元における個性尊重主義家庭教育論」であるのに対し、堺の家庭教育論は、彼が国家を超える視座を持っていたが故に、方法的次元にとどまることなく子どもの個性や権利を尊重でき、その時代の主流となる家庭教育論とは異なる家庭教育論であったことが示された。これは、堺利彦の家庭教育論の特色を解明する上で示唆に富む知見である。しかし、この知見は、本稿で触れることのない『家庭雑誌』に負うところも多い。そこで、『家庭の新風味』と『家庭雑誌』の関係を、堺自身の言葉からおさえておきたい。

社会主義に到達するの前、予は先づ漠然として社会改良の諸問題に触れた。予が『家庭の新風味』と題する小著述を出したのは此時である。万朝報紙上に現はれた予の文字にも、此の社会改良問題より社会主義に至るの順路が、明かに現はれて居る筈である。『家庭の新風味』に就ては、予は福沢先生より多大の感化を受けた事を明言して置く。(中略) 其の年〔明治三十六年、引用者注〕の四月に予は『家庭雑誌』を出しはじめた。(中略) 此頃より、予の社会主義に対する熱心は急に其度を強めて来た。妻の病を養はせんが為には、予の一身の野心をも、予の社会に対する任務をも、暫く棄てゝ顧みないと思つて居たものが、今度は妻の健康も幸福も犠牲にして、敢えて此の主義の為に働かうと云ふ事になつた。(7)

この記述では、『家庭の新風味』の執筆当時は、社会改良について漠然と考えていた時期であり、本シリーズの内容が家庭改良、社会改良に止まっていると自己評価され、さらに、『家庭雑誌』の発刊の頃に社会主義への思いが強まり、社会主義運動に一生を捧げる決意をしたとある。とするならば、思想的転回以降に堺が書いた『家庭雑誌』の記事の内容を用いて、社会改良家堺利彦の家庭教育論の特色を解明したのでは不十分と思われるが、一九〇〇年前後の時期に特に着目して、彼の家庭教育論の特色を見直そうとする試みは十分になされていない。

2　家庭論、婦人論に関する史的研究

堺利彦は、初期社会主義者の中で、家庭論、婦人論を多く残した人物としても知られており、女子教育思想史、女性解放思想史、社会思想史などで取り上げられてきた。

女性解放思想史や女子教育思想史の先行研究(8)によって、例えば、「夫婦同権」を唱えながらそれが「男女同権」を意味しないという限界、「私」の共同である新しい「公」の概念＝「社会」を提示することにより個人的価値を国家的価値に優先させる視座を確立していたこと、さらに、婦人の「外」への新しい関わり方の一つである子どもの養育の共同化、社会化とそれを支える「社会的母性」を提起したことなど、堺の家庭論、婦人論の限界と意義が明らかになっている。また、近年では、社会思想史の分野で、新しい公共圏の形成に対する親密性や親密圏の持つ可能性の解明という視点から、堺の家庭論が再評価されている(9)。それらの研究では、堺の幼児期、少年期の生活体験が「中等社会の家庭」を通して新しい社会を築こうとする発想の源泉となっていること、彼の思想的転回過程とその特徴、さらに、明治思想史上の意義などが解明されており、堺の父としての姿や家庭教育論を理解するために有効な視点を提供してくれる。しかし、子どもやその教育といった事柄への言及はない。

ここまで、堺利彦に関する先行研究を検討してきた。そこで、本稿では、先行研究で得た知見を活用しつつ、彼の日記、家族宛書簡、自叙伝、家族の回想、さらに『家庭の教育』を用いて、これまで十分

に考察の対象とされて来なかった父としての堺利彦の姿と『家庭の教育』の内容的特色から、彼の家庭教育論の特色を見直してみたい。

第二節　父としての堺利彦

本節では、堺利彦の日記『三十歳記』、自叙伝の「予の半生」及び『堺利彦伝』、さらに家族宛書簡[10]、家族の回想を資料として、父としての堺利彦の姿を描き出したい。先述したように、これまでの研究では、父としての彼の姿が十分に取り上げられてきたとはいえない。しかし、『家庭の教育』の中で子どもの個性や権利を認め、さらに、主に『家庭雑誌』で「社会的母性」に言及するようになる堺の我が子に対する振る舞いや心情を拾い上げることは、彼の家庭教育論を理解するために次の点で有効だと考えている。第一に、長男から長女へ、彼の子どもに対するまなざしの変化を知ることができる、したがって第二に、彼の実体験が彼の子ども観に与えた影響を知ることができる、さらに第三に、彼の子どもへのまなざしと『家庭の教育』の内容を比較し、家庭教育論の特色を理解することができる、の三点である。

堺は、一八九六（明治二十九）年四月に結婚した美知子との間に男女一人ずつ、二人の子どもを授かった[11]。第一子は不二彦（一八九七〜九九年）、第二子は真柄[12]（一九〇三〜八三年）である。第一子は、本節1で紹介するように幼くして脳膜炎で没し、美知子は第二子が誕生して約一年半後の一九〇四（明治三十七）年八月に肺結核で亡くなっている。長女は、一九〇五（明治三十八）年九月に再婚した為子[13]（旧姓延岡）と堺らにより育てられた。

資料とする日記『三十歳記』は、不二彦誕生の数ヵ月後から満二歳で夭折するまで、さらに、美知子が転地療養を必要とするほどに体調を崩し始め、「肺尖カタル」と診断された時期の記述を含む一八九九（明治三十二）年一月から一九〇二（明治三十五）年三月までのものである。この日記は、随意に記されていることから、選ばれた題材や記述の分量によって、関心の対象と強さを知ることができる。

「予の半生」は、美知子の一周忌に際して刊行された『半生の墓』（平民書房、一九〇五（明治三十八）年八月）に収められた自叙伝である。したがって、その内容は、幼年時代から平民社を興し、美知子が他界するまでの彼の半生を記している。

写真2　堺利彦『三十歳記』

『堺利彦伝』は、誕生及び故郷のことから朝報社入社までの前半生を綴った自叙伝である。一九二五（大正十四）年一月から四月、六・七月、九月の『改造』に掲載された同名の文章に、多少訂正、増補、削除を加え、最後の一章「第六期　毛利家編輯時代」を追加し、「故郷の七日間」を付録として、一九二六（大正十五）年九月に改造社から刊行された[14]。

書簡は、一九〇八（明治四十一）年二月から一九一〇（明治四十三）年九月までの間に、堺が為子宛に獄中から出したものであり、為子が髪結いを始めて長女真柄を引き取るまでのやり取りや真柄に宛てた内容などが含まれている。

家族の回想は、真柄が著わした『わたしの回想（上）――父堺利彦と同時代の人びと』（ドメス出版、一九八一年）、為子の「臺所方三十年――夫利彦の蔭に生きて」（『中央公論』一九三三年三月号、第五百四十三号）及び「妻の見た堺利彦」（『中央公論』一九三三年四月号、第五百四十四号）を用いた。

1　長男不二彦の誕生と死

一八九七（明治三十）年秋、東京高輪で生まれた「色の白い、頭の大きい、少し弱々しい」男児に、「不二山に対ひ立ちてもふさはしき男の子になれと祈るなりけり」という「古風」な心持ちを込め、自分の名前から一字とって、不二彦と名づけた。堺は、その時の自分と妻の心持ちを自叙伝の中で次のように振り返っている。

親共は、それをいわゆる「二なき者」に思って、丁度その頃はやりはじめた安物の乳母車を買って来て、よくそれに乗せて連れてあるいた。乳母車は子供の頭に響いてよくないという話も聞いたが、やはり乗せて見たかった。美知子は、何は置いてもといって、不二の宮参りに袖の長い紋付の着物を拵えてやったりした。それほど古風な奥さんだった。(15)

「二者なき者」としての我が子意識、子どもに負担をかけてでも親の思いや伝統的形式を優先させていた自分と妻の子どもに対する当時の心情を、堺独特のユーモアのセンスで「古風」と表現する点に、彼のその後の思想的変化を見ることができる。と同時に、この自叙伝を書いた一九二六（大正十五）年時点での自分の考え方とは大きく隔たってはいるが、幼くして逝った息子に対する当時の自分の正直な思いを忘れることができない親としての堺利彦の心情をも読み取ることができる。この心情は、「変な未練が出て来て、その中からたった一冊だけ、最後の分を残して置いた[16]」と、この時期の日記だけ処分することができなかった彼の行動にも示されていよう。

長男誕生時点では「古風」な考えをしていた彼は、不二彦が成長し、亡くなっていく過程で、父としていかなる姿を見せるのだろうか。

不二彦に関する記述として日記に繰り返し登場するのは、息子の健康を気遣う父親の姿と息子の成長を喜びや期待をもって見つめる父親の姿である。一八九九（明治三十二）年三月頃から八月中旬までは、不二彦の体調が概ね良好な時期であったようで、成長の様子が多く書き残されている。そこで、不二彦の成長として堺が何を書きとめているのかを見ていきたい。

　不二彦よく歩む、くつをはきてあるいははだしにて歩む、おぼつかなき足どりが愛らしきなり、
　このごろ牛乳も飲むようになれり、めしも多く食う、ランプ、アッチなど言葉も二つ三つ言う。

（『三十歳記』（以下、『日記』と略記する。）一八九九年四月二十日）

歩行が上達する様子とその姿に対する感想、食欲もあり元気になってきていることや言葉の発達について、日々の生活の中で子どもを観察していることが伝わる内容であり、息子の成長の姿を短い言葉ながら愛情を込めて書き残している。そして、元気な時期が少し続けば、「不二、このごろ元気なり、人も見てしかいう、毎日はだしにて外を遊ぶなり、少々乱暴に育ててみんと思う」（『日記』同年六月二日）と、第三者からも元気になったと言ってもらえた安心感と喜びを表し、すかさず父親として子育ての方針を示したり、「不二今日はじめて単衣の浴衣を着たり、おいおいいたずら盛りなり、さら茶わんなどこわさぬ日なし、言葉トントできず、人の言葉はやや聞きわく」（『日記』同年六月六日）と、着衣の変化や健康だからこそできるいたずらやそれに伴う困り事、言葉の発達が進まないことへの心配など、子どもへの期待を込めて書きとめる。また、同年五月五日の端午の節句には、柏餅を準備し、友人を招いて小宴を開いたり、親戚からは不二彦の節句を祝う品物が届けられるなどしており、不二彦は人生の節目節目を両親と周囲の人々に愛情豊かに見守られ、将来の期待を持たれつつ育っていった。しかし、不二彦は、堺の心配通り、同年八月二十八日に、当時の家庭向け医学書では回復が難しい病とされている脳膜炎[17]を発症する。以下、脳膜炎発症から最期までの記述を見ていきたい。

昨、不二彦脳膜炎を発す、一両日前より熱ありしが一昨日の海岸行きはけだしあしかりしならん、

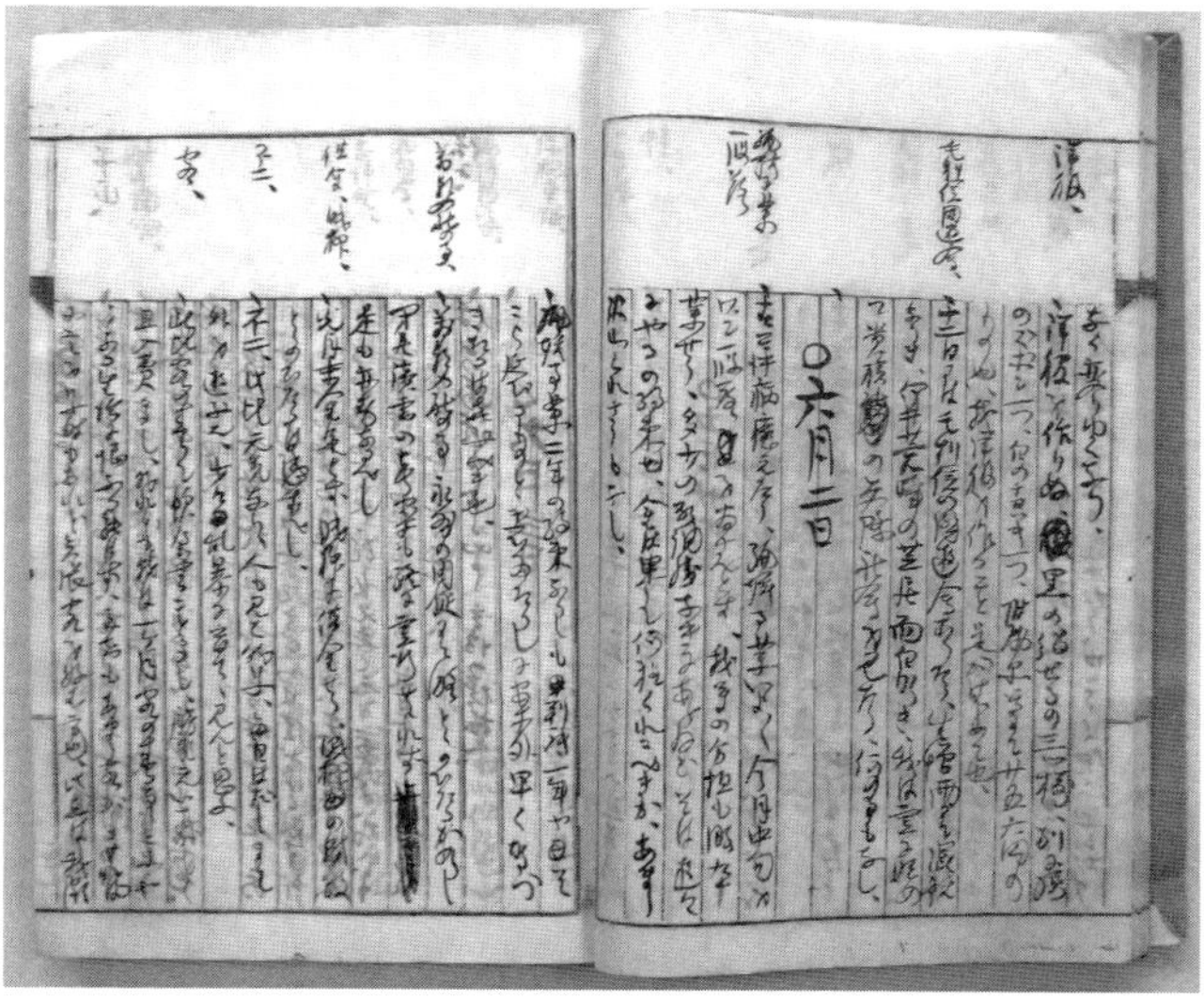

写真3　堺利彦『三十歳記』明治32（1899）年6月2日の頁

志津野電話にて社に知らせ来る、驚きて帰宅す、家内みなみな大騒ぎなり、ひきつける時は今にも死にそうにて見るに忍びざるここちす、美知はその間にまた胃痛を起こして苦しむ、昨日のわが家は実に惨憺たるものなりき。（中略）いまだ今後の病勢を判することあたわず、永島の栄坊もこれにてたおれしなり、頭の形も相似たるより思えば気づかわるることひとしおなり。（中略）医師、はなはだ頼もしからず、されどいとよく勤めたり、今日はさらに他の一人を頼みて共商を請わんとす。（『日記』同年八月二十八日）

八月二十六日に友人夫婦が遊びに来たので、熱があった息子も連れて海岸に遊びに行った。熱が下がらないまま二十八日を迎えるが、不二彦の病状は急速に悪化し、堺が連絡を受けて帰宅した時には家中が大騒ぎ、ひきつける息子の姿は見るに忍びなく、妻は持病の胃痛を発するし、友人の子どもが同じ病気で亡くなったことも思い出されるなど、堺の精神的動揺が見て取れる。もう一人医者を頼み、不二彦の治療に共同であたってもらうなど不二彦の回復のために手を尽くそうとする父親の姿がある。

翌日の午前中、不二彦の容態は少し安定していたが午後になり危篤に陥る。二人の医師による診察と治療が続けられるものの、元気だった頃の姿が思い出され、気持ちは乱れ、重篤の病人を抱えた家族の重苦しい空気が伝わってくる。そして、「ああついに子を失うの感を経験せんとするか」（『日記』同年八月二十九日）と、息子の死を意識しはじめる。二十九日夜から三十日明け方にかけても危篤状態は続き、三十日の午前六時前に書かれた日記では、「医という職業より言えば、亡状の窮みなり、法律もまたゆえなく往診を謝絶するをえざることに規定せるに」（『日記』同年八月三十日）と、夜の往診に応じない医師に対して職業倫理及び法律を楯に非難し苛立ちを隠さない。そして、東京より医師を呼ぼうとして停車場に行くが緊急の電報を受け付けてもらえず、子どものために何とかしたいが自分の力ではどうにもならないことに落胆しつつ帰宅している。八月三十日、医師の勧めにより不二彦は入院する。長距離の移動を乗り切り無事に入院させ、付き添う看護師の手配ができたことで堺の気持ちは大分落ち着きを取り戻した。

入院は実に実に喜ばしきなり、入院させてより我は重荷をおろしたるここちせり、この不便なる土地にて訳も分らぬ医者にかけてわが子を殺すことあらば、我は親たるの義務を尽くさざるここちぞすべき、病院にて死せばまたあきらむる方もあるべし。／〈病院入費〉病院の入費。／入院料一日一円一〇銭　氷代ほぼ一円　看護婦一日五〇銭　看護婦食料 美知食料 その他雑費一円ばかりなるべし／総計一日三円五〇銭には下らざるべし、とうてい永く支えがたし、されどこの病はよきもあしきも永きことあらざるべし、あるほどの金は使い尽くしてもよし、二ヶ月前の身と思えば、貧にはなれたる我らなり、さまで苦にすることもあらず。（『日記』同年九月二日）

妻と子の体調を思いやって選んだ、東京市中から離れた大森の海岸近くの住居であるが、市中から離れているが故に、必要な時に望む医師に来診を請うことのできない不自由さへの苛立ちから解放され安心した堺の姿がある。入院費の心配が新しく生じたが、短期で決着するのだからできるだけのことはしようと覚悟を決めた彼の日記からは、不二彦の病状やそのことによる動揺の記述が少なくなる。

父は子どもの死を覚悟したが、不二彦は同年九月下旬にかけてゆっくり回復していった。入院が長びくにつれて問題になるのが入院費用である。安いたばこに変えたり、人力車に乗らないようにしたり、昼食代を浮かせたりと自分の生活費を切り詰めても入院費用は続かず、十月八日に退院させ、自宅に看護師を呼び看護する。その後、不二彦の病状は下降線をたどり、十一月三日の日記には、不二彦が亡くなった時のための準備を始めた様子がうかがわれる。

わが家にては不二いよいよ衰弱す、山西看護婦は先月末日慈恵病院に帰したり、情より言えば家人の看護かえってよし。（中略）金はすでに尽き負債新たに生ず、ともかくも一応の礼服だけはととのえおかんとて我も着物一枚、美知は紋付、下着等を作れり。

経済的理由で退院、ついに自宅で付き添っていた「看護婦」をも帰すことになる。素人であっても家族が最期まで看護することに慰めを得ようとするこの記述には、息子の死を受け入れ、残される父親として気持ちに整理をつけようとする堺の心情が示されている。その後、医師には危篤と言われ続け、骨と皮ばかりになりながらも、不二彦は一ヵ月以上持ちこたえた。そして、「不二、近日衰弱を窮めたり、眼の落ちくぼりたる様など言わんようなし、ただそのなお生存せるが不思議に覚えらるるなり」（『日記』同年十二月二十日）と生きていることが不思議だと父親が書き記した二日後、不二彦は亡くなった。

午前九時一〇分不二彦ついに死す、些の苦痛の状なし、美知など今さらに打ち泣くなり、ああ二年間の一夢なり。（『日記』同年十二月二十二日）

この日の日記は二行、この数ヵ月間、気持ちの整理をつけようと努めてきた堺ではあるが、「ああ二年間の一夢なり」と、気力を失い放心した様子が、息子を失ったショックの大きさを物語っている。

年末に通夜や葬式を済ませ、寂しい新年を迎える。雑煮を食べては不二彦の笑顔が浮ぶなど、常に不二彦のことが頭から離れず落ち着かない。その後も折にふれて不二彦のことが思い出されるという内容は繰り返し登場し、二十七日、三十七日のこと、四十七日の日記には不二彦の戒名が記され、七十七日の香典返し、百か日の墓参と続いている。そして、一九〇〇（明治三十三）年五月二十二日の日記には、「不二の命日なり、仏壇に灯をともし香をたきたり、不二の母は墓参に行きたり、不二の父は仏壇の前に読書す、不二、不二、なんじは永く父母の記憶より去らざるべし」とある。

この年の六月から七月にかけて、堺は従軍記者として北清事変の取材に赴きしばらく日記は途絶え、八月十一日に再開される。しかし、内容は、美知子の転地療養や健康状態、家計のやり繰りのことが中心となり、不二彦に触れられることはない。日記に不二彦の名が最後に登場するのは、一九〇一（明治三十四）年十二月十七日「不二の命日は二一日であったか二二日であったかと思ってこの日記を繰り返して見たので、ツイかく気になったのである。〈不二の三周忌〉不二の三周忌は鎌倉で夫婦が仏前に夕めしを食うだけのことであろう」と、すでに、日々の生活に追われ、不二彦に関する細かい記憶が忘れられ、生者を中心とする生活に戻っている。

不二彦を観察する堺の視線は細やかであり、息子の成長や病に対して鋭い感受性を示している。不二彦の父としての堺利彦は、「二なき者」としての我が子に対する愛情を基盤に、子どもの健康や成長にとって望ましいことではなく親の気持ちを優先させる子育て、子どもの誕生と成長を喜び、教育方針を定め将来に期待する、生死をさまよう姿に動揺し、我が子の病気治療に関して思い通りにならないことに焦り苛立ちを隠さないなど、子どもと情緒的に強く結びついたいわゆる近代家族の父親といえよう。

この父親としての姿を、堺自身は「古風」と表現しているが、長女真柄に対して見せた父親の姿とは異なるのだろうか。

2　長女真柄へのまなざし

病身の妻を気遣って出産に立ち会い、妻を励まし共に誕生を見届けた長女の命名の理由を、堺は次のように語っている。

> 小生は女の名を三字以上（すなわち三音以上）にしたいと言うのである。（中略）もし女が家の内にばかり引っ込んでいて、家族間の人としての外、少しも世間に出ぬものならば、その家族間にさえ同名の人が無ければ、世間にはいくら同名の人があってもさしつかえは無い。（中略）しかし女の地位が高まって、広く世間に立ち交じることとなるならば、あまり同名異人が多くては混雑を生ずるに違いない。女の名が二字で済んでいるのは、畢竟女の地位の低いことを示しているのであるから、それで小生は一番卒先《ママ》して三字以上の女名前をはやらせたいと思いついたのである。（中略）フト胸に浮かんだのは西洋の小説を翻訳する時に、その編中の女の名を、西洋の女ともつかず日本ともつかぬ何だかあいまいなものにしたことである。（中略）一つ原書にローズとあるのを、これを意訳して茨としたのが、少し珍しくて面白いように思えたのだ、茨にしようかと妻に相談したれば、何だかとげがあるようでという反対があってヤメになった。それから今一つ原書にマアガ

レットとあるのを真柄としたのが見つかったので、これ、これ、これがよいと言うので、妻は少々不平の様子であったが、とうとうそれに決めてしまった。[18]

娘が成人する頃の社会では、女性の社会的地位が高まり、社会進出が進むことを見越しての、さらに、娘にも社会で活躍する女性になってほしいとの期待をこめた命名であり、長男命名の理由との違いは明白である。

次に、堺の我が子意識の変化については、真柄の養育環境をめぐるやり取りで確認できる。一九〇四(明治三十四)年八月末から美知子は病気療養のため神奈川の加藤病院分院に入院した。自叙伝によれば、当時満一歳半を過ぎていた真柄は母の入院の前から「女中」と共に、加藤病院院長加藤時次郎の小田原にある別荘に移っていた。母の死後は、静岡にいる堺の従姉篠田良子夫妻に預けられ、実父は「マア坊のヲヂさん」と呼ばれている。[19]その後、堺は延岡為子と再婚し真柄を引き取ったが、一九〇八(明治四十一)年九月には赤旗事件[20]で二年間入獄、真柄は加藤夫妻に預けられた。為子は、自分の妹に「堺さんの子をよそへ預けておいて女の顔がたつか[21]」と指摘され、真柄を引き取ることを決心する。

扨真柄の事につき其後ツク〴〵考へて見たが彼はどうも加藤家に於て育てらるべき運命を持つて居る様だ、どうもそれが自然の勢でありそうに思はれる、僕は例の成行宗の信者だから、今ではモウそれならそれでも善いワと思うてゐる、何事も一得一失一長一短だ、御身も其気になつて貰いたい、（中略）幸徳君、（中略）然し此際若し真柄を□然とお為を疎んぜしめる様な結果になつ居《ママ》ては少し面白くないと思ふから、其辺は君の助言で人情に従つた計いをよろしく頼む、僕は真柄をして養育の恩ある総ての人々に対し、深く其の恩義を感ぜしめて置きたいと思ふ、

（一九〇九（明治四十二）年二月十二日付堺から為子への書簡（以下、書簡と略記する。））

この手紙の前には、為子から真柄を手元に引き取りたいといった相談があったものと思われる。その相談への返事が本書簡であろう。堺は、真柄が加藤家で育てられることを「運命」といい、加藤家の養女に出すことも念頭にそれならそれで良いと、必ずしも母が娘を養育すべきと思っていない。母との関係が疎遠になることは望んでいないが、それは母だからではなく、養育に関わったすべての人に恩義を感じる子どもに育って欲しいという思いからである。夫及び周囲の人びとの反対にもかかわらず、為子は娘を引き取ることを譲らず、堺も、髪結いを開業し生活の目途をつけた為子が真柄を引取ることを認めた。

しかし、彼は、これまでに真柄の養育に関わってくれた人々への配慮、さらに、真柄が加藤夫妻への恩義を忘れないようにする配慮も忘れていない。

扨真柄の事、いよ〳〵連れて帰つたとね、是から大分荷が重くなるだらう、何分宜しく頼むと云ふより外はない、尤も其の方が張合があつて却つて善いのかも知れぬ、（中略）加藤君へ『子供は

いよ〳〵お為の手に御引渡下されたる由、何だかお為の我を張通させた様で、兄等御夫婦に於ては定めし多少御不快の感もあつた事とお察し申すが、何卒悪からず御宥恕の上、今後とも何かの御心添を願ふ○幸徳君へ『君の多事の中に、下らない僕の子供の事ナンゾで色々厄介をかけて済まなかつた、君は定めしお為の強情に呆れてるだらう、薬は中々きゝそうにも無いが、然し今後も折々は叱つてやつて呉れ玉へ（中略）真柄よ、お前はモウ学校に行つて居るとね、早く字を覚えて、加藤のオバさんだのオヂさんだの静岡のカアちゃんだの姉さんだの、それからトウさんだのに、面白い手紙を書いて出すといゝね

（同年六月十四日付書簡）

この一連のやりとりの中で、堺は、子どもが育つのによい環境を優先し、その環境の中で育てられる人が育てればよい、多くの人々が関わって育ててもらえることは幸せなことだ[22]と考えており、不二彦の時のような我が子意識や親である自分が何とかしなければという心持ちを表さない。自分の子どもを人に預けざるを得ない状況になることの多い厳しさを反映してのことであろうが、不二彦の死から真柄養育までの間の考え方の変化は明らかであり、真柄を養育するにあたっての体験が、子どもの成長は社会が支えるものだという堺の発想をさらに強めたと考えられる。

社会的存在としての子ども観を深めた堺であるが、真柄へのまなざしは愛情深い。例えば、毎回の手紙にある娘宛ての内容は、真柄が小学校に上がる前は、大人から読み聞かせてもらうようにし、小学校に入学して文字を覚えてからは、カタカナで文章を書き、直接真柄が読めるように配慮している。その

内容は、娘の健康を気遣い食べ物についての注意、堺の祖父の話、季節のこと、真柄が生まれた時のことなどさまざまであるが、いずれも娘への愛情が感じられる。

真柄の育て方に関するその他の特徴として、第一に養育してくれた人びとに対する感謝の念を忘れないようにしつけること、第二に子どもの人格を尊重し、子どもの目線に立ってしつけることを挙げたい。第一の点については、真柄への手紙の中で、お世話になった人々の名前を挙げ「いゝね」[23]と書いたり、すでに触れたように、お世話になった人々に習いたての文字を使って手紙を出すように勧めるなどから知ることができる。

第二の点については、子どもの目線に立って子どもと関わることや子どもの人格を尊重することの大切さを妻に書き送っている。

真柄も追々智慧がついて、楽みでもあらうが、又扱ひにくい場合もあろう、僕の考では、子供に対するには、遊ぶ時にはコチラも子供心になつて一しよに遊ぶ、まじめな事を話す時には、子供をも十分物のわかる一人前の者として相応の尊敬を払って取扱がよいと思ふ、さすれば子供は一面に於て真に親を敬愛すると同時に、一面に於ては自然に自重心を持つ事になるだろう

（一九〇九（明治四十二）年十二月二十一日付書簡）

この記述から、堺が娘の教育方法として、子ども独自の遊びの世界を認め、その世界では大人が子ど

もの視点に立つこと、しかし、子どもに話をする場合には子どもを尊敬し人格を尊重すること、それらを通して、内発的に親を敬愛する気持ちや自重心を育てることを目指していたことがわかる。この教育方法は、明治前期に登場した「個性尊重主義家庭教育論」と共通する方法であり、堺自身が述べているように福沢諭吉の家庭教育論の影響を見ることができる。

ここまで、不二彦と真柄に対する堺の態度や心情を見てきた。二人の年齢や日記と書簡という違いもあるので単純に比較することは難しい。しかし、子どもの健康を気遣い、成長を見守ろうとする堺の態度や心情は情緒的で愛情に溢れるものであり、両者に共通している。両者の間にある違いは、子どもを親から独立した存在と明確に意識しその人格を尊重する態度がどの程度徹底しているか、社会的存在としての子ども観の深まりと子どもの成長が社会によって支えられているという視点があるかどうか、これらの態度や視点に基づき子どもにとってよりよい養育環境で育てようとする態度を獲得しているかどうかといった点に見られる。幼児期に真柄が父親と過ごせた期間は短く、真柄は多くの人びとの手によって養育されていた。真柄の養育を通して得た体験は、『家庭の教育』で示される堺の子ども観、子育て観にあった社会的視点をさらに強めることになったと思われる。

第三節　『家庭の教育』の内容的特色

本節では、『家庭の教育』の内容的特色を同時代の家庭教育書との比較から考えていきたい。**表1**は、『家

堺枯川 『家庭の教育』 1902(明治35)年9月	久津見蕨村 『家庭教育 子供の志つけ』 1901(明治34)年10月	高島平三郎 『家庭教育講話』 1903(明治36)年9月	今井恒郎監修　日本済美会編 『家庭及教育』 1906(明治39)年1月
分娩に対する覚悟		習慣のこと	
子に対する尊敬		過度の勉強	
子の育て方について注意すべき点		褒美の予約	
幼年時代		自重心に就きて	
大事にしすぎること勿れ		祝日祭日のこと	
女子の体育		発音のこと	
玩弄物とすること勿れ		言語の練習	
小学時代		児童語に就きて	
家庭と社会との関係		名称のこと	
中学時代(或は高等女学校時代)		野遊びに就きて	
		摘草につきて	
		種樹のこと	
		動物飼養のこと	
		自ら進歩すべきこと	
		青年子女に就きて	
		訓練の話	
		玩具の話	
		児童の疑問	
		軟教育	
		遺伝の話	
		子供の虚言に就きて	
		遊学に就きて	
		家庭日記	
		室内装飾のこと	
		音楽のこと	

※本表は、各家庭教育書の目次より作成した。
※旧字は新字に改めた。

表1　家庭教育書の内容の比較

堺枯川『家庭の教育』1902(明治35)年9月	久津見蕨村『家庭教育 子供の志つけ』1901(明治34)年10月	高島平三郎『家庭教育講話』1903(明治36)年9月	今井恒郎監修　日本済美会編　『家庭及教育』1906(明治39)年1月
第一章　総論	第一章　父母兄姉の心得	緒論 家庭教育の必要	第一編 総論
家庭の教育	第二章　学校の教育	家庭の起源	第一章 家庭
子供の教育	第三章　子供の権利	人類の家庭を作るに至れる所以	第二章 教育
家族の教育	第四章　どう教育しやう乎(一)	家庭の目的	第二編 身体及び其の育成
妻の教育	第五章　どう教育しやう乎(二)	スウイートホームの二要素	第一章 児童身体の発達
第二章　妻の教育	第六章　子供の世界(一)	家庭に於ける児童教育	第二章 身体の構造及び生理
夫婦同権	第七章　子供の世界(二)	家庭と女子教育	第三章 児童身体の保育
夫婦相化す	第八章　家庭の教育	本論 女子の務	第四章 運動及び休息
何故に夫は妻に優るか	第九章　玩具の話	子供の大切なること	第五章 身心の関係
教育者としての夫の心得	第十章　家庭と学校	子供の一家の幸福に関すること	第三編 精神及び其の養成
家風	第十一章 子供と社会	子供の生ひ立ち	第一章 感覚
職業柄	第十二章 子供の仕置	子供の育て方の基礎	第二章 意識、統覚及び注意
生涯の主義方針	第十三章 金銭と褒美との事	規律の習慣	第三章 観念
教育せられる妻の心得		家内和合と子供の躾	第四章 思惟及び言語
第三章　家族の教育		子供の泣く時	第五章 感情
家風		お伽ばなし	第六章 意志
身を以て示す		乳母と守り	第七章 品性及び其の陶冶
春風の氷を解くが如くすべし		子供の叱りやう	第四編 徳育及び美育
自ら反省せよ		子供を伴ふこと	第一章 総論
玄関に取次に出た女中の顔色		物のをしへ方	第二章 道徳の綱要
第四章　子の教育		育て方の一致すべきこと	第三章 徳性の訓練
夫婦の目的		おくり物のこと	第四章 美育
家庭の目的		貯金のこと	第五編 精神的病弊及び其の矯正
子とは何ぞや		夏の家庭	第一章 総論
社会の成り立ち		夏の遊び	第二章 病弊及び其の矯正法
次の時代の働き手		事の軽重をわきまへしむること	
妊娠したる婦人の心得		子癇に就きて	

庭の教育』と同時代の家庭教育書の内容を一覧にしたものである。本表から『家庭の教育』の特色として、①家庭の教育の対象に子どもだけでなく、妻、家族が含まれている点、②家庭の教育の対象の違いにより家庭の教育の内容が異なっている点、③母親のみでなく、父母を子育ての担い手と考えている点、④子どもを社会的に位置づけ人格を認めている点、⑤子どもの成長発達を科学的に分析する視点が見られない点、⑥子育てに関する具体的事項についての説明がない点、⑦個人の幸福追求という視点から義務教育のあり方について言及している点、⑧家庭の教育と理想とする社会の形成との関連について独自の説明を行っている点、の八点を主に指摘できる。

それら八点の説明に入る前に、比較対象に選んだ家庭教育書とその執筆者について簡単に触れておきたい。

1　同時代の家庭教育書

久津見蕨村（一八六〇～一九二五）は、明治、大正時代のジャーナリストとして知られる。一八九七（明治三十）年には朝報社に入社し、堺らと筆を競った。ただし、それ以前から堺とは知り合いで、堺の朝報社入社に際して相談を受けるなどしていた。堺が朝報社退社後も親交は続き、『平民新聞』にも寄稿している。[24] 教育思想研究では、彼の著した『児童研究』（三育舎、一八九七年）と『家庭教育　子供の志つけ』（前川文栄閣、一九〇一（明治三十四）年）が主に分析対象とされ、我が国「児童研究」の開拓者の一人、早い時期に「子どもの権利」概念を明確に提示した人物と評価される。[25] 本書の序には教育の学理の一部分でも、一般家庭の子育てに活用してもらえればという思いから本書を刊行したとある。

高島平三郎（一八六五～一九四六）は、明治から昭和時代の児童心理学者、教育者として知られる。東京高等師範学校、学習院、日本女子大学校などで教鞭をとった。児童心理学に基づく家庭教育を提唱し、雑誌『児童研究』顧問を務め、東京右文館で教科書編集をした。『家庭教育講話』は、書中の説明によれば、一九〇三（明治三十六）年七月十六日から二十二日まで、高島平三郎が静岡市教育会第五回夏期講習会で講演した内容の筆記である。高島は、講演の冒頭に、「家庭といふものは如何なるものであるか又家庭は色々改良して行かなければならんといふ其点に就て実際の御話致すことにして而して其中に私の専門に研究して居ります所の児童心理学の原理をも交ぜて御話致したいと思って居ります」とその内容の概略を説明している。(26)

今井恒郎（一八六五～一九三四）は、尋常中学校、高等中学校の教員や校長を歴任後、一八九九（明治三十二）年四月東京牛込区横寺町に転居、家塾「梧陰塾」を開く。同時に日本済美会を組織し、一九〇七（明治四十）年四月には、「梧陰塾」を拡充した日本済美学校を東京府豊多摩郡和田堀村大字堀ノ内（現在の東京都杉並区）に創立した。『家庭及教育』は、それぞれの領域の専門家が分担執筆したものを今井恒郎が監修しており、今井がどの部分を分担執筆したのかは明確でない。本書の序によれば、欧米の研究成果に日本の習慣や実験を加味し、日本の家庭で参考にできる内容が目指されており、内容構成を見ても当時の代表的な体系的家庭教育書の一つと見なすことができる。(27)

2 『家庭の教育』の特色

本項では、先述した『家庭の教育』の特色について説明していきたい。

①家庭の教育の対象に子どもだけでなく、妻、家族が含まれている点

堺は、家庭教育の語が一般的には学校教育に対して用いられることを認めつつ、本書では、広く家庭におけるさまざまな教育を指すとした上で、家庭の教育として、「子供の教育」、「家族の教育」、「妻の教育」をあげている。夫の教育がないことからわかるように、家庭の教育は夫が中心となり、「子供の教育」は親が、「家族の教育」は夫婦が、「妻の教育」は夫が行うと考えられている。彼が「家族の教育」で述べているのは、具体的には「雇人と同居人」の教育であるが(28)、他の家庭教育書では家族とは血縁者を指し、「雇人」にあてはまる「乳母」、「子守」、「僕婢」についてはその選び方や扱い方に触れている場合でも、教育対象とはされていない。

このように、「雇人と同居人」を家族とみなし、子どもだけでなく、妻、雇人や同居人の教育について触れている点は本書の特色である。

②家庭の教育の対象の違いにより家庭の教育の内容が異なっている点

対象が違えば教育の内容が異なるのは当然であるが、本書では、妻及び「雇人と同居人」と子どもと

の間で教育の内容が異なっている。

「夫婦同権」すなわち「男女同権」とみなさない堺は、夫婦が、家長と主婦として対する時は大臣と秘書官の関係であり、夫は自分より劣位にある妻の教育をしなければならないという。それでは、夫は妻に何を教育すればよいのだろうか。一つ目は、「商家の風」、「医者の風」、「教育家の風」のように使用される職業に伴う「習慣と気風」すなわち「職業柄」である。二つ目は、夫の生涯の主義方針である。例えば、かつては「君に忠義」のように職業と主義方針が一致する場合もあったが、今は多くの場合、職業と生涯の主義方針は異なる。そこで、夫の主義方針に適した「考え」、「心」、「趣味」と表現される心持ちを妻が持つように教育しなければならない。そして、この妻の教育は、「男子が世に立って事業を為すに就ての第一着手であると思って、十分の力を用ゐて其成功を期せねば」(『家庭の教育』一四九頁)ならず、妻も自分は夫の教育を受けなければならないのだと心得て、夫の職業柄と主義方針の理解に努め、夫の事業を自分の事業だと思い、夫が思うままに事業に取り組めるようにすることが大切であるという。

次に、「雇人と同居人」への教育が行われるが、その教育とは、「夫の職業柄及び主義方針を本として、それに夫婦の気質性情」を加えてできた「其家に一種特別の風」(『家庭の教育』一五〇頁)すなわち「家風」を夫婦が身をもって示し、雇人や同居人に感化を与えていくことである。

このように、夫が行う「妻の教育」、夫婦が行う「雇人と同居人」への教育は、夫婦が築く新しい家庭に、自分たちの価値観と一致する新しいあじわい、つまり「新風味」を創り上げることが目的となっており、「家」からの解放と家庭の改良を目指している。

一方、「子供の教育」では、夫婦の価値観を押しつけてはならない。堺は子育ての心得の一つとして、「子供を教育するのは現在の社会の為ではなく将来の社会の為であるから、強ひて此時代の思想（或は風俗習慣）を以て子供を律してはならぬ。次の時代の働き手を作るには、次の時代に行はるべき思想（或は風俗習慣）に依らねばならぬ」（『家庭の教育』一六一頁）と、その時代の思想や風俗習慣を子どもに押しつけること、まして伝統的な風俗習慣を押しつけることを戒めている。この「子供の教育」の考え方は、国家という枠を定め、それに寄与する限りでの子どもの能力の開発を認めようとする『家庭教育講話』や『家庭及教育』をはじめとする多くの家庭教育書がとった国家主義的立場と異なる特色となっている。

③母親のみでなく、父母を子育ての担い手と考えている点

例えば、高島平三郎は「女子の務」の説明で、「子供の教育、家庭に於て中学校高等小学校以下の子供の教育に就てはおつかさんが直接間接に受持つてやらなければならぬ、子供の教育は女の一番の務である、（中略）女が小い時から学校へ入つて色々の稽古をするのもつまり此大切の務めを果す支度が重なるものであるから一家のくらし方を任され子供教育を任された方はよく〲気を付けて自分が今迄習ひ覚へた学問や技芸を実地につかつて此務を充分に尽すと云ふよーに心掛けなければならぬ」（『家庭教育講話』四〇―四一頁）と、女子教育は子育てのためにあり、子育ては母親が行うものと、本論の冒頭で説明している。また、『家庭及教育』でも、「元来父母殊に母の天職は、其の児童を健康に保育して、以て有徳有為の男女たらしむるに在り」（『家庭及教育』七二頁）と、子育てを母の天職と説明している。これに対し堺は、第四章「子の教育」で、妊娠中の心得や分娩の覚悟の説明では「婦人」や「妊婦」の語を用いるが、それ以外の子どもの教育に関する説明では、「我々夫婦」や「親」といった語を用いている。これは、子どもの教育は夫婦で行うものと堺が考えていたことの表れであり、女性の家庭からの解放や育児の社会化、共同化の可能性を含むものであったと考えられる。

④子どもを社会的に位置づけ人格を認めている点

堺は、「子は親に代って社会の働き手たる資格を相続する者」（『家庭の教育』一五一頁）であり、子どもを産み育てることは「次の時代の働き手を作る」（『家庭の教育』一五二頁）ことであるという。そして、子どもは「不可思議（即ち神）」（『家庭の教育』一五四頁）の力によって作られ、我々の子として誕生するのである。「神に対して云へば『さづかりもの』、社会に対して云へば『あづかりもの』、決して親の私有物ではない。『あづかりもの』であるから大切にせねばならぬ、『さづかりもの』であるから尊敬せねばならぬ、私有物でないから親々の勝手にしてはならぬ」（『家庭の教育』一五四頁）と、子どもに対する根本の心得を述べている。堺はクリスチャンではないが、この「さづかりもの」、「あづかりもの」としての子どもへの尊敬が、祖父母や親の価値観を子どもに押しつけることを否定し、「家」や国家を超える視点から子どもを社会的に位置づけることを可能にしている。なお、このような子どもを社会的に位置づける子ども観は、久津見にも見られる(29)。

⑤子どもの成長発達を科学的に分析する視点が見られない点

堺は子どもの人格を認め尊重するが、その一方で、他の三冊の家庭教育書に見られるような、子どもの特性や成長発達を医学的、心理学的に研究し、家庭の教育に活かそうとする視点はない。その理由の解明は今後の課題であるが、堺のより強い関心が家庭論にあったことの表れであろう。これは、久津見や高島が「児童研究」に取り組んでいたことや児童心理学等の成果に基づいて家庭教育論を展開していること、今井が半分以上の紙幅を子どもの心身の発達や病気の説明に費やしていることと大きく異なる。

⑥子育てに関する具体的事項についての説明がない点

⑤と関連すると思われるが、子育ての具体的な方法や日々の子育ての中で悩むであろう事柄の解説が少ないことも特色の一つである。

例えば、『家庭教育講話』では、子どもの叱り方、褒美の予約、動物飼育、子どもの虚言などについて説明している。しかし、『家庭の教育』では、幼年時代の育て方の中で「大事にしすぎること勿れ」、「女子の体育」、「玩弄物とすること勿れ」の三点を指摘するのみである。子どもを玩弄物とすることの例として、「子供のいやがるも構はず、其からだを傷ふにも構はず、むやみに袖の長い裾の長い者などを着かざらせて只親の目を喜ばせようとするなどは、子供を玩弄物にする尤も甚だしい例の一つである」(『家庭の教育』一五七頁）と、不二彦の宮参りの着物の場面を想起させる例があげられ、子どもを中心に子育てを考えようとする堺の考え方の変化を知ることができ興味深い。とはいえ、これら家庭での子育ての注意事項も、「次の時代の働き手」である子どもへの尊敬、次の時代で生きていける健康な身体を養うこと、親の為の子どもではなく子どもの為の親であるという考え方を実践する方法として論じられており、日々の子育て場面で生じる具体的な問題を解決するという視点から論じられているのではない。

⑦個人の幸福追求という視点から義務教育のあり方について言及している点

堺は、将来の社会で生きるために、子どもを小学校に通わせることは親の義務であり、すべての子どもが小学校に通うためには、授業料の無償化、本や筆墨の貸与、昼食の弁当の提供が必要であると、親だけでなく、社会の役割や責任について言及している（『家庭の教育』一五八頁）。さらに、「丁年に達するまでの教育と保護とを総ての人に必要とする」（『家庭の教育』一六〇頁）立場から、中学教育や高等女学校教育までを義務教育にしたいと述べ、義務教育のあり方そのものについての見解を示している。なお、子どもの義務教育における社会の責任については久津見も言及している[30]。

⑧家庭の教育と理想とする社会の形成との関連について独自の説明を行っている点

堺は、「家庭」に普遍的な価値を見出し、「家庭」とは、強盗や詐欺などの悪徳が行われる国家の内部にある「只一つ奇麗な清潔な平和な愉快な、安気な、小さい組合」であると説明する。「家庭」には、「夫は我身を思ふ如く妻を思ひ、妻は我身を思ふ如く夫を思ひ、親は我身を忘れて子を思ひ、家族は互に我儘を控へて人の便利を計る」「理想の交り」がある。そして、「社会の人が総て夫婦、親子、家族の如く相愛し、相譲って共同生活を営む」のが「理想の社会」であり、「家庭」から全社会に「理想の交り」を広げ「理想の社会」を築いていこうという。また、そのような「家庭」で育った子どもは、親からの感化を受け「正しき心を養」い道徳性を身につける。子どもは、社会に出て、家庭には道徳があり社会には悪徳があるということを学ぶが、家庭の中で「理想の交り」を経験し、道徳性を身につけていれば「取捨判断の標準」を定めることができ、社会の悪徳から感化を受けることはない。だからこそ、親は「社会の四方暗黒なるが中に、家庭ばかりは光明を照りわたらせて、常に子供の行く道を照してやる心を持たねばならぬ」という。

国家と同じ機能が備わっているから家庭が国家の縮図であるというのではなく、家庭で行われている日々の営みが「理想の交り」であり、その交わりが家庭から広がっていくことで「理想の社会」が形成されるから、家庭は「理想の社会の雛形」、「種」や「芽」なのである。[32] このように、私的な事柄、私的領域を重視した堺の家庭と社会の関係の捉え方は、当時の家庭教育論の中でも独自のものであったといえる。

小括

ここまで、堺利彦の父としての姿と『家庭の教育』の内容的特色を見てきた。長男と長女との間に見られた父としての大きな変化は、「二なき者」としての我が子意識から社会的存在としての子ども観へという変化であり、その変化の要因の一つに、長女の養育を通して得た子どもの成長が社会によって支えられるという体験があった。

また、『家庭の教育』の内容的特色として、①家庭の教育の対象に子どもだけでなく、妻、家族が含まれている点、②家庭の教育の対象の違いにより家庭の教育の内容が異なっている点、③母親のみでなく、父母を子育ての担い手と考えている点、④子どもを社会的に位置づけ人格を認めている点、⑤子どもの成長発達を科学的に分析する視点が見られない点、⑥子育てに関する具体的事項についての説明がない点、⑦個人の幸福追求という視点から義務教育のあり方について言及している点、⑧家庭の教育と理想とする社会の形成との関連について独自の説明を行っている点の八点を指摘した。

長谷川如是閑は、「全身に感じてゐる封建的沈殿物の感覚と、頭だけに感じてゐるシルクハットの感じとを、溶解しない混和状態[33]」で持たされていると堺を評しているが、堺の家庭教育論からもそのようなちぐはぐした印象を受ける。小林輝行は明治後期の家庭教育論の特色として、①明治前期の断片的、非体系的家庭教育論から脱皮して、本格的、体系的家庭教育論が登場しはじめること、②教育の専門領域から家庭教育論が論じられるようになり、明治前期のそれのように社会改良に力点をおくのではなく、家庭教育の独自の価値と機能を教育の全体構造の中において把握するようになったこと、③児童の心理学的研究と深い関わりをもって登場し、科学的基礎に立脚した家庭教育論に発展したこと、④は第一章で触れたように、明治後期の個性尊重主義家庭教育論のすべてが、真の意味での個人の解放を志向したものではなかったこと、の四点を挙げる。[34] この四点と堺の『家庭の教育』の特色を比較するとちぐはぐさを示すことができる。例えば、家庭の目的の半分に子どもの教育があると論じているにもかかわらず、子どもの教育に関しては本書の第四章で取り上げるのみである。これでは、教育への全体構造の中に占める子どもにとっての家庭教育の独自の価値や機能を体系的に論じているとは言えない。むしろ、家族に非血縁者を含め、家庭の教育に妻、雇人や同居人の教育を含めていることから、彼の関心の中心が、夫婦が社会にひらかれた新しい「家庭」を築くための教育にあったことは明らかである。また、『家庭の新風味』という書名から家庭改良的性格が強いことも明白である。あるいは、子どもに関して、父としての堺は情緒的で細やかな愛情を示し、『家庭の教育』では子どもを社会的に位置づけ、方法的次元に止まることなくその人格を認めている。しかし、子どもそのものを科学的に分析、子どもの成長発達に即した教育の内容と方法を論じようとはしない。

堺の家庭教育論のこのような特徴の背景には、彼の国家をも超えたところにある普遍的価値を追求する姿勢がある。「家庭」という私的な領域に普遍的価値を見出し、理想の家庭を拡大させたものが理想の社会であると考える堺にとって、第一に重要なことは理想の家庭を築くことである。また、子どもの普遍的価値は「次の時代の働き手」という点にあるのだから、次の時代をよりよく生きるための義務教育は無償にしなければならず、これまでの価値観を押し付けるのではなく子どもの人格や個性を尊重した教育方法をとらなければならない。その一方で、子どもそのものを科学的に分析すること、子育ての具体的方法を論じることは興味の対象となりにくい。

堺は子どもそのものへの関心を深めることはなかった。しかし、一九〇〇年前後の同時期に、子どもを観察し科学的に分析する必要を説いたり、子ども中心の家庭教育論を展開した、堺と思想的に近い立場の人物はいる。それら人物の家庭教育論を取り上げ、堺との違いや共通点などについて明らかにし、国家主義的立場の家庭教育論とは異なる家庭教育論の系譜やその成立に向けた模索の過程を明らかにすることは今後の課題の一つである。

さらに、家族国家観の定着、女子教育における良妻賢母主義の確立などにより、国家主義的立場からの家庭教育論が主流を占めるようになるこの時期に、「家庭」が持つ普遍的価値に着目し、将来の社会とはどのようにあるべきかという社会的展望の下に家庭教育論を論じる余地のあったことは、近代日本における多様な家庭教育論の可能性を考える際の大きな手掛かりとなる。

注

（1）小山静子（『良妻賢母という規範』勁草書房、一九九一年）や山本敏子（「明治期における〈家庭教育〉意識の展開」（日本教育史研究会編『日本教育史研究』第一一号、一九九二年））が明らかにしているように、近代の日本で成立した家庭教育は、学校教育を補完するもの、学校教育の対概念として用いられている。しかし、本稿の中で家庭教育という語は、本稿の目的に照らし、学校教育の対概念に限定することなく、家庭の中で子どもに対して行われる教育的営み全般を指す語として用いていく。

(2)本稿では、鈴木裕子編『堺利彦女性論集』(三一書房、一九八三年)所収の『家庭の新風味』を参照した。なお、第一冊から第六冊までの書名及び発行年月日は次の通りである。第一冊『家庭の組織』一九〇一(明治三十四)年八月二十八日、第二冊『家庭の事務』同年十月三十一日、第三冊『家庭の文学』同年十二月二十七日、第四冊『家庭の親愛』一九〇二(明治三十五)年三月十八日、第五冊『家庭の和楽』同年六月九日、第六冊『家庭の教育』同年九月一日。

(3)「採長補短」的立場に立つ折衷派とは、「伝統的儒教主義、家族主義に立脚しながらも、『一国の民』を形成する妨げとなる限りにおいてはそれを排斥し、それに代るに西欧的家庭のもつ諸習慣の中から臣民形成に利するもののみをその本来の精神とは分離した形で摂取する」(小林輝行『近代日本の家庭と教育』杉山書店、一九八二年、一一九頁)国家主義的立場からの家庭教育論である。

(4)家庭教育論の時代的推移は、前掲『近代日本の家庭と教育』一〇七―一二二頁を参照した。

(5)「黎明期社会主義者の家庭教育論」については、前掲『近代日本の家庭と教育』第六章(一六三―一八七頁)を参照した。

(6)『家庭雑誌』は、一九〇三(明治三十六)年四月三日に、東京市京橋区の由分社から堺利彦によって刊行された月刊誌である。自叙伝「予の半生」の中で本誌発行の目的を「予は此の雑誌に於て、『家庭の新風味』に依つて得たる予の読者に対し、徐ろに社会主義を説く積りであった」(平民社資料センター監修、堀切利高編集・解題『堺利彦――平民社百年コレクション 第二巻』論創社、二〇〇二年、一八九頁)と述べている。また、第一号では本誌の特色として「健全の思想。改革の気象。清新の趣味。親切の教訓。平易の文章。通俗の説明。」(『家庭雑誌〔復刻版〕』不二出版、一九八三年)を掲げている。なお、本誌については、前掲『家庭雑誌〔復刻版〕』及び鈴木裕子「解題」(『家庭雑誌 解題・総目次・索引』不二出版、一九八三年)を参照した。

(7)堺利彦「予の半生」(前掲『堺利彦――平民社百年コレクション 第二巻』)一八八―一八九頁。また、『婦人問題』（金尾文淵堂、一九〇七（明治四十）年）の序の中で「数年前の予の小著『家庭の新風味』は、種々の点に於て本書と矛盾する所あるべし。是れ其後に於ける予の思想の進歩発展を示すものなり。」と述べ、『家庭の新風味』執筆、刊行後の思想的転回について触れている。なお、『婦人問題』は、中嶌邦監修『近代婦人問題名著選集』第二巻（日本図書センター、一九八二年）によった。

（8）女子解放思想史の先行研究として、鈴木裕子「堺利彦の女性論ノート」（運動史研究会編『運動史研究』一二、一九八三年八月）を、女子教育思想史の先行研究として、木下比呂美「近代的婦人・家庭論の展開——堺利彦を中心として」（『歴史評論』第四四六号、一九八七年六月）を主に参照した。

（9）例えば、宮森一彦「「家庭の和楽」と「家庭の親愛」——近代日本における排他的親密性の形成をめぐって」（『社会学評論』五四（二）、通号二一三号、二〇〇三年）、太田英昭「堺利彦の「家庭」論——親密性の社会主義」（『倫理学年報』第五三集、二〇〇四年三月）、尾原宏之「「家庭の和楽」から社会主義へ——明治思想史の中の堺利彦」（『東京都立大学　法学会雑誌』第四五巻第二号、二〇〇五年一月）がある。また、山泉進は、「堺利彦と社会主義——平民社一〇〇年にあたって」（『科学的社会主義』第六二号、二〇〇三年六月）で、堺の家庭へのこだわりが、近親者の死による「不安」からの脱出という精神的動機に裏付けられたものだったとしている。

（10）本稿では、川口武彦編『堺利彦全集　第一巻』（法律文化社、一九七〇年）所収の『三十歳記〔日記〕』を、前掲『堺利彦——平民社百年コレクション　第二巻』所収の「予の半生」を、『日本人の自伝　九　堺利彦伝・ある凡人の記録』（平凡社、一九八二年）所収の『堺利彦伝』を用いた。また、堺利彦が獄中から為子に宛てた書簡については、堺利彦獄中書簡を読む会編『堺利彦獄中書簡を読む』（菁柿堂、二〇一一年一月）を参照した。

（11）堺利彦の略歴を、近親者の動静を中心にまとめておきたい。一八七〇（明治三）年十一月二十五日（旧暦）、豊前国仲津郡松坂（現在の福岡県京都郡みやこ町犀川大坂）に、旧小笠原藩士堺得司と琴（旧姓志津野）の三男として生まれる。その後、豊前国京都郡豊津（現在の福岡県京都郡みやこ町豊津）に転居し、貧しいながら幸福な生活を送っている。豊津小学校、豊津中学校を優秀な成績で卒業、その秀才ぶりをかわれ中村家の養子となる。養家から学費の援助を受け一八八六（明治十九）年四月に代議士を目指して上京、小石川の同人社に入り、秋には神田淡路町の共立学校に移る。一八八七（明治二十）年第一高等中学校に合格するが、まもなく学業を怠りはじめ、一八八九（明治二十二）年月謝不納のため学校を除籍、養家である中村家からも離籍の申し込みを受ける。その頃長兄平太郎急逝により帰国、次兄乙槌（号は欠伸）はすでに本吉家を継いでいることから、実家に復籍、家を継ぎ父母を扶養することになった。まだ若い堺にとり、この転機は重荷であったようで生活は改まらなかった。父母を養い家を維持するため次兄のいる大阪に転居し、高等小学校英語教員となる。次兄の影響で文学に接近、一八九三（明治二十六）年に小学校教員を辞め、西村天因の紹介で大阪毎朝新聞社入社、その後、文筆活動を続けながら、大阪の『新浪華』、東京の実業新聞社、福岡日日新聞社を経て、一八九七（明治三十）年、東京で毛利家編輯所に入り『防長回天史』の編輯事業に従事する。その間に、恋人を肺結核で亡くし、一八九五（明治二十八）年に母、一八九六（明治二十九）年に父が他界した。第一高等中学校在学中から結婚するまでの堺は遊蕩を尽くし、父母に多大な心配と苦労をかけたことを後悔し続けることになる。一八九六年四月美知子と結婚、それまでの生活を改め、平和な家庭生活を送る。一八九七年八月次兄欠伸肺結核にて死亡、同年秋長男不二彦が誕生した。しかし、身体の弱かった長男は、一八九九（明治三十二）年脳膜炎にて夭折した。『防長回天史』の編輯を終え、一八九九年朝報社に入社する。一九〇〇（明治三十三）年八月美知子病気治療のため鎌倉に転地、その費用を捻出するため著述活動に力を入れる。一九〇一年五月社会民主党への入党を果たせず、その後七月までの間に社会主義者となることを決意する。同年八月から『家庭の新風味』（六分冊）が順次出版される。東京と鎌倉の二重生活の経済的負担及び美知子の体調が回復してきたため、東京新宿の角筈に移る。一九〇三年一月長女真柄誕生、四月『家庭雑誌』の発刊を始める。十月非戦論を主張し幸徳秋水らと共に朝報社退社、十一月週刊『平民新聞』を発刊する。一九〇四（明治三十七）年四月『平民新聞』の筆禍により軽禁錮二ヵ月で巣鴨監獄に入る。八月肺結核で美知子逝く。一九〇五（明治三十八）年九月延岡為子と再婚、一九〇八（明治四十一）年赤旗事件で懲役二年を受け、千葉監獄に入る。利彦入獄中に知人宅で養育されていた真柄を為子が引きとる。一九一〇（明治四十三）年九月出獄、入獄中だったため大逆事件の連座を免れ、十二月売文社を開業する。その後、日本における社会主義思想や社会主義運動を守り続け、一九三三（昭和八）年他界した。なお、堺利彦の生涯について主に以下の書籍を参照した。前掲『堺利彦全集　第一巻』、川口武彦編『堺利彦全集　第六巻』（法律文化社、一九七〇年）、前掲『日本人の自伝 九』、前掲『堺利彦女性論集』、林尚男『評伝 堺利彦』（オリジン出版センター、一九八七年）、林尚男『平民社の人々――秋水・枯川・尚江・栄』（朝日新聞社、一九九〇年）、前掲『堺利彦――平民社百年コレクション　第二巻』、黒岩比佐子『パンとペン――社会主義者・堺利彦と「売文社」の闘い』（講談社、二〇一〇年）。

（12）近藤真柄は、大正、昭和時代の婦人運動家で、近藤憲二の妻である。一九二一（大正十）年、日本初の女性社会主義団体赤瀾会の設立に参加し、翌年共産党に入党した。奥むめお、市川房枝らと婦人参政権運動をすすめる。一九七〇（昭和四十五）年日本婦人有権者同盟会長を務めた。（上田正昭他監修『日本人名大辞典』講談社、二〇〇一年を参照した。）

（13）堺為子（一八七二～一九五九）は、明治、大正時代の社会運動家である。平民社に住み込みで働き、堺利彦と結婚、先妻の遺児真柄を育てながら夫を助けた。（前掲『日本人名大辞典』を参照した。）

（14）松尾尊兊「解説」（前掲『日本人の自伝 九』四五四頁）、及び『堺利彦伝』序（前掲『日本人の自伝 九』四頁）を参照した。

（15）本節のここまでの引用は、前掲『堺利彦伝』一五五頁。

（16）前掲『堺利彦伝』一五七―一五八頁。

（17）日記の記述から病名の特定は難しいが、浅田繁太郎『通俗子供の病気と其手当』（宝文館、一九〇九年）を見ると結核性脳膜炎（急性脳膜炎）と推測される。この医学書には、死に至るまでの病状の経過と予防法の説明はあるが治癒するとは書かれていない。

（18）「忙中閑話」前掲『堺利彦全集 第二巻』（法律文化社、一九七一年）二五一―二五二頁。なお、初出は『家庭雑誌』第二巻第一号、一九〇四年一月である。

（19）美知子の死前後の真柄の処遇については、前掲「予の半生」一九四―一九九頁を参照した。

（20）「赤旗事件」とは、一九〇八年六月、東京神田で起こった社会主義者と警官隊との衝突事件を指す。山口孤剣の出獄歓迎会終了後、直接行動派が赤旗を振り回して警官隊と衝突、衝突を収めようと仲裁に入った堺利彦も検挙された。なお、本事件については、日本史広辞典編集委員会編『日本史広辞典』山川出版社、一九九七年を参照した。

(21) 近藤真柄『わたしの回想(上)』ドメス出版、一九八一年、四五頁。

(22) 一九〇八年十二月九日付書簡で、「真柄よ、お前は加藤のオバさんやオヂさんに可愛がられて居るだろう、お前には静岡のカアちやんだの姉さんだの、東京のカアちやんだの、保子のオバさんだの、勝ちやんだの、延岡のオヂさんだの、大杉のオヂさんだの、可愛がつて呉れる人が沢山あるのに、今度は又加藤のオバさんだのオヂさんだのが出来たのだからホントにいゝね」と書き送っている。

(23) 注(22)を参照のこと。

(24) 久津見蕨村の経歴については、久津見息太郎編集『久津見蕨村集』(久津見蕨村集刊行会、一九二六年)、松田道雄編集・解説『現代日本思想体系一六 アナーキズム』(筑摩書房 一九六七年)、柿沼肇「久津見蕨村『社会主義と教育』解説」(海後宗臣他監修『近代日本教育論集二 社会運動と教育』国土社、一九六九年)、大泉溥『文献選集 教育と保護の心理学 明治大正期別冊解題I』(クレス出版、一九九七年)を主に参考とした。また、堺利彦の『三十歳記〔日記〕』に、「昨夜幸徳と久津見とに書を送りて万朝入社の相談を取消したり」(明治三十二年四月十二日)など、久津見蕨村の名前がたびたび登場する。

(25) 久津見蕨村に関する教育思想分野の主な先行研究には、坂本忠芳「教育運動の思想——下中弥三郎とその周辺」(『思想』第五二一号、岩波書店、一九六七年十一月)、横須賀薫「久津見蕨村『家庭教育 子供の志つけ(抄)』解説」(海後宗臣他監修『近代日本教育論集五 児童観の展開』国土社、一九六九年)、大泉溥「近代日本における教育心理学の問題——明治教学の一環としての「教育的心理学」の成立過程について」(心理科学研究会編『心理科学』第一巻第二号、一九七七年)、雨田英一「久津見蕨村の教育思想——その国家教育の思想」(『東京大学教育学部紀要』第二〇号、一九八〇年)、同「久津見蕨村の「教育と生存競争」の思想——明治後半期における社会ダーウィニズム的教育論」(『教育学研究』第五一巻(二)、一九八四年六月)、拙稿「一九〇〇年前後における先進的教育論——久津見蕨村を事例として」(『日本女子大学人間社会研究科紀要』第四号、一九九八年三月）がある。また、小林輝行は『近代日本の家庭と教育』の中で、「子どもの権利の尊重にたった家庭教育論を未熟ながらも具体的に展開している」（二三五頁）と久津見の家庭教育論を評価している。

（26）高島平三郎については、石川松太郎監修『家庭教育文献叢書 三』（クレス出版、一九九〇年）、前掲『日本人名大辞典』を参照した。また、高島平三郎『家庭教育講話』（松井準治編集兼発行、静岡市教育会、明治三十六年九月）は、前掲『家庭教育文献叢書三』所収のものを用いた。引用は、緒言二頁。

（27）今井恒郎の経歴については、石川松太郎監修『「子どもと家庭」文献叢書 三』（クレス出版、一九九七年）を参照した。また、日本済美会編、代表今井恒郎『家庭及教育』（東海堂、明治三十九年九月再版）は、前掲『「子どもと家庭」文献叢書三』所収のものを用いた。横山浩司は、『家庭及教育』を「いわば明治期の育児・家庭教育に関する集大成」（『子育ての社会史』勁草書房、一九八六年、二二四頁）と評価している。

（28）堺は「家族とは、子供、老人、雇人、同居人など」（『家庭の教育』一五〇頁）を指すとしながらも、子どもの教育は家庭の目的の半分を占めるため、第四章で詳述、老人は「過去の人で家風以外に置かねばならぬ場合」（『家庭の教育』一五〇頁）があるため除外し、「雇人と同居人」を本書で説明する家族の教育の範囲としている。

（29）久津見は『家庭教育 子供の志つけ』第三章で、「授かりもの」、「次世の相続者」と子どもを位置づけ、堺よりも一歩進んで、子どもが教育を受けたいと主張することもその権利であるとしている。

（30）久津見は『家庭教育 子供の志つけ』第三章で、子どもに教育を受けさせる義務について、親と同様に社会にもその義務があると指摘している。

（31）前掲『家庭及教育』七―一〇頁。

（32）家庭と社会の関係については、前掲『家庭の教育』一五九―一六〇頁。

（33）長谷川如是閑「堺利彦」『批判』一九三三年二月、八五頁。

（34）前掲『近代日本の家庭と教育』一〇七―一一〇頁。

〈写真について〉

『三十歳記』表紙」（一六一頁）及び「『三十歳記』六月二日」（一六五頁）は、堺利彦・葉山嘉樹・鶴田知也の三人の偉業を顕彰する会提供。

「堺利彦と真柄（一九〇六年頃）」（一五七頁）は、堺利彦・葉山嘉樹・鶴田知也の三人の偉業を顕彰する会の小正路淑泰氏のご承諾の下、川口武彦編『堺利彦全集 第二巻』（法律文化社、一九七一年）より転載。

〈謝辞〉

本論文の執筆にあたり、堺利彦に関する貴重な資料を快く提供して下さった堺利彦・葉山嘉樹・鶴田知也の三人の偉業を顕彰する会の小正路淑泰氏に心より感謝申し上げる。

〈コラム〉教育者としての光源氏

矢島（小菅）直子

『源氏物語』は平安時代中期に書かれた五十四帖からなる壮大な物語である。

光源氏は天皇の子どもでありながら臣籍降下し多くの女性を愛するが、子どもにはあまり恵まれず、実の子どもは三人のみである。三人の子どもについては宿曜（『宿曜経』をよりどころとする占星術）によりそれぞれ、帝、太政大臣、后になるという予言がされていた。この三人とは、藤壺とのあいだに誕生した冷泉帝、正妻の葵の上との間に誕生した夕霧、明石の君との間に生まれた唯一の女の子である明石の姫君の三人である。冷泉帝については父の後妻であり光源氏にとっては義母にあたる藤壺との密通により生まれた秘密の子であった。そこで光源氏が父親として養育にかかわることはない。夕霧、明石の姫君についてその教育に源氏は熱心にかかわる。

夕霧は生母葵の上の死後、祖母大宮のもとで養育された。光源氏三十三歳の時に夕霧が十二歳で元服する。源氏は自分の息子である夕霧の教育について厳しい態度でのぞむ。元服した夕霧は本来、四位か五位になることができるが、そのようにしなかった。六位として大学寮に入学させて学問に専念させた。二、三年まわり道をさせても大学寮に入れることが大切だと考えたのである。名門の家に生まれ官位も思うままに昇進し、世間の栄華に慣れておごってしまうと、学問をして苦労をする気持ちからは遠のいてしまう、学問を基本としてこそ世間に重んじられるのだと、不満をもつ夕霧の祖母に対して説明している（「少女」）。ここに源氏が漢学を教養として重視し、学問を基礎にしなくてはいけないという教育観が語られている。では源氏自身がそのような教育を受けたかというとそうではない。源氏は自分は父帝のそばにおり、世間の有様も知らず、漢籍を少しばかり父から直接おしえてもらったと述べている。そして広い教養がないと琴や笛でも音色が不十分であると自分の受けた教育について批判している（「少女」）。源氏の父親である桐壺院にはそのような教育をした理由があった。学識を深く極めた者で長生きして幸福を兼ね備えたものはめったにいない、高い身分に生まれたのだから無理にその道に深く入らないようにと、学問以外の諸々の芸能を教えた（「絵合」）。源氏自身が父親から受けた教育と源氏が息子の夕霧に考えた教育方針は異なるものであった。それは、源氏自らが受けた教育への反省に基づくものであった。光源氏の場合も、桐壺院の場合も父親が子どもの教育に深く関わり、子どもの成長において父親の影響力が大きかった。源氏が主張した学問尊重は、作者紫式部の願いでもあったのであろう。

源氏には明石の君との間に唯一の女の子が誕生する。明石の姫君である。女の子が誕生したことは源氏にとって大きな意味を持つことであった。この女の子が将来の后になる可能性が高いという占いがあったため、源氏は特に力をいれる。まず、明石のような田舎ではしっかりした乳母もいないであろうと、乳母選びをはじめる。源氏が選んだ乳母は桐壺院に仕えた宣旨女房の娘である。この乳母の一行を明石におくる時も、源氏は守刀やしかるべき品々を持たせている。また、明石の君には姫君養育について手紙を書き戒めている。源氏は姫君の生後五十日のお祝い（「五十日」）にも使者を向かわせる（「澪標」）。明石の姫君が三歳になったころ、源氏は紫の上に姫を養女として育ててくれるよう相談し、また、袴着の儀式の腰結の役を紫の上に頼む（「松風」）。やがて、姫君が紫の上のもとで育てられるようになると、源氏は乳母をまた選び、身分のあるもので乳のよくでるものも仕えさせる（「薄雲」）。当時、高い身分の子どもには乳母は一人ではなく、複数つけられた。その後、源氏は明石の姫君の裳着の儀も準備し、とりしきっている（「梅枝」）。このように源氏は明石の姫君に対してはその成長過程に行われる儀式について心を尽くしている。また、明石の姫君の教育について源氏はこまかいことも紫の上に話している。物語について姫君の前で色恋の沙汰の物語などを読んで聞かせてはいけないと話し、色恋物語や継母物語以外のものを厳選して清書させ描かせる（「蛍」）。源氏は明石の姫君に対して、歌学書は不用、ひとつの好きなことに打ち込むことはよくないがなんでも不案内なことも感心しない、自分の考えはもち、うわべがおだやかなのがよいと論じている（「玉鬘」）。

源氏は明石の姫君について将来の后にふさわしく、明石に生まれたことを非難されないように儀式、教育内容、姫君をとりまく人物に心を配っている。

源氏は自分の信念のもとに、父親として自分の子どもを男子、女子ともに熱心に養育、教育したのである。

参考文献

山中裕編『源氏物語を読む』吉川弘文館、一九八三年。
今井卓爾他編『源氏物語講座　第五巻　時代と習俗』勉誠社、一九八一年。
山中裕・鈴木一雄編『平安貴族の環境』至文堂、一九九四年。
『源氏物語』①～⑥、小学館、一九九六年。

〈コラム〉福沢諭吉の家庭教育論——『童蒙教草』と「ひゞのをしへ」に注目して

梅原利夫

福沢諭吉は明治初期に多くの啓蒙書を出版している。文明論や諸科学に関するものの他に、家庭教育についてもまとまった主張を作品として残している。「衆心発達論」(『文明論之概略』)を展開している福沢からすれば、政治や経済や自然科学による文明観の紹介とともに、人間の独立心や倫理観をいかに形成していくのかは、重要な関心事であった。ここでは二つのユニークな著作に注目してみよう。

『童蒙教草《どうもうおしえぐさ》』は、一八七二(明治五)年に出版された翻訳本である。原著はイギリスのChambers社から出された『モラルカラッス』(The Moral Class-book)である。道徳教科書を忠実に翻訳することによって、西洋での道徳教育における項目や構成や逸話の組み入れ方などを紹介しようとしたものである。『学問のすすめ』の出版事業と並行していた時期にあたるから、双方が関連し合っていたことがわかる。

その典型的な例は、『童蒙教草』第十九章の「自由と権利」の項目の考えが、『学問のすすめ』における「自由とわがまま」の記述に活かされているところなどに表われている。

福沢は言う。「この世にある人は、天の道に従ひ其身と心とを自由自在にすべき筈の道理あり。これを人の通義といふ。」しかし自由と放縦との区別をつけることの難しさも指摘している。そのことを『学問のすすめ』初編では、「唯自由自在とのみ唱へて分限を知らざれば、我儘放蕩に陥ること多し」と述べている。また第七章の「自分で考え自分で判断し実行すること」の項目には、後に「一心独立」を唱えるようになる福沢も共鳴していたことであろう。

これに対して「ひゞのをしへ」は作成過程も対照的である。啓蒙書として流布させるためのものではなく、自分の子どもに毎日教え聞かせるために私的に作ったものである。一八七一（明治四）年十月十四日から十一月にかけて、実の息子にむけて書かれたものである。当時福沢は三十六歳、長男一太郎は八歳、二男捨次郎は六歳であり、綴じられた半紙四ツ折の帳面に毎朝父親諭吉が「おしえ」を書き記して行ったのである。後の記録によれば、二人の息子たちはこれを楽しみにして読み味わっていたという。父子の心の通い合いが想像できる。

そこには、親子といえども家庭生活を営む上では人間同士の契約関係で結ばれているという思想が反映している。その典型例は「子女之伝」に、子どもたちと取り決めた家事分担の契約書が記録されていることだ。五項目の定めと六項目にわたる掃除などの家事が示され、最後に日付（明治九年四月三日）に添えて父諭吉、母阿錦と二人の息子との四者の氏名が並べられている。

「ひゞのをしへ」は作品としては途中で終わっていて不完全なものである。しかしそこが面白いのだ。

この作品の創作過程に注目して読むと、いかにも福沢らしい創意工夫のあとが見られる。

十月十六日には、「子どもの独立」(independent)について述べている。「子どもといっても、……やがて成長して、一人前の大人になるのですから、小さい時から、なるたけ人の世話にならないように、……自分でできることは、自分でするようにするのがよいのです。これを西洋の言葉で、インディペンデントといいます」。これは福沢の「独立自尊」の精神であり、福沢の一貫した信念であった。

また「社会のために役立つこと」という記述もある。

「人であるからには、世のために役立つことをすることです。……どの仕事も世の中になくてはならないものです。(そうすれば)その人にも自ずから、その報いがあって、それなりによい暮らしができるものです。」

同時に、いわゆる西洋流のモラルだけを採用するのではなく、それまでの日本社会に受け入れられていた儒教的な倫理観も融合されている。それは冒頭の「おさだめ(七つ)」や二編冒頭の「おさだめ(六つ)」などに率直に表現されている。


*原文は『福沢諭吉全集』(岩波書店)の第三巻(『童蒙教草』)と第二〇巻(「ひゞのをしへ」)に収録されている。今回は分かりやすい表現で例示するために、以下の現代語訳を使用した。

岩崎弘訳『現代語訳　童蒙おしえ草　ひびのおしえ』慶應義塾大学出版会、二〇〇六年。

第四章　玩具の誘惑、玩具の呪縛

――一九二〇年代から三〇年代の「児童文化」をめぐって――

首藤美香子

第一節　「児童文化」概念の領野

「児童文化」という概念には多様な理解の仕方がある。日本で「児童文化」という用語が成立し普及するのは、大正・昭和初期にあたる一九二〇年代であるとされるが、その前段階には、子どもを大人とは異なる感受性や能力を有する特別な存在として認識し、子ども期に固有の価値を見出し、大人の責務において子どもの成長発達と生活を取り巻く条件を積極的に整備しようとする心性の発現、すなわち「子どもの発見」がなされていなければならないのはいうまでもない。つまり、子ども期には子ども期に「よりふさわしい」文化のあり方があり、子どもが「より望ましい」方向に育つためには、物質的・精神的に「より良い」文化を大人が構築しなければならないという認識の登場なくして、文化の視点から子どもを捉えようとする「児童文化」という概念は形成されない。その意味で、江戸中期以降にみられる子ども向け絵本や教材の出版化、玩具の商品化、子どもの遊びの調査研究、明治期に制度化される学校教育や学際的な児童研究運動の勃興、そして『赤い鳥』にはじまる童心主義運動や芸術教育運動は、「児童文化」の用語成立へとつながる前史となるものである。

「児童文化」概念の歴史的変遷をたどった先行研究では、「児童文化」の言葉の初出を峰地光重（一九二二）に求め、「児童文化」を日本で独創された新造語であるとする見方が大半を占める。(1)「綴方は、実に児童の人生科である。児童の科学・道徳・芸術・宗教である。而して児童文化建設の進行曲であらねばならない。そこに新しい綴方の生命が澎湃する。」という綴方教育観にたつ峰地にとって、「児童文化」とは「児童自身の創造する所」であるとされたが[2]、ここでいう「文化」とは、「科学・道徳・芸術・宗教」という言葉が表す通り、真・善・美・聖に代表される価値的な観念を内容としており、大正期に広まった理想主義的な「文化」概念の反映が強く見られるとの解釈がなされている[3]。

一方、児童文化研究会(一九二三)のように、「児童には既に芸術生活あり、科学生活あり、宗教生活あり、児童文化の内容の単純ならざるを観るのであります。吾々はこうした児童文化観に立つとき[4](後略)」と、児童自身の生活に内在する芸術性、科学性、宗教性などを総称したものが「児童文化」とする見方もある。

ところが一九三〇年代に入ると、児童出版、映画、玩具、ラジオの児童向けプログラム、紙芝居などを広く統括する用語として「児童文化」が用いられ、雑誌でも「児童文化」の特集が組まれるようになった。この時期、「児童文化」の理論的指導者として活躍したのは、ピアジェ、ワロンの翻訳紹介で名高い発達心理学者の波多野完治である。一九三〇年代は戦局に向かう時勢だが、児童文化関係者の意に反して、商業主義に毒された娯楽的要素の強い低俗な紙芝居、漫画、不良図書が子どもの間に蔓延していた。そうした事態に対処すべく、一九三八(昭和十三)年に内務省警保局図書課が「児童読物改善に関する指示要綱」を定めて児童図書の浄化運動に乗り出すこととなり、「児童文化」に対する国家統制を開始する。

これに対して、子どもを「社会的な存在」として捉え「再生産論の見地」から社会を保持するために子どもの教育を重要視する波多野（一九四一）は、「全体主義の理念」による大量生産的な児童文化財の質の改善を訴え、童心主義から脱して皇国民の練成を目標とする「練成主義」や科学文化の普及による「生産性の重視」、子どもの「英雄主義」を満足させるような魅力的な「新児童文化」の確立を呼びかけた。(5) 波多野の提言は、必ずしも全体主義体制や国家権力による言論統制に安易に加担するものではなかったと思われるが、結果的には皇国児童文化運動の容認へとつながっていった。国民学校令が公布された一九四一（昭和十六）年には、日本少国民文化協会が設立されることとなり、「児童文化」は「少国民文化」へと呼称が変更される。しかし、敗戦後はその呼称は廃れ、もとの「児童文化」になる。

こうした戦前の「児童文化」の概念の経緯をふまえ、菅（一九六七）は、「児童文化」とは、「一般的に児童のための文化創造・文化財、文化活動・文化施設ならびに児童自身の文化的創造活動を総括した概念」であるとみなし、「これは一九二〇年代にできた日本的な新造語であり、文化（culture）という概念を児童生活に即して具体化したもの」とした。(6)

現在まで、菅の「児童文化」の定義が、「児童文化」研究者の間でもっとも広く定着してきたものといえる。しかし菅は、先に挙げた「児童文化」の定義は狭義に過ぎず、「広義には児童生活に及ぼす文化的諸影響の総和、つまり家庭・学校・社会における衣・食・住の日常生活から、教育・文化による人間形成の諸過程、社会的児童保護にわたる万般を意味する。『児童文化』とは、これら諸領域のあらゆる状況を統一的に把握しようとする問題意識の成長に対応する、歴史的な概念といえよう。（中略）児童文化とは一般的に、児童生活に即して文化の伝統を媒介にして創造をうながす機能であり、児童文化

財はそれが物質化された形態なのである。」と非常に該博な内容を持つ抽象的な概念にまで高めた。(7)

このように菅は、「児童文化」を子ども自身の創造活動や子ども向けの物質文化に限定しなかったばかりか、大人の選別によって子ども期にふさわしいとされる特定の価値観を社会の中に定位させ国民国家形成の推進力としてきた時代の制約をも超えようとしたわけだが、その定義の妥当性について、十分な検証が進められているとは言い難い。要するに「児童文化」の定義をめぐっては、戦後から七十年近くたった今も錯綜しているのが実情といえる。

加えて、「児童文化」に対する理解を混乱させ複雑にしている背景には、近年の社会的な需要の高まりに応じて急増している保育士・幼稚園教諭養成校において、「児童文化」が乳幼児の遊びや乳幼児向けの玩具、絵本、人形劇、紙芝居、音楽といった「乳幼児教育の教材」を意味しており、それらの効果的な利用法や製作の技術指導を指している点が挙げられる。つまるところ養成校では、「児童文化」は乳幼児教育と一体化され、保育士・幼稚園教諭の免許取得に必要な専門性、すなわち「子どもを遊ばせる」ための実践的な保育内容・方法へとすりかえられている。こうした養成校独自の「児童文化」観が色濃く反映された結果として、幼稚園や保育所は、子どもに「見せる」ための技芸、子どもに「させる」ための表現活動を重視したカリキュラム構成がなされる傾向がみられ、それは「子どもらしさ」を温存し「子どもらしく」開花させるための「子どもっぽい」文化を助長することとなっている。

「児童文化」という言葉は多様な広がりをもちながら領野を拡張しつづけ、児童文化研究者や養成校の教員はそれぞれバラバラな「児童文化」イメージを基にして子どもと文化の関係性を論じてきている。

よって、もう一度基本に立ち返って、「児童文化」とは何かを問い直さなければならないのはいうまでもない。

そこで本稿では、「児童文化」概念形成期に当たる一九二〇年代から一九三〇年代にさかのぼり、古代より子どもと密接な関わりを持つ物質文化のひとつとされてきた玩具に焦点をあて、玩具が当時どのような歴史的位相に置かれ、子どもにとっていかなる「モノ」と解釈されて、その存在価値が認められていたのか、つまり玩具と子どもの関係性がどう規定されていたのかを丁寧に探ることにより、「児童文化」に向けられた時代のまなざしを分析し、「児童文化」の包含する意味の変遷とその多層性を解明してみたいと思う。

第二節　玩具の近代

1　玩具の原義――「もて（ち）あそぶもの」

はじめに、玩具の歴史を概観する。(8)

もともと玩具とは「手に持って遊ぶ」を指し、平安王朝の時代には「もて（ち）あそぶもの」、あるいは略して「あそびもの」と呼ばれたという。「おもちゃ」という言葉は、この「もて（ち）あそび」を語源としており、室町時代の御所などに仕える女房たちの間で使われた「女房詞」、すなわち日常生活の言葉に省略や接頭語を用いて特別の表現をするもののひとつである「お」に「もて（ち）あそび」

が合わさって「おもちゃ」となったとされる。こうしてみると、身体を通して直接「モノ」と触れあい戯れる、触覚による原初的な体験が玩具の原義となっていることがわかるだろう。

では、「手に持って遊ぶ」ための「モノ」ならば、石ころでも木の枝、紙切れといった自然の素材や生活用具、あるいは小動物でもなんでもいいだろう。そこで本稿では、玩具を、可塑性に富み他の使途目的にも転用可能な「モノ」ではなく、主として遊びのために人為的に開発され、遊ぶ時に限って人々の間で手に取られてきた「モノ」に限定して考えてみたい。

古代の遺跡から出土された物品のなかには、現代の玩具の原型となるような物品も多く存在していたという説もあるが、一般には、奈良時代から平安時代にかけて朝鮮半島や中国大陸から伝えられてきた渡来物とともに移入された、凧・独楽・鞠・双六・打鞠・碁などが玩具の起源とされており、これらは主として宮中の儀式などで用いられてきた。

貴族階級のものとされてきた玩具は、近世に入り、庶民へ、また大人から子どもへと対象が拡大していった。江戸中期以降は都市化と商品経済の発達により、「商品」として玩具の量産販売が可能となり、流通経路の拡大にともなって、上方から江戸へと玩具市場が展開していき、江戸の玩具製作技術も洗練されていく。

この時期の玩具の特徴は、子どもの無事な成長を願う魔除けや病気除けの俗信、縁起、説話、伝説に結びついた、主に祭礼や縁日の露店あるいは行商によって売られる値段の安い素朴なものが多いとされる。それらは手に持って遊ぶ「手慰みもの」に過ぎず、玩具を子どものしつけや教育の手段として利用する発想はなかったというのである。(9) 江戸後期には、玩具文化は最盛期をむかえ、信仰の対象に特定されず、また「手遊び」「手慰み」とも趣向が異なる、大人の鑑賞にも耐えうるような装飾用の人形・玩具が作り出されていく。その典型は、子どもの健やかな成長と幸せを願う雛祭りと端午の節句を彩る節句人形である。

男児の通過儀礼のひとつとして、旧暦の五月五日に祭礼を行う端午節は、もともとは古代中国に起源を持ち、避邪防病の俗信や竜をトーテム信仰とする風俗、五穀豊穣祈願などに由来し、日本でも古代より邪気を祓う節句行事として浸透した。それが、平安時代には端午節に「印地打」という男児の石合戦や菖蒲打など勇壮な行事が行われるようになり、江戸に入ると、時に多数の負傷者を出す危険などがあるため禁止された結果、石合戦や菖蒲打の遊びは次第に姿を消した。その代わりに、柳の木などで作って美しく彩色した菖蒲刀や飾り兜、幟などを戸外に並べる風習が生まれ、やがてそれらが室内に飾る五月人形となっていった。菖蒲は武を重んじる「尚武」の音通から、武家の「男児の誕生祝い」として重用され、菖蒲兜や武具、さらに幟や武将の人形が屋外に飾られて、男児の立身出世が祈願されるようになる。当時の浮世絵には多く、大衆化した節句行事の賑わいが活写されている。

このように近代以前の玩具は、子どもの身近にある「手遊び」「手慰み」の対象として、また子どもの無事な成長や生活の安寧、出世を祈願する「お守り」「飾り」としてではあっても、子どものしつけや教育に有用な道具として認識されることはなかったという見方が先行研究ではなされてきている。

2 教育に資する「商品」としての玩具の量産化

ところが、明治期に入り様相は大きく一転する。玩具の文化史や教育玩具研究において研究の蓄積がなされているので、以下では、近代の玩具をめぐる変化の構造をキーワードでくくりながら段階的に整理してみたい。

西洋文明を摂取し、近代国家としてシステム転換を図ろうとする明治政府は、近世までの産育習俗は非科学的であるとして否定する一方で、万国博覧会への積極的な参加を通して、国力増強には学校教育の充実が不可欠であるとの認識に立ち、就学前の準備期にあたる幼児期の教育の重要性に早くから注目する。そこで、文部官僚をはじめとする幼稚園教育の推進者たちが、玩具を教育に資する「モノ」として新しく教育実践の場に位置づけようとする動きがはじまる。

まず、東京女子師範附属幼稚園を起点として、教育上における玩具の意味が語られるようになり、フレーベル式の保育とあわせてフレーベル考案の「恩物」が輸入され、一八七〇年代末以降に各地で設置されていく幼稚園に、次々と「恩物」を用いた実践が導入されていく。こうして玩具は近代に入り、欧米列強に追いつくための産学振興の一手段として、幼稚園を中心に、教育的な意味が付与されるに至る。一八八〇年代から九〇年代にかけては、内国勧業博覧会に「恩物」を含む幼稚園関係品が展示され、幼児期に固有の教育課題や玩具に対する教育的な配慮の必要性を喧伝するまたとない機会となったが、一般の関心を惹くところまではいかなかった。

ところが、一八九〇年代末より、男女の性別役割と子どもの教育に重点をおく新しい「家庭《ホーム》」主義が登場してくるのと軌を一にして、玩具問屋が「教育玩具」の商標をつけた商品開発に本格的に乗り出していった結果、新興の「家庭」を対象に「教育玩具でないものは玩具に非ず」とも呼ばれるほどの空前の「教育玩具」販売合戦が繰り広げられることとなる。

久保田（二〇〇九）は、明治初頭から三十年間で、玩具が教育の文脈に取り込まれて幼稚園の内部から一般浸透していくこの過程を、「児童文学から考察した教育的な子ども観の形成過程とほぼ並行している」ことがわかる。こうして、元来、縁起ものであり手遊びの品に過ぎなかった玩具は、教育や児童心理学の文脈で語られ、綿密に管理されるようになる。すなわち、玩具は人間の力を超えたものから、人間の力で操作すべきものとなった」と考察する。[10] 別の表現をすれば、玩具が「手遊び」「手慰み」あるいは「お守り」「飾り」として認識されていた時には、子どもの心身と対話しながら子どもの命運を見届ける主客未分化な「モノ」であったのに対して、「教育玩具」の登場によって、玩具と子どもの関係は分断され、玩具は客体として子どもを外側から操作する「モノ」と化したといえようか。

一方、是澤は、広田（二〇〇〇）の説[11]を援用しながら、「教育玩具」販売戦略として商品に冠せられた「教育」の用語には、『あたかもある望ましい規範が共有されているような語』として、恣意的・無限定に拡大解釈される語であり、『子どもの成長・発達に望ましい』という基準で用いられる語」として解釈するのが妥当ではないかとする。[12] 当時の風俗を後世の教育の定義をもとに軽佻浮薄だと批判することは容易だが、玩具が「手慰み」や「お守り」として子どもの傍らに存在することこそに意味があり続けた長い歴史、そして外来思想の背景にある高邁な精神性を形骸化させながら幼児教育の様式を移植してきた「恩物」時代と比すれば、「教育」の御利益を信じて子どもに買い与えようとした庶民のささやかな選択も、玩具と子どもの関係性のあるひとつの典型といえるのではなかろうか。

さて、玩具に付加価値をつける一種の記号として「教育」という用語が消費されるという一時の流行を経て、「教育玩具」の「教育」の適否や「教育」の内実を伴わせるための玩具の検証はどのように進められたのであろうか。日本では一八九〇年代前後より始動する児童研究運動において、松本孝次郎、高島平三郎といった黎明期の研究者が、学術研究の対象として子どもの遊びや玩具に早くから注目し、日常生活における遊びの実態や玩具の利用状況の調査を実施する。また、児童心理学的な見地から年齢別・発達段階などに応じた適切な玩具の分類図表を作成し、「モノ」としての玩具の品質や安全性に高い関心を示し、科学的な根拠に基づいた玩具選択上の注意点を啓蒙宣伝していく。

こうした児童研究の学術活動を積極的に後押ししたのは、三越百貨店である。三越は、子どもを新しい顧客層として取り込むために一九〇八年に「小児部」を開設し、児童研究者と共同で児童用品研究を行い、専門家のお墨付きを得た新案玩具や学用品、生活用品を自社主催の文化事業である児童博覧会で展示して、富裕層をターゲットにした販売戦略を展開する。このように三越は、児童研究の専門家と家庭を紐帯しながら、「教育玩具」の改良と市場の開拓に邁進していったのである。

さて、ここで興味深いのは、明治期に入り、玩具が子どもの教育との関係性の網目にからめとられていくのと並行して、大人のための玩具という新しいカテゴリーも形成されていくことである。つまり、玩具は「子どものモノ」と「大人のモノ」に分化していくのである。大人のための玩具は、主に愛玩物や鑑賞用として好事家に収集された玩具を指し、たとえば「郷土人形」のように地域の伝統や風俗を色濃く残した素朴な造形が「古き良き時代」を彷彿とさせ郷愁を誘うと再評価された場合もあれば、舶来製品のように精緻な細工や斬新なデザインが大人の美的趣味にたえうるとして芸術品扱いされた場合もある。のちには新感覚派の芸術家たちが競って意匠を凝らし、個性を表現するために玩具創作に乗り出すなど、画一的な規格化が進む「教育玩具」の流行の陰で、大人と玩具の関係も多層化していった。

ところで、大正期に入ると、玩具生産は輸出産業として大きく興隆する。明治期より、外国製品を模倣した玩具が家内工業的に生産されてきたが、第一次大戦勃発にともない、玩具王国であったドイツに代わり、一九一五年から各国より日本に注文が殺到した。玩具が大量受注された結果、生産力の拡充と技術の向上が求められていく。玩具は一九一六年の輸出額は前年比の三倍にも伸びてピークを迎えたが、大戦終結そして関東大震災でいったん落ち込み、一九三三年にふたたび輸出額二六三七万円と明治以来の最高額に達して、重要輸出品目中第十二位にまで回復するまでに至る。

近代初期までの玩具は、木製・土製・竹製・紙製・布製が中心であり、手工業で作られていたのに対し、機械工業、化学工業の進歩に伴い、次第にゴム製（硬・軟）、金属製（ブリキ・真鍮・アルミ・錫・鉄）、セルロイド製の玩具の生産が可能となる。特に、金属玩具は質・量ともに目覚ましい進歩を遂げていき、ゼンマイ仕掛けの玩具や車のついた「走り物」玩具が人気を博した。キューピー人形に代表されるセルロイド製玩具は、光沢が美しく、着色が自由でかつ軽量なため、どんな形状にも加工できるところから重宝されたが、引火性の危険が難点だった。さらに、国産のゴムマリ、風船、水鉄砲、海水浴用の浮輪、自転車のタイヤといったゴム製玩具は、子どもの活動の幅を大きく広げるものとなった。

このように、単なる「手遊び」「手慰み」「お守り」「飾り」の対象であった玩具は、人間形成の方法が子どもの健やかな成長と無事を願う信仰を支えとするものから、近代を境に、制度による教育へと大きく転換していくのに従って意味づけが変容し、玩具も教育に有用か否かという観点から価値が決められ、教育に資する商品の開発が積極的に進められた。さらに、玩具生産は、子どもの教育に関心の高い層の消費欲に応えるだけでなく、国の経済発展に寄与する産業として重要視された結果、輸出品として量産体制が確立され、かつ材料・デザイン・大きさ・形状・色彩に多様性が生まれ、子どもの遊びの質や玩具と子どもの関係性そのものを変えていくことになっていくのである。

3　子ども幻想——岡本帰一〈ボクノヘヤ〉

さて、一九二〇年代前後は、大正デモクラシーと児童中心主義思想の高まりを背景に、童話・童謡や綴り方、自由詩、自由画、学校劇など児童のための芸術教育運動が活発化した時期であるが、幼稚園教育も転換点を迎えていた。教育実践に欠かせない玩具として長く重用されてきた「恩物」に対する疑問が呈され、代わりに積木が導入されるようになり、また、保育内容も「遊戯、唱歌、談話、手技」の四項目を踏まえた上で、「自由遊び」を取り入れた改善がなされるようになる。一方、国力の指標となる乳児死亡率の高さに強い危機感がもたれ、社会全体の連帯責任で児童保護に取り組み、「予防的」「事前的」「積極的」な児童保護事業の推進が叫ばれた時期にもあたる。経済的に余裕があり子どもの教育に高い関心を持つ新中間層以上の人々の「子どもらしさ」を愛でる無邪気な興奮と、社会の周縁に位置する下層の「子どものために」生活の改善を求める人々の高揚感が一体となって、「子ども中心」の気運が盛り上がっていた時期といえよう。

この時期特有の熱狂的な空気を、当時幼稚園教育のリーダー的存在であった倉橋惣三は、「近来は子どもばやりの世の中である。子どものことに興味を持つ人が多くなり、子どものことゝいへばもてはやされる。子どものことに冷淡無頓着な世の中に較べれば、一応結構のことに相違ない。しかし、流行によつて行はれることには、根拠の浅いもの、真面目の乏しいものが多い。近来の児童流行にも、それが流行である点に於て、其の傾向がありはしないであらうか。」「子どもずき、子どものための名に於て行はれることは、世間に可なり多いことである。子どものことが頻と振り向かれなかつた時代には、それを憤慨したものだが、さて、あんまり子どもばやりになつて見ると、これも聊か困つたものだ。しかし、其の内には、ほんたうの処に落ち着くだらう。はやりはつゞくものではない。」[13]と、やんわり揶揄する。

こうした「子どもばやり」を背景に、玩具も、土着の伝統文化や個性的な風俗が色濃く反映され、子どもの健康や生活の安寧を祈願する信仰が体現された「モノ」、あるいは近代国家建設に資する人材育成に有用な教育の道具という枠組みを超え、日本の経済発展を支える工業製品のひとつとして多品目・多種類の量産が可能となっていった結果、商品としての「モノ」の存在感をひときわ増していった。それによって、大人だけではなく子どもにも、物質文化の豊かさへの憧れをかきたて、「モノ」に対する所有と消費の欲求を刺激していったのである。ここにおいて、玩具と教育の関係性の質が大きく変わることとなる。以下ではそのことを、当時の代表的な子ども向け絵雑誌と、国民的人気を博した芸術家の童謡集からみてみたい。

『コドモノクニ』は、一九二二（大正十一）年一月に東京社から創刊された日本初の大型判・五色製版オールカラー印刷の定価五〇銭の豪華本で、一九二四年三月の終刊まで二二年もの間に全二八七号が発行され続けた、子ども向けの月刊絵雑誌である。

「お母様へ」と題された『コドモノクニ』の編集の主旨説明は以下の通りである。すなわち、玩具とお噺は「子供の一番好むもの」で、この二つは「子供を喜ばせ楽しませますばかりでなく、更に進んで子供の心性《こころ》の発達の上に、最も大切な価値を持つもの」であるが、『コドモノクニ』はそれらを一緒に兼ねた子ども向けの絵雑誌で、いうならば「物語る玩具、眼に見ゆるお噺」である。そして当時の「世にありふれた絵雑誌」と区別するために、「絵を少しでも大きく、また絵の趣味を有益ならしむために」大判で組み、「絵の色彩も俗悪な強烈なものを避けて、穏やかなおちついた、なんとなく軟らかな感じのする色を選び」、「大切な愛らしい子供達の為に、最もよいお友達として、喜ばれもし、有益でもあるやうに」、「心して選ばれた絵や、お噺や、画風や、色彩の趣味は勿論、ちよつとした筆づかひ、ちよつとした言葉づかひの末までも、綿密に行亘つた注意をもって編集」したものである。(14)

このような「聊かも危惧懸念もなく、大切な愛子に與へ得る、良き美しい絵雑誌を、常に要求して居られる多くの心ある家庭に、安心して奨め得、満足して迎へ得るものを提供したい」とする『コドモノクニ』の編集方針は、一九一八（大正七）年に創刊された『赤い鳥』の巻頭言の精神と通じるものがある。『赤い鳥』では、「現在世間に流行してゐる子供の読物の最も多くは、その俗悪な表紙が多面的に象徴してゐる如く、種々の意味に於て、いかにも下劣極まるものである。こんなものが子供の真純を侵害しつゝあるといふことは、単に思考するだけでも恐ろしい[15]」として、子どもを囲繞する「俗悪」で「下劣極まる」大衆文化を、大人が隅々まで細やかに行き届いた教育的配慮で予め徹底的に排除し、幼いうちから真の芸術にふれさせることにより、生来「真純」を備えた子どもの美的情操を涵養しようとしたものだった。

この『コドモノクニ』を舞台に活躍した岡本帰一は、大正モダニズムを代表する画家として、子どもの風俗や季節の行事を主題とした作品や、躍動感あふれる子どもの遊びの光景を大胆な構図と豊かな色彩で効果的に表現した作品などで知られている。岡本は、『コドモノクニ』の最も輝かしい時代として評価されてきた一九二二年から一九二八年まで、専属の絵画主任を務め[16]、『コドモノクニ』に参加した画家で最多となる五〇一点もの作品を残している。幼児期に岡本作品にふれて育った松居直(二〇一〇)は、その魅力を「新作を目にした途端、友だちに会ったような親しみと安心感を覚え」たが、「その秘密は描かれている子どもの表情や仕草、からだの動きとスィートピーのような柔らかい描線、エプロン姿や正ちゃん帽、皮の編み上げ靴やスリッパなどがかもしだす新鮮な雰囲気と生活感に、一九二〇〜一九三〇年代の都市の新興中産階層のいわゆるハイカラな文化や風俗が色濃く反映されていたからだ」と語る[17]。

ここで、『コドモノクニ』から、玩具を主題とする岡本作品を例示してみよう。〈オモチヤノオキヤクサマ〉（一九二二年九月号）・〈オカイモノ〉（一九二五年十二月号）・〈クリスマスノマヘノヒ〉（一九二六年十二月号）・〈ワタシノオモチヤ〉（一九二八年一月号附録）・〈ワタシノオヘヤ〉（一九三〇年二月号）など、子どもの遊びや生活場面のそこここに、あふれんばかりに玩具が描きこまれているのが大きな特徴である。たとえば、〈オモチヤノオキヤクサマ〉では、水色の大きなリボンにワンピース姿の少女が、テーブルクロスを敷いたテーブルを目に鮮やかな五色のビーズと草木とリボンで飾り、玩具の椅子に座らせたぬいぐるみの動物たちや金髪洋装の人形たちに、ティーポットでお茶とお菓子を振る舞う様子が描かれている。〈ワタシノオモチヤ〉では、画面いっぱいに外国製の珍しい玩具が散乱するなかで、背丈ほどもある真っ黒い熊のぬいぐるみにつかまり立ちする幼児の足元に、当時大人気を博していたセルロイド製のキューピー人形が転がっている。**図1**の〈クリスマスノマヘノヒ〉は、デパートの玩具売り場を舞台に、お洒落な帽子とコートで着飾った子どもたちが、ピエロを手にした母親とクリスマスプレゼントの品定めをしている様子が描写されている。どの作品も、玩具を前にした子どものわくわく胸が躍るような興奮と至福の喜びが画面いっぱいにあふれでており、見る者をうっとり夢見心地にさせてくれる。

図2の〈ボクノヘヤ〉（一九三〇年一月号）は、遊びのための空間として特別にしつらえられた子ども部屋と、そこで展開される子どもの生活を、モダンな画風で情感豊かに描きだした作品である。

柔らかそうな巻き毛に長い睫毛、頬を紅色に染めた色白の少年が、明るい光と空気がさしこむ大きな窓に面したテーブルに、象の絵を立てかけ写生をしようとしている。簡素だが子どもに合わせてしつら

図１　〈クリスマスノマヘノヒ〉（『コドモノクニ』1926年12月号）

図２　〈ボクノヘヤ〉（『コドモノクニ』1930年1月号）

えられた家具調度類、天井、床にも、色彩豊かな玩具類——ビルの模型、電車、機関車、トラック、クレーン車、消防車、ヨット、プロペラ飛行機、飛行船などの乗り物玩具に線路、ピエロや衛兵、大きな太鼓を抱えた熊のぬいぐるみ、ネクタイを締めたアヒル、積木にビニール製のボールなどの宝物たち——があれこれと無造作に置かれている。室外の鳥かごには小鳥が、そして清潔感あふれる白で統一された室内には愛くるしい絵が美しくレイアウトされて飾られ、書棚には洋綴本が行儀よく縦に並べられている。少年の周囲は、淡い色のカーテンによって注意深く外部から閉ざされ、生活感がさりげなく覆い隠されている。襟元、肩、袖、裾に鮮やかな三色のラインの入った緑のセーターに半ズボン、ハイソックスに赤い靴という少年のいでたちには、家族の愛情を一身に受けて庇護される「子どもの幸せ」が凝縮されているかのようである。

この絵のなかの少年は、誰にも邪魔されない自分だけの親密な空間で、宝物たちに囲まれ、心ゆくまで自由に遊びの時間に没入することができよう。少年の姿を真正面から直視するのではなく横から半身を捉える画家の筆致には、向こう側にあって大人の目が及ばない子どもの内的世界の存在を認め、遊びを通して発現する子どもの想像力と創造性を、侵すことのできない美しく崇高なものとして捉える、新しい心性が投影されている。

4　物質的な豊かさへの憧れと子どもへの愛

岡本作品は、絵を前にした子どもに、物質的な豊かさへの憧れと欲望をかきたてるであろうし、大人にとっては、玩具で子どもの心を充たすことが子どもへの愛情表現のひとつであり、たくさんの玩具に囲まれて過ごす子ども時代こそが子どもの幸せであるという、「子ども幻想」を誘うものともなっている。岡本の一連の作品群とほぼ同時期に創作された竹久夢二の歌〈お買物〉は、子どもにとって玩具の誘惑がどれほど強いものか、玩具に対する子どもの消費と収集、所有への欲望のありかをうまく掬っている。(18)

〈お買物〉
明日は銀座でお買物
いろんな玩具を買ひませう。
「かあさんあたしにお人形」
「かあさん僕には狐の面」
「あたしは千代紙と色鉛筆」
「僕は筆立テッデイベア
ライオン空気銃
サーベル大砲・飛行船
汽車・電車タンク
軍艦・飛行機
馬競馬場お城

西瑞牙《スペイーン》の王様……」
「そんなもの売ってゐないわよ」
「僕、それよか王様になりたいなあ」

〈お買物〉が所収されている『歌時計』（春陽堂、一九二九年）は、題目の通り「歌の本」であり、夢二が自分の子ども「ちこ」のために、「夜の食事がすんでおねむになった時、小さい寝床のわきで謡ってやりゝした歌を集めた」もので、後半部分は外国の童謡を訳したものとされる。したがって、〈お買物〉は、銀座で玩具をねだる子どもの風俗を基調とした写実的な作品であると断定することはできない。しかし、岡本の一連の作品群と照らし合わせて読んでいくと、全く現実離れした異世界の出来ごとを歌にしたものではなく、「玩具で充ちあふれる生活」は、背伸びをすれば手の届くかもしれない、子どもの願望、もっというと「モノ」に託して子どもに愛を降り注ぎたい大人自身の夢を形にしたものであるともいえよう。

第三節　玩具の質規制と啓蒙教化

1　メディアイベントによる科学知の大衆化・通俗化

一九二〇年代は、国産玩具が重要な輸出産品として生産高を伸ばしていった結果、玩具はより身近な

「モノ」として、多くの子どもたちに夢と憧れをもたらした反面、現実には廉価な粗悪品も出回り、玩具の規制を要求する機運が社会的に高まっていった。そこで、官民一体となった玩具改善と玩具教育の啓蒙教化運動が展開されることとなる。以下では、「数」で子どもの生活を圧倒する時代に入った玩具をいかに賢く子どもに与えるかを説いたメディアイベントの先行例として一定の成果を挙げたとされる、銀座・松坂屋で一九二五年三月に開催された玩具展覧会について詳しくみていきたい(19)。

玩具展覧会は、「近時児童教育が著しく世の注意を惹き、諸ゆる教化の出発点を児童に置こうとする主張が一層強烈になった」社会状況のなか、家庭に対して、幼児の「生活の糧」であり「精神及身体発達」に不可欠な「重要な教科書」である玩具の教育的使命を高めるため、東京市社会局社会教育課と児童研究者が推進役となり、松坂屋を会場に行った企画展である。

東京地区の百貨店が、家族や子どもをターゲットにした教育文化事業を企画し、自社が販売する商品に付加価値をつけることで新しい顧客層を開拓しようとする試みは、前述した通り、三越の児童博覧会を嚆矢とする。三越の試みに追随する動きは、その後都市部にできた多くの百貨店で見られるようになるが、一九二三年の関東大震災後は、富裕層だけでなく一般市民にまで対象を拡充した教育文化事業が繰り広げられるようになる。竹久夢二の童謡集でも歌われた銀座にあった松坂屋で開催された玩具展覧会では、教育的観点から専門家が判別した優良玩具と不良玩具が並置され、さらに木製・セルロイド製・金属製・絹製の特選玩具、異国情緒あふれる外国製の民俗玩具、天皇家の子どもたちの愛玩した玩具が陳列されるなど、子どもにとって理想とされる物質文化のモデルが提示された。

玩具展覧会の目的としては大きく二つあった。第一の目的は、行政と児童研究者、百貨店が一体となって、不良玩具を生産する製造業者の取り締まりと改善指導を行うことにあり[20]、第二の目的は、親自身が教育的見地から玩具の価値を認識し直し、よりよい選択眼を持てるように指導することであった。

そのため、玩具展覧会では付帯事業として、来場者に、玩具展覧会の審査長であり、玩具教育運動の指導的地位にあった東洋大学教授の児童研究者・関寛之が執筆した[21]『玩具のしるべ』という一五頁の小冊子の配布を行い、また倉橋惣三、竹内薫兵、関寛之の三者による玩具講演会を実施した。その翌年の一九二六年には、東京市社会教育課が、この玩具講演会の速記録に加えて、玩具に関する専門家の研究成果を集めた「理論」編と一般市民から玩具に関する原稿や詩歌などの文学作品を広く募集し当選作品を編集した「実際」編を一冊にまとめ、『玩具の選び方と与へ方』として出版した。

『玩具の選び方と与へ方』に採録された記録をもとにすると、玩具講演会は、次のような構成になっている。まず倉橋惣三が、〈子供とおもちや〉という演題で、玩具は子どもにとってどれほど重要なものかを語り、次に竹内薫兵が医者の立場から〈おもちやと子供の病気〉の因果関係を説き、前二者の主張を踏まえて、関寛之が〈おもちやの選び方〉において、玩具選択の基準と方法を、教育上、衛生上、技術上、経済上の観点から具体的に教示するものとなっている。

ここで興味深いのは、竹内の〈おもちやと子供の病気〉である。竹内は、ブリキやセルロイド・竹製の玩具や釘によって子どもが怪我をする、玩具の微細な備品が子どもの鼻の穴・耳・喉や器官に入りこむ、子どもが直接手や口で触れる玩具が感染源となって百日咳・結核・ジフテリア・チフス・赤痢といった伝染病に罹る、製造で使用した水銀・亜ヒ酸・鉛で中毒症状を起こす、といった実際にあった事例を非常に詳しく報告し、そうした怪我や疾病の予防策を講じている。つまり、鋭利な金属素材や可燃性の高い物質、有害な化学薬品を用いて細かな細工が施された工業製品としての玩具が多く出回りはじめ、それは幼い子ども特有の行動様式と相まって、大人にとって想定外の事故や伝染病、中毒症が誘発される。竹内は、そのことに対する強い懸念を示し、衛生面への配慮や安全性の確認について親に注意喚起するとともに、不良製品を製造する業者に緊急の改善を促しているのである。(22)

一方、玩具展覧会に関心を示した親の意識や反応はどのようなものだったのだろうか。『玩具の選び方と与へ方』に掲載された親の論稿を見る限り、「教育玩具」と称される商品を与えるだけで満足するような親とは一線を画した、いわば思慮深い親、それも父親の姿を垣間見ることができる。

例えば、〈玩具による教育の実験〉を投稿した父親は、「今日の玩具の言葉に私は満足できません」とし、玩具とは「手不足の折りの時間つぶしの遊び道具」に過ぎず、「玩具店の所謂の玩具殊に日本製の玩具の不堅実不正直且つ高価なることは茲に多くの言を用ひて説明する要はありますまい。日本の輸出貿易不振原因の主なる中の一条を玩具店で発見することが出来ませう。」「日本国民は教育の第一段階の幼児教育に於て不堅実不誠実の悪徳性の基礎を築かれて居るのであることを私は確実に認めます。」と、日本製玩具は見かけ倒しの不誠実な粗悪品で、輸出品としても劣っていると手厳しく批判する。さらに、玩具の質が「教育の第一段階の幼児教育」を左右する点を見抜いている。(23)

〈玩具の価値〉について見解を述べた父親も、「現実に発売されつゝある玩具について二つの矛盾を感じる」として、「一つは玩具が子供を目的とするよりも、大人を目的として発売されて居るかの感があること」「最一つは非常に玩具が高価になつて行くこと」を指摘し、「所謂教育玩具と呼ばるゝ種類の玩具に於て、値の高い物ほど無意味なものはないと思う」と、玩具が購買者である大人をターゲットにしているように見られること、教育玩具と称される玩具が高価な割に無意味であることを指摘する。そして、都会の子どもは玩具を与えられて刺激が強く、いきおい早熟であるのに対し、田舎の子どもは殆んど玩具などは与えられず、呑気に育て上げられているが、「田舎人の脳《ママ》力と、無暗に詰め込み主義で育てられた都会人の成人後の脳力と比較して見ると、果たして精巧な玩具や高価な玩具の乱与が、子供の教育に良い結果を齎すものであるかどうかと云ふことを疑はずに居られない」と、玩具の教育的効果に疑問を差しはさむ[24]。

一方、〈玩具雑感〉の執筆者は「子供に玩具を与へる時沢山の玩具を与へ放しではいけない様です。飽きて来た時分には片付けて仕舞ふことです。そして互い違いに出してやる様にするとよい様です」と、有り余るほどの玩具を子どもが所有していることを示唆し、片付けのしつけの重要性を説いている[25]。

ここから改めて示唆されるのは、玩具展覧会が開催されるに至った背景には、専門家による優良・不良の識別が必要とされるほど、商品としての玩具が子どもの身近に多く出回り、特に都市部の子どもには「供給過剰」気味になっていたこと、輸出貿易の一端を担う「工業製品」となった玩具の素材や構造が原因で、従来経験したことのなかった子どもの事故や病気が発生していたこと、ひとつの「商品」として対価に見合う質を備えていることへの期待が高まっていたこと、玩具の教育的効果を問う厳しい視線と教育玩具に対する不信感が芽生えていたこと、実際に玩具を手にして遊ぶ子どもよりも与える側の大人の消費意欲をかきたてる商品開発の在り方に疑問が呈されてきたこと、などが挙げられよう。

つまり、子どもの周りにあふれはじめた物質文化を目のあたりにして、子どもにとってなぜ玩具は必要なのか、玩具の本質とは何か、子どもの成長発達と生活にふさわしい玩具を大人はどのように選び取ればいいのか、専門家の判断を仰ぎ、客観的でわかりやすい指標を求める動きが、教育熱心な親達の間に起きていたと考えられる。そうした親からの問題意識にうまく呼応したのが、家庭向けに玩具選択の基準と方法を要領よく示した関の玩具論である。では、関の〈おもちゃの選び方〉をみてみよう。

2　玩具の心理学的意義——関寛之「心は物によつて発達される」

関による〈おもちゃの選び方〉という短い論稿および玩具展覧会で配布された『玩具のしるべ』の付表は、関の玩具論の眼目だとされてきた。特に、関作成の玩具対応／分類表は、玩具の教育的価値、年齢別・発育別・性質別に与えるべき玩具の種類と教育の要点が簡潔明瞭に整理され、一覧にまとめられたもので、当時は大きな評判を得たとされる。この表を手にした親は、年齢、発育、性質の特徴を示す項目を指でなぞりながら、自分の子どもに該当する欄の横軸と縦軸の交差する点をチェックするだけで、どの段階でどの玩具を与えるのが適切か一目瞭然となる。国産玩具の隆盛は、玩具の選択肢の多様化と情報の氾濫をもたらしたであろうことは想像に難くなく、「数」ある玩具の中から何を子どもに与えるとよいのか迷う親には、関のような児童研究の専門家が、科学的な根拠を挙げながら、一対一対応式に最善の玩具を推奨してくれることの意味は大きかったのではないだろうか。

関のこうした玩具に対する分類学的思考については、従来、様々な解釈がなされてきた。たとえば太田（一九八四）は、個々の玩具を心身の発育機能に与え得る効果との関係で分類する関の発想は要素主義的であること、また関の生物主義的発達観こそが玩具による教育可能性への楽天的な確信を導くものであったとみなす。(26) 湯川（一九九四）は、関の玩具対応／分類表が受容された背景に注目し、そこに教育者としての親と教育され矯正される対象としての子どもという図式の成立を読み取り、子どもを取り巻くすべての玩具が教育の手段として再編され、いわばすべての玩具を「教育玩具」として認識する心性の登場をみようとした。(27) 春日（二〇〇七）は、湯川の見解をそのまま踏襲している。(28) 一方、是澤（二〇〇九）は、関にとって玩具とは、子どもが楽しく遊ぶための「モノ」ではなく、発達を促進させ、子どもを賢くするという「実用性」を備えた「モノ」であり、その「実用性」とは、「よりよい学歴」を取得することに他ならなかったのではないかと推察する。(29)

つまり、湯川、春日、是澤は、玩具の規制と選択をめぐる関の見解を支持した層として都市の新中間層の存在に焦点を当て、関の玩具論の内容や構造そのものについてまでは踏み込んで分析していない。それに対して太田は、関の玩具論をひとつの理論体系とみなし、倉橋の玩具教育論と対照させて評価を下しているが、そもそも両者の考えは提出された時期も目的も聴衆／読者層も異なり、単純に比較されるべきものではなかろうか。

ところで、今までほとんど省みられる機会のなかった、関が玩具選択の基準と方法の根拠を述べた〈おもちゃの選び方〉前半部分を見直してみると、関がどのような発達観、教育観、玩具観にたっているかわかる。そして、関の玩具論の集大成である『玩具と子供の教育』の〈改訂版を読まれる人への序〉において関が自己弁明している通り、関の玩具対応／分類表は、「人間の全一的教育を忽にして対症療法的・断片的教育を説く」意図はなかったにもかかわらず、世間からは誤解を招いたという事実も浮かび上がってくる[30]。

玩具展覧会の講演〈おもちゃの選び方〉において関は、唯心論、唯物論を唱える心身二元論を批判して、心身を同一のものと見なす一元論の立場を取る。そして、事物を認識する「知的作用」、事物に関する「感情作用」、自己の思想及び感情の刺激によって意志する所を外部に運動として表出しようとする「意志作用」、すなわち知・情・意の三要素から構成される精神は、相互に連合して発達していくもので、精神と身体が一体となり人格が形成されるという発達観に立とうとする[31]。

このような「人間の心的現象を研究し又解釈するに、行動を基礎とし、精神生物学を背景とし、身心《ママ》一元論の統一的基礎に立つ」行動主義心理学に依拠するならば、人間は「内的力を以て外界からの刺激に反応する」、「外界に適応して相応の材料を取り入れると、こゝに吾々の享けた原動力は愈々独自の働きを現はし、今迄に獲つた材料を自在に用ひて創造を始める」存在となる。さらに、「児童は最初適応の段階にあるので、受動的であり、感覚的であり、模倣的であり、学習的であり、練習的であり、他律的であり、自制的でない。」が、「然るに漸く長ずるに随つて発動的となり、観念的となり、独創的となり、自律的となり、自制的となってくる。近より遠に、簡単から複雑に、模倣から独創に、他律的から自律的に、感覚的から観念的へと進んでゆくのは発育の決定順序である。この順序こそ即ち適応から創造へと進んでゆく過程への表示である」と、子どもが「適応から創造へ」の発達の経路を辿るものであると捉える[32]。

つまり関は、「発育する力は勿論内的力の具有する処である。併しこの力の発達には材料を有する。材料がなければ内的力は死滅する。事物がなければ感覚する相手がない。知覚すべき対象がない。従つて観念も出来ず、概念も出来ない。観念がなければ想像も連想も行われよう筈がない。概念がなければ思考力も働かない。事物即ち相手なしに感情の生起しよう筈もなければ、意思によつて運動を被らしめることも出来ない。されば心は物によつて教育される。否主観は客観なしには存在し得ないのである。」（傍線引用者）として、「材料」すなわち「児童の内的力に反応を起こさしめる大切な刺激、外的力」である玩具は、子どもの発達にとって軽視できないという結論に達するのである[33]。

ここまでを整理すると、関は、当時米国で登場してきた行動主義心理学を根拠に、「心は物によって発達される」という発達観に基づき、「遊戯を全生活」とする「児童の外界のごく身近に存する玩具」は不可欠であり、また「児童の内的力に反応を起こさしめる大切な刺激、外的力」として軽視できないとみなした。だからこそ、関にとって玩具とは、「教育の目的を以つて系統的に刺激を与へるやうに考えられた外物」であり、「児童の心を発達せしめる系統的物と言はなければならぬ」ものとなったのである。

こうした発達観、教育観、玩具観は、先に紹介した玩具対応／分類表とも相まって、非常に単純でわかりやすく、児童に関する最新の研究成果を家庭の教育に応用しようとする野心的な親から理解を得るのは容易だったのではないかと思われる。関の玩具論は、理論としての精度の高さや緻密さよりも、聴衆／読者層のニーズや意識を巧みに吸い上げ、科学知を大衆化・通俗化させた点において評価すべきだと考える理由はここにも見出せよう。関に対してはこれまで、心身の発達を促す教育的効果という側面から玩具を分類し、対応表を作成した点のみに焦点が当てられがちで、子どもの発達の経路に従った実用的な玩具選択論を説くあまり、大人の価値観を子どもに押し付け、子どもの自由で主体的な選択を軽視しているとの批判もなされてきた。しかし、丁寧にその全体像をみていくと、児童研究者としての深遠な思想、教育を改革するための斬新な提案、社会通念を覆すような独創的なアイデアといったものが盛り込まれているというより、当時の学術的な知見をバランス良く反映させた親向けの啓蒙書として読むほうが妥当であろう。

確かに関は、『玩具と子供の教育』において、一般に「玩具を選ぶには実際の玩具を子供に見せて子供が好んで手にとるものが最もよい玩具であると考へてゐること」は誤りだとし、「子供は未だ事物を有効な目的の立場から選択するだけの価値の観念が発達していない。唯々好奇心を満足させる珍奇なもののみを選ぶ　全然有益でないものを選ぶことも少なくない　好奇心は時により処により気分によって常に変動　衛生上の価値に至っては子供の好悪は何の標準ともならぬ」、と子どもの選択眼を信用しない。(34)

一方で、「成人が真に児童の本性を理解して選んだ玩具は、その当座十分か二十分は子供に嫌われても、子供の気分が転倒して間もなく好かれるやうになる。」と成人の見識の正しさを強調する。ただし、大人の意向を押し付けるのではなく、「唯々子供の気分の底にあつて不変に彼等の趣向を支配してゐる所の要求、即ちその年齢の頃の身心の発達程度から起る要求は之を尊重しなければならぬ。この真の要求を知るには、一時の玩具に対する子供の好悪のみでなく、広く彼等の本性を研究し、興味を研究した結果の知識に基づかねば解らぬ。故に子供の眼前十分か二十分間の好悪を選択の標準とすることは甚だ危険である。」と、児童研究に則った子ども理解に基づき、子どもの趣向や要求を尊重したほうがよいとも説いている。[35]

では、関が考える理想の玩具とはどのようなものか。『玩具と子供の教育』では、関が恩物を改良したものを理想の玩具と捉えていたことがわかる。

関は、恩物を「Gift から出た言葉で、子供をして自ら真理に到達せしめるために玩具として父母からその愛児への恩賜物であるとの意」、「教育的に組織された一種の玩具」と定義するものの、その抽象性、実生活との距離、感覚・知覚訓練の偏重、露骨に教育的で子どもの興味を惹かない点が欠点であると、率直に述べる。[36] そして恩物を改良し、外的な刺激物として子どもの活動を啓発する玩具、子どもを発動的自発的にさせる構成玩具、実生活の延長線上にあって何より子どもの興味関心に合致する玩具の三つが、理想的であると示唆する。[37]

こうしてみてくると、関の玩具論の特徴は、奇をてらわない、穏当な、通俗性にあるといえよう。また、関の支持者として浮かび上がってくるのは、「教育玩具」の熱心な信奉者という以上に、都市を中心に子どもの生活を侵食しはじめた玩具を効率的に選択し、子どもの発達に資する効果を最大限引き出しながら、要領よく子どもに与えたいと願う親の姿ではないだろうか。そうした実用本位の親の積極性が、是澤の指摘するところの新中間層の学歴志向に直接的に起因するものかどうかについては、さらなる精査が必要かと思われる。

3　玩具の教育学的価値――倉橋惣三「玩具が子どもをよく遊ばして呉れる」

一方、倉橋の玩具論については、「教育玩具」が教育の名において子ども離れすることを危惧し、子どもが関心の向くまま自発的に玩具を選び取ることを何よりも重視し、大人の役割はそのための条件を整え、子どもの遊びの心理を共感的に理解することであるという、童心主義的な保育観に支えられたものであるとの評価がなされてきた。「教育的」であることを過剰に意識して、子どもの好奇心や嗜好性を軽視し、大人主導で玩具を選ぶことを良しとするような思潮に対して、倉橋は一定の歯止めをかけ、子どもが「手に持って遊ぶ」からこそ「玩具は玩具になる」という玩具の原義に立ち返らせたというのが、先行研究の大方の見方である。

しかし、大人の教育的意図より、遊びにおける子どもの内発性に優先的価値を置いたとされる倉橋の玩具論を、関の「心は物によって発達される」という玩具論の延長線上にあるものとみなすことも可能である。というのも、倉橋は関以上に、玩具が子どもの心理発達を活性化する点を見抜き、玩具が遊びを誘導する力に着目しているからである。

倉橋は一九二五年の玩具講演会の講演会において、〈子供とおもちゃ〉と題し、玩具の質的変化を前提に、子どもの遊びにおける玩具固有の役割を、以下のように示した。

倉橋は、子どもにとって玩具とは、「極めて真面目な、厳粛なもので、少くも生活に於ける余興、たはむれといつたやうなものではない。その生活の中心に触れて居る問題であるといふやうに見なければならぬと思ふ。」と定義する。そして、「おもちゃは達磨なり、笛なり、電車なり、太鼓なりともいへないことはありませんが、我々がいふやうな意味に於て、おもちゃが真におもちゃとして存在して来るのは子供の関係に於てゞある。[38]」と述べる。この一節は、玩具とは子どもとの間で関係性が成立する限りにおいて存在意味をもつものであることを的確に示したとして、玩具論に関心の高い層から評価されてきた。

さらに倉橋は、「おもちゃといふものは大人が拵へて、子供にやるのだといふ考え方」は間違ったものであり、「おもちゃそのものは何処までも子供が発明したもの」で、「子供が自分達で作ってゐる世界に行つて、さうしてその子供の心から出て来るものを我々が採用する所に、われ〳〵の玩具発明又玩具改良があるのです（中略）我々がおもちゃの教育的意義といふものを正しく考へる為に大いに重要なる基礎となる問題であります。」「何か教育的原理に基いて、おもちやを拵へて子供に強ひて与へようとしたりする。そんなのは子供が受け取りません。おもちやは品物ではなくて、子供に結びつく所におもちゃがあるのだと申し上げましたが、子供に結付かないものはおもちやではありません。物そのものとして高級な性質を帯びて居るとしても、我々が案出した教育的玩具といふものには、実に的の外れたものが屢々あつたりします。」と、当時の「教育玩具」を批判する。[39]

確かに「子供に結びつく所におもちやがある」と明言した倉橋ではあるが、それは「子供を離れてはおもちやは商品である。物品である。或は倉の中に積んである在庫品といふに過ぎない。」「勿論今日の既成商品としての玩具といふものは大人が拵へたもの[40]」であることを前提に上記の玩具批判を展開しているのであり、玩具を大人の思慮分別により選別し教育的に活用することの意義までも否定したわけではない。「商品」「物品」「在庫品」でもある玩具は、子どもにとって厳粛な意味を持つからこそ、大人はよりいっそう賢明に玩具の良し悪しを見極め、子どもへの与え方を熟慮すべきだと説くのである。

さらに倉橋は、玩具と比較して、お伽噺、童謡、絵画、音楽は、「子供の全没我の対象として、又子供の要求を満足さして行くところの材料として、いづれも抽象的」で、「事件の経緯、思想、感情といふ様なものが主となつて居る」もので、その意味では子どもが「豊かな情操の観念の生活に入れられることは幸い」とする。それに対して、玩具は「何処までも具体的な性質」をもつもので、玩具で遊ばず「手を以て扱ひ、足を以て蹴るといふ具体的動作の出来るものがなく、唯、手を拱いて抽象的思想、感情の生活だけで行くとしたら、その子供の生活は非常に偏したものになる」と憂慮する。なぜなら、「近来稍〻子供の生活に於て抽象的生活が有力になつて来た」からで、だからこそ「今日の傾向と同時に、子供はやはりおもちやで遊ぶ具体の生活を十分させてやり度いのです」と、具体的な性質をもつ玩具の効用を強調する。[41]

このように「抽象的生活が有力になってきた」子どもの生活の変化をいち早く捉え、手足を使った遊びの必要性を訴える倉橋の姿勢は、「自然恩物」を使った保育を考案し、都市化が進む幼稚園に「自然」の遊びの導入を図ろうとした、膳真規子の保育改革に通じるものがある。そのことについては後ほどふれることにして、次に、倉橋が、玩具と子どもの関係性の分析をもとに、玩具がいかに子どもの心を緩和し、遊び活動を誘導し、発達を促進するか、玩具の教育的価値を詳細に論じた『玩具教育』（一九三五年）をみてみよう。

倉橋は、「今日の社会では、子どもが生まれる前から玩具屋といふものが出来てゐ」るとして、「玩具とは、実用品でもなく、さりとて埃屑でもない、れつきとした特製品である。その上、立派な商品である。殊に此頃では日本の輸出品を代表する程、すばらしい景気のいゝ商品で、おもちや〳〵といつて、如何にも経済価値以外のものゝやうに見る旧式の考へを驚かせてゐる。子ども自身は、それを初めから商品として認識もし、商品だからこそ買つて貰ふ面白味が、玩具の喜びの一つの重要要素をさへなして感じられてゐる。」（傍線引用者）と、玩具は子どもにとって「商品」として既に現前にあり、大人によって買い与えられることが自明で、そこにも子どもの喜びや面白味があるとみなす。そして、「子どもは、その自由自在な活動で、何でも玩具とはするが、それはたゞ思いつきに止まることで、それを、充分もて遊びよいやうに、また破損しないやうに、殊に美しく好ましくすることは出来ない。そこを、大人の智慧で加工するのである。つまり、玩具としての最初の創意は子どもの着眼と着手に基づき、それに適切な（時に不適切な）工程を加へて、商品玩具に作り上げてゆくのが大人の玩具製造である。」（傍線引

用者）と、玩具をより遊びやすく、壊れにくく、美的な商品として加工することが大人の責務であると明言する。(42)

倉橋は、「遊びあっての玩具であり、遊びのないところに玩具はなく、遊びを離れて玩具を考へることは出来ない」とし、「遊びによつて子どもは一ぱいに生活出来る愉悦を満喫してゐる」ゆえに、「生活的に楽しいこと」と「教育的であること」は切り離され対立するものではないとみなす。(43)そのうえで、玩具のもつ教育的価値を、個々の玩具がもつものと玩具全般に通じるものとに分類し、前者は「その玩具によつて遊ばれる間に、子どもの心性の上に付興せられて来る教育的影響乃至感化」すなわち「玩具の具体的教育性」と捉え、後者は「玩具が遊びにどう貢献するかといふ点に於ての教育的価値」すなわち「玩具の形式的教育性」とする。そして、特に倉橋が強調するのは、この玩具全般に通じる「玩具の形式的教育性」である。(44)

倉橋は、玩具の教育的価値について子どもの身体機能や感覚の発達から論じられてきたことに対して、新しい視点を提供している。倉橋が注目するのは、玩具が一般に、子どもの（一）心もちの緩和開陽、（二）心的欲求の満足、（三）心的活動の誘導と指導、という面から教育的価値をもつということである。

玩具の教育的価値として筆頭に挙げられているのは「心もちの緩和開陽」である。「心もちの緩和開陽」とは、「子どもの心をらくにし、軽易、自由ならしめ、発揚、解放せしめること、即ち心もちの緩和開放」のことを指し、「元来子どもの心は、小むつかしく、重苦に、窮屈に、沈滞、閉塞的のものではない。しかし、子どもと雖も、大人の世界に住んでゐる限り、相当、現実の重圧を被つてゐないと限らない。

殊に、教訓といふ名などで、強ゐての力を外から加へられる場合など、その受くる感じは、可なりらくではないこともあろう」。それを玩具で遊ぶことで「解放、軽易ならしめることによつて、真に子どもらしい生活感を発揮させられることは、一つの大きな教育性のある作用といはなければならない」。このように、玩具によって「心をのびやかに、打ち開かせることは、教育の最初の第一歩でなければならない。謂はゞ、一切の無理、修飾から離れた純真の状態に復される。一種の忘我であり、虚心であり、作為の意識を溶解し去つて、まのあたりの生活へ侵入、陶酔するのである。そこから、その子どもの、最真実なものが、最も一ぱいに発露、顕現し来るであろう。」と、倉橋は説く。(45)

次に、玩具が子どもの心を快適になごやかにさせるには幾つかの条件を備える必要があるとする。すなわち「心もちの緩和開陽」を引き出すのは、玩具が「美的」であること、子どもをしてその玩具に「親しみや愛を感じさせる」ものであること、「小さい」こと、「不完全」であることが必須となる。倉橋は、例えば子どもが人形と「仲よし」になって「友情」をはぐくむこと、子どもが鞠、電車、紙片といった細々とした玩具をポケットに入れ、枕元などに置いて肌身離さないことに注目し、玩具に対して示す子どもの親愛の態度は、「我がものである以上に、我と溶け合つた結びつき」であると解釈し、子どもをして、その玩具に親しみや愛を感じさることがいかに重要かを強調する。また、玩具は「小さい」ことそれ自体に意味があり、「小さい」からこそ玩具を子どもの親しみの対象にさせると説く。すなわち、人形や動物やままごとの道具が実物大より小さく作られていることが、現実感を薄れさせ、子どもは玩具に対して容易に愛玩者、愛撫者の立場に立つことができるとするのである。(46)

さらに倉橋は、玩具が形や動きにおいて、完全であるよりも「不完全」である方が、子どもに喜ばれることが多いことに触れ、不完全さが子どもに親しみの態度を誘うものだと指摘する。つまり、玩具の不完全なところを子どもが自ら自由に補充し解釈し想像力をはたらかせる機会を与え、子どもは玩具の楽しい世界に遊べるというのである。そのことを捉えて倉橋は、「玩具の方を主にしていへば、玩具が子どもを、よく遊ばして呉れるのである。言い換へれば、玩具が子どもの生活を、真に子どもの生活として発揮させて呉れるのである。これが玩具の教育性でなくてなんであらう。」(傍線引用者)と、子どもが玩具で遊ぶのではなく、玩具が子どもを遊ばせ、遊びを豊かにすることに教育的価値を読み取るのである(47)。

次に、玩具の形式的教育性の第二「心的欲求の満足」についてだが、倉橋は「玩具によって開陽せられた子どもの心は、ずん〳〵と其の生活活動を発揮させて来るが、その時に当って各種の心的欲求に適宜の満足を与へて呉れる」点にふれ、玩具が子どもの心的欲求すなわち、感情的方面・観念的方面・情意的方面を満たすことに注目する。ここで興味深いのは、心的欲求に満足を与える玩具には、一面的な玩具と多面的な玩具の二種類あり、より価値が高いのは多面的な欲求を与える玩具であること、また、子どもの欲求は年齢によって変化し、子どもの年齢以上の欲求に応えようと玩具を与えても子ども自身の喜びにはつながらず、いたずらに欲求を刺激するのもよくないという点である(48)。

倉橋によれば、玩具によって心的欲求が満足させられることに意味があるのは、それが子どもに幸福感を与えるだけでなく、満足を得ることによって、その欲求が、充たされる以上に強められ、育てられるからである。「よき玩具は、遊びによき教育を与へることも多いが、それよりも先づ、一層よく遊びたくならせてゆく大きな力をもつてゐるのである。遊びから遊びへ、益々遊ばせるために玩具が役立つのである。玩具が、子どもの遊びを引き出して来るともいへる。」と倉橋は、心的欲求を満たすことのできるよい玩具が、子どもの遊びたいという欲求を強め、さらに遊びを引き出す力があることに注目する[49]。

そのことは、遊びの形式的価値の第三「心的活動の誘導と指導」につながる。倉橋は、心的活動は「内からも起こる。外のいろ〳〵の力からも促される。」もので、玩具のような「物は心を引き出す大きな作用をする。」という。つまり、「蹴りたいと思つて鞠を探がすのではなく、鞠があつたから、蹴つて遊びたくなるといつた場合」がその典型で、この場合「最も重要な点は、その誘ひ出すものが物である限り、子どもは、誘はれてゐるとも識らず誘はれるのであつて、その自発的な点に於て、純全たる内的衝動によるのと殆んど同一なことである。此の点で、子どもの自発的活動を強く尊重する幼児教育の上では『物による教育』といふことが、一つの常用手段として重んぜられて居り、玩具の作用も、それと全然現象を一つにするのである。之と実に、玩具の妙味中の妙味といはざるを得ない。説かず勧めずして、無言の誘ひを、いつの間にか、しかけて仕舞ふ妙味である。」(傍線引用者)と、「物は心を引き出す大きな作用をする」ことを利用した誘導保育論を展開していく[50]。

倉橋は、「誘導される心的活動の種類は無限である。しかもその最も著しいものは想像活動でなければならない。」として、たとえば「生々しい想像作用をもたないでも、不完全な形をしてゐる物を、一つの立派な品ものにまで想像で充実してゆくのは遊戯の一特性であり、その想像を誘導してゆく媒介物として、玩具が大に役に立つ」と考える。さらに、「想像をもう一歩知的に整理し、意的に強めると創造になる。その創造といふ貴重な活動を誘導する玩具の教育性も、大いに見落してはならぬ。」として、構成玩具、材料玩具の教育可能性を示唆する。子どもの想像力をかきたて刺激する玩具が、子どもの創造性を発揮させるというのである。(51)

倉橋にとって、「誘導は活動を初発させること」だが、「既に動いてゐる活動の方向を、自然のまゝに放置しないで、望ましい方向へ、好ましい方向へと指導してゆくことも、玩具のもつ一つの教育性」であるとする。そして、「玩具は物である限り一定の特性をもち、その特性によつて、子どもの遊びを方向づけてゆく。幼い子どもが、どんな玩具でも、勝手放題な用ゐ方によつて遊んでゐる中に、それ〴〵の玩具の特有な遊び方を、教へられるともなく覚えて来るのは、その玩具によつて指導せられたのである。そこで、玩具が一定の指導的意図を以て作られてゐる場合、その意図のまゝに、子どもの活動を指導してゆき得るので、教育玩具といはれるものゝ多くは、此の原理を巧みに利用してゐる。注意を喚起せずにゐられなくなる、工夫考究せずにゐられなくなる。その工夫考究が亦、それ〴〵の知的活動の方向に導かれてゆく。之れ等は皆、玩具の指導教育である。」(傍線引用者)と結論付ける。(52)

だからこそ、その「指導が余り強くはたらき、無理強ゐるといふ風の傾向をもつて来ると、子どもは、玩具の教育性の最も本質なる開陽とか満足とかいふことから離れて来て、その玩具を楽しまなくなる。大人の考へ――即ち、その玩具によつて、子どもにどんな心的活動をさせようといふ計画の勝ち過ぎてゐる玩具が、有害の筈であつて、肝心の子どもの遊びとならないことになる。所謂教育玩具に屢々見るところの欠陥であり失敗である。」と「教育玩具」の問題点を看破するのである。[53]

4　玩具教育論による保育実践の展開

以上のような倉橋の玩具教育論が発表されたのは、玩具展覧会開催十年後の一九三五年である。この前年にあたる一九三四年は、『幼稚園保育法真諦』と『日本幼稚園史』が相次いで出版された歴史的な年にあたる。ところで、一八七六（明治九）年に東京女子師範学校附属幼稚園が開園して以来、各地で幼稚園が普及したが、半世紀を経た節目の一九二六年に、「幼稚園令」が制定されることとなる。この幼稚園に関する独立した勅令の公布に尽力した倉橋がさらに、幼稚園保育法の本質をとらえた極致であると自負する、先の『幼稚園保育法真諦』の構想を世に示したのは、一九三二年の翌夏に行った日本幼稚園協会の講習会であった。『幼稚園保育法真諦』の序において倉橋は、「フレーベルの精神を忘れて、その方法のみを伝統化した幼稚園を疑う。定型と機械化とによって幼児のいきいきしさを奪う幼稚園を慨く。幼児を無理に自分の方に捕えて幼児の方に赴き即こうとするこまやかさのない幼稚園を忌む。つまりは、幼児を教育すると称して先ず生活させることをしない幼稚園に反対する」と、従来の幼稚園型を破ることを宣言する。[54]幼稚園は幼児の「いきいきしさ」を奪うべきではないという倉橋の強い問題意識が、「幼児が幼児として生活させられる幼稚園の実現」を志す保育法創案の原点にあった。

こうしてみると、倉橋の玩具教育論は、先に見た玩具の近代史、すなわち表層的な「教育玩具」ブームから、消費財としての国産玩具の隆盛期を経て、玩具の科学的な選別法と効果的な活用法に対する社会的な要請が高まる時期と、輸入物の一つであった幼稚園教育が自立的な発展を遂げ、今日の原型、すなわち子どもが「遊び」を中心とした生活のなかで、自ら興味や関心を充足できるような環境を教師が整え、能動的かつ主体的に学ぶ過程を援助する方向へと舵を切り始める地点とが交差するところに位置づくことがわかるだろう。

倉橋は、玩具とは、子どもの外部にある客体として時空を超越して不変に存在し続ける「モノ」ではなく、子ども自身に見出され手に取られることによって初めて生命を吹き込まれ、子どもと「触れ合い」子どもと「溶け合った結びつき」が形成される遊びの瞬間ごとに固有の存在意義が与えられる「モノ」であるという玩具観にたっている点で、「手に持って遊ぶ」という玩具の原義にもどるものであったといえる。ただし、倉橋によって展開された玩具教育論は、分断されていた子どもと玩具の関係性を回復させたとはいえ、玩具の潜在的な教育力を余すところなく発揮させることで、子どもを「より望ましい」「より好ましい」方向へ教育しようとする誘導保育案の実践者によって、ひとつの矛盾を露呈させてしまう。すなわち、子どもにとって玩具とは、どちらが遊ぶ主体でどちらが遊ばれる客体なのか、主客未分化で相互補完的な関係性に立つ「モノ」であっても、幼稚園の現場に配置されると保育者の認識のなかでは、子どもの情緒や運動能力、想像性や創造力の発達と学習をある方向へと計画的に導くために不可欠な道具、つまり子どもを「遊ばせる」ために外在する「環境」としての側面が肥大化することとなり、結局のところ玩具は、教育の一材料へと還元されてしまうことになる。玩具教育では、教育玩具の持っていたあからさまで押しつけがましい即物的な教育性は後退するものの、子どもの周辺に網の目のように張り巡らされた目に見えない教育的意図が、玩具を通して子どもに浸透するように、玩具が「環境化」するともいえる。

倉橋の玩具教育論が実践の場でどのように展開されたのか、「恩物」批判とそれに代わる幼稚園教育の教材研究や玩具の活用を検討する動きとしては、以下がある。京阪神連合保育会のリーダー的存在で、倉橋とも親交が深かった大阪江戸堀幼稚園保姆の膳真規子による自然物玩具の製作実践は、若き日に「フレーベルの恩物が恩物なら、天の與ふる自然物こそ大恩物だ」と主張していた倉橋により高い評価を得た[55]。また、東京女子高等師範学校講師時代より、既製品の玩具に価値を認めず材料を手に自作する過程こそが教育上尊重すべき効果を生むと考え[56]、「子供等が最愛玩する玩具を、子供に作らせることなどは、積極教育法の第一に数ふべきもの」とした藤五代策がはじめた「手工玩具」製作指導は、東京女子高等師範学校附属幼稚園の保育方法に影響をあたえた[57]。一九二〇年代前後より『幼児教育』では、教師が作った凧や、まゆだま、ピョン太郎カルタなどの玩具で子どもを遊ばせた保育の事例や、子どもの自由な実験を保障するために、教師は製作に手を貸すべきではないという意見が翻訳紹介されるなど、「恩物」や大人の教育的意図によって用意された既成玩具に頼るのではなく、子ども自身による「モノ作り」や「作ったモノ」で遊ぶ保育が重視されつつあることがわかる。

「教育玩具」ブームを経て、玩具が子どもの遊びを深化させ発展させる教育的機能を持つものだという認識が関や倉橋を通じて社会に浸透していくのと並行して、幼稚園教育の意義や保育者の専門性に対する考えも変容したともいえる。東京女子高等師範学校附属幼稚園で、誘導保育案を提唱した倉橋の下で教員をしていた坂内ミツは、退職後にその実践を振り返り、一九三五年に『子供の遊ばせ方』を著わしたが、坂内の保育論からは、玩具教育とは実践の場で子どもを「遊ばせる」ための技法に収斂していくことが見て取れる。

坂内は、「子供を遊ばせるといふ意義」において、「子供は遊ぶのが本体であり遊ぶのが仕事」であり、「遊び方は年齢に依つて異なつて居ますけれども子供が遊ぶには先づ遊びの方法を知らねばなりませぬ。又遊ぶ材料がなければなりませぬ　遊びの方法を知らずが為には大人が教えてやり、一緒に遊んでやらなければなりませぬ、又遊ぶ材料を提供してやらねばなりませぬ。それで、子供を遊ばせるといふ事は、一つには直接遊ばせてやる事と、一つには子供自身を遊び得るやうな境遇に置いてやるといふことになります」（傍線引用者）と、保姆の役割は学校教育の準備や家庭教育の補完ではなく、子どもの遊び相手となり、子どもが自発的に遊べるように環境を整え、遊びに必要な材料を提供し、遊びの方法を教えることにあると言明する。[58]そして、「心身の発達の同じやうな他人同志が相互に生活をする幼稚園」では、子ども同志がよく遊べるように、年齢、性質、土地の風習、季節などに考慮しながら「子供の好む遊びの種類」を豊富にし、「精一つぱいに心身を活動させること」が最も重要で、「子供は制限されることを嫌」うがゆえに、「自由に考へ、自由にはね廻り、自由に活動」させるようにしなくてはならないと説く。[59]

坂内によれば、遊ぶための材料や玩具の量と玩具選択の基準には細心の配慮が必要であるという。すなわち、「家庭と言はず幼稚園と言はず、材料の貧弱から来る弊害は、よほど注意しなければなりませぬ。されぱと言つて、たゞ徒に材料を豊富にし数多い玩具を与へるといふことも同じやうに弊害に陥ります。」また「玩具は必ずしも精巧なものを好むといふことはありませぬ。寧ろ思ふ通りに製作し得るもの、思ふ通りに種々のものに流用し得るものを」子どもは好むとする。したがって、「玩具選定の標準」は以下の通り、①きちんと出来上ったものより、容易に構成し得らるるもの　積木　組み立飛行機、②精巧なものより頑丈で容易にこはれぬもの　木製の玩具等、③材料の継続して供給され易いもの　画の用具　ボール　人形、④形はなるべく大きいもの、⑤利用する機会の多いもの、⑥色彩の美的なものにて無害のもの、⑦その子供の嗜好に適したもの、となる。(60)

ここで興味深いのは、保育の目標が幼児期の子どもを「いかに遊ばせるか」に焦点化され、保育者の専門性は子どもを「遊ばせる力」にあるという認識の転換がなされていることと同時に、子どもが「遊べない」「遊ばない」ことに対する暗黙の否定が、玩具の思慮深い配備と活用を要請することにつながっている点であろう。

第四節　「児童文化」の陥穽

以上、玩具の置かれた歴史的位相と玩具に包摂された意味の変容を、「児童文化」概念形成期にあたるとされた一九二〇年代から一九三〇年代を中心に探索してきた。近世までの玩具は、「子どもだけのもの」という限定と「子どもの教育に資する」という性格づけが明確になされておらず、近代に入り様相が一変する、というのが定説ではある。ところが明治以降、学校教育制度が全国的に整備されるに従い、近代国家建設の将来を担う存在として子どもが可視化され、また、親の階層や職業、居住地域、伝統的な慣習や価値観に依存しない普遍的な人材育成モデルが模索される過程で、玩具にはどんな子どもにも汎用可能な「教育」という機能が担わされていく。「子どもの教育に資する」という玩具への期待感は、市場の発展を通して広く社会に流通していき、親の購買意欲をくすぐる魅力をもつようになる。ただし、「教育玩具」過熱は、漠然と「子どものためになる」という楽観的なムードが先行したもので、玩具が子どもに与える具体的な「教育」の中身や効果は不問に付され、「子どもと玩具」の間に特権的にみられる固有の関係性に注目が集まった新奇な現象と捉えられる。ここで留意しなければならないのは、玩具は子どもの成長発達や生活にとって「良きもの」という肯定的なイメージが浸透していく時期と、大人の文化との差別化をはかるために「児童文化」という概念が成立する時期、さらには子ども中心の自由な教育実践や社会的な児童保護の重要性と必要性に対する認識が高まる時期、とが重なりあってくる点である。

また、第一次大戦以降にみられる輸出産業としての玩具生産の強化は、新素材の活用と技術革新、デザイン開発を促すとともに、その量的な「豊富さ」が、子どもだけではなく大人にも消費と所有の欲望をかきたてた。とりわけ、郷里の土着的な文化とは異質の西洋的な趣味を取り入れた合理的な「文化生活」に強い憧れをもった新中間層の家族は、子どもの健康の増進と教育の成功こそが階層上昇の重要な手段であったがゆえに、「子どものため」を謳い文句とするモダンな物質文化を熱狂的に受け容れていったのである。

さらに、子どもが求めるか否かとは関係なく常に「商品」としての体裁を整えた玩具が子どもの日常を覆いはじめる都市的な現象の拡大は、子どもの教育に「役に立つ」玩具か「役に立たない」玩具か、というわかりやすい二分法の認識枠組みを定着させながら、大人を魅了し、玩具を大人の責務において注意深く選び取ること、大人が「子ども期にふさわしい」文化の構築をはかることに意識を向かわせることとなった。それゆえに、玩具という文化の発展を担うようになるのは、玩具で遊ぶ主体である子どもにまして、大人が中心となる。このように、子育ての伝統や人々の教育意識、ライフスタイルにまでも及ぶダイナミックな変化を喚起した近代の玩具は、菅による「児童文化」の定義、すなわち狭義には大人が子どものための文化を創造し、子どものために残す文化財であり、また子どものために積極的に行う文化活動も含みながら、広義には子どもの成長発達と生活に及ぼす文化的諸影響の総和である、という考えにあてはまるものといえる。その意味で、歴史の分岐点で異形の相貌を放つこととなった近代の玩具は、同時期に市民権を得た「児童文化」の典型だという見方もできよう。

一方、倉橋の玩具教育論の試みは、玩具選択における大人の作為を助長する一連の流れに逆行するものとして位置づけられてきた。すなわち倉橋は、玩具を形式主義的な「教育」志向から解放しよう、玩具を大人のまなざしから子ども自身の手に取り戻そう、玩具が子どもにとっていかに「良きものか」その意味を子どもの遊びの観点から精密に分析しよう、玩具製作にこそ幼児教育の原点を見出そうとした、と解釈できる。だが、皮肉なことに結局のところ、倉橋の玩具教育論は、保育現場において、いかに子どもを「遊ばせるか」、どんな玩具を子どもに「作らせるか」、という新たな作為を生みだすもとにもなった。玩具がもたらす「教育的な効用」が精緻に解明された途端に、「子どもにとって玩具で遊ぶということ」は、僥倖のように舞い降りてくる今この一瞬の楽しみ、身体じゅうが湧き立つような生の喜び、形として外からは見えないけれども個の心の奥に残る確かな充実感、としてではなく、計画的に意図して漏らさず獲得すべき教育目標、誰もが目に見え成果を確認できる教育活動にすりかえられ、教育の従属物として、かえってその存在価値が矮小化していったといえないだろうか。

冒頭で紹介した通り、「児童文化」という概念は、子どもの創造活動のなかに「真・善・美・聖」といった理念が体現されているとみなす考え方や、子どもの生活は大人の生活を超越した特有の価値があるとみなす考え方を前提に構想され、だからこそ商業主義に毒された低俗な娯楽趣味からの侵食や汚染を阻むための浄化運動の必要性が強く認識された。子どもの目に触れるもの、子どもの手が受け取るもの、子ども自身が生みだすもの、子どもが子どもへと伝えていくものは、子どもの育ちの質を左右する重要なものであるがゆえに賢明な大人の監視と管理のもとで予め選別すべきであり、「大人のまなざし」を通して濾過された「良き文化」こそが「良き国民を作る」として、国家が「児童文化」を積極的に統制に乗り出した戦前の精神は、時代の制約から逃れ得ない過剰な思い込みと行き過ぎの弊害があったとはいえ、戦後全く否定され葬り去られたわけではない。

逆説的だが、「文化」の受容・「文化」の創造・「文化」の継承が人間生活にとって意味ある営為であることが強く認識されればされるほど、子どもがその一端を担うとなれば、子どもの主体的な判断や自由な感性に全面的に委ねるわけにはいかず、「より良き文化」を求めて大人の「教育的」な介入は不可避のものとなる。ただし、何をもって「教育的」というか、その判断基準は極めて曖昧で、「教育的」な配慮を怠っていないかどうか、という大人の倫理的な責任性に焦点があてられてしまう。そう考えると、結局のところ近代における「児童文化」の歴史とは今に至るまで、「文化」をめぐって、それが「教育的」か否かの界面で、「大人のまなざし」と「子どものまなざし」がせめぎ合う、その脆くも不安定な関係性が大きな特徴となろうか。

文化研究においては一般に、「精神文化」が重視され、「物質文化」に光があてられる機会は少なく、玩具についても一部の好事家などの関心の域を超えるものではなかった。しかし、「文化」が人を育ててきた歴史は厳然とあるわけで、それは、いわゆる「教育」なるものの限界を補ってきたのではないか。だが、児童文化研究に限らず文化研究一般において、「文化」、それも「モノ」に代表される「物質文化」がいかに子どもを育ててきたか、ということに対する自覚は不十分で、いわゆる「教育」によって何かができるようになること、何かがわかるようになること以上に、「文化」が人間形成に果たしてきた意義を突きつめて捉えることを疎かにしてしまっている。

玩具の原義は「もて（ち）あそぶこと」にあり、手に取られてこそ玩具はその存在が認められ、触れることが慰みや喜びとなり、子どもの傍らに在ること自体に意味あることは今も変わらない。近代の教育制度の発展は、「教育の道具」としての玩具の新たな魅力を社会に認知させたが、その結果として玩具が「教育的」であるかどうかという一点に我々の思考は呪縛され、玩具の「文化」としての側面を見失いつつあるともいえる。

「教育的か否か」という価値に拘束された「児童文化」観を解き放つこと、「教育」以前に「モノ」として存在する玩具の「子どもにとって」の魅力にいっそう迫ること、そして「文化」をめぐる大人と子どものインターアクティブな関係性を解明することで「児童文化」固有の存在意義を探ること、まだまだ児童文化研究の課題は尽きない。

注

（1）ソ連の児童文化施設「児童文化宮殿」に由来するという説や（西）ドイツでは'Kinderkultur'の用語が既に一九〇六年の文化人類学の文献にも見いだされると指摘もある。本田和子「項目　児童文化」、村山貞雄編『幼児保育学事典』明治図書、一九八〇年。鳥光美緒子「項目　児童文化」、教育思想史学会編『教育思想事典』勁草書房、二〇〇〇年。

（2）峰地光重『文化中心綴方新教育法』教育研究会、一九二二年、二頁、一一―一二頁。

（3）浅岡靖央『児童文化とは何であったのか』つなん出版、二〇〇四年。

（4）児童文化研究会『児童文学読本』目黒書店、一九二三年、はしがき。

（5）波多野完治「児童文化理念と体制」、国語教育学会編『児童文化論』岩波書店、一九四一年。

（6）管忠道「項目　児童文化」『教育社会学辞典』東洋館出版社、一九六七年、四五八頁。

（7）前掲、四五八頁。

（8）有坂与太郎著『玩具叢書　日本玩具史篇』雄山閣出版、一九三四年。永沢謙三著『玩具叢書　玩具工業篇』

雄山閣出版、一九三四年。佃光雄編『玩具の歴史と展望　玩具叢書　第一巻』日本玩具資料館、一九三六年。日本金属玩具史編集会『日本金属玩具史』中央公論事業出版、一九六〇年（復刻版、上笙一郎編『日本〈子どもの歴史〉叢書Ⅱ産育と生活・文化　第一八巻　日本金属玩具史』久山社、一九九七年）。斉藤良輔『おもちゃの話』朝日新聞社、一九七一年。斉藤良輔『民俗民芸双書四六　日本のおもちゃ』岩崎美術社、一九七六年。斉藤良輔『昭和玩具文化史』住宅新報社、一九七八年。太田素子「玩具・遊具論の構想――「教育史観」と保育研究」城戸幡太郎先生卒寿記念出版刊行委員会編『城戸幡太郎と現代の保育研究』ささら書房、一九八四年、二五六―二七四頁。永田桂子『絵本観・玩具観の変遷』高文堂出版社、一九八七年。湯川嘉津美「教育玩具のパラドックス――近代における玩具の教育的まなざしをめぐって」加野芳正・矢野智司編『教育のパラドックス／パラドックスの教育』東信堂、一九九四年、二二七―二五四頁。山口昌男『「敗者」の精神史』岩波書店、一九九五年。春日明夫『玩具創作の研究　造形教育の歴史と理論を探る』日本文教出版、二〇〇七年。久保田健一郎「明治期における子ども観の形成――玩具と子どもの関係を中心に」平野正久『教育人間学の展開』北樹出版、二〇〇九年、一六二―一七七頁。是澤博昭『教育玩具の近代　教育対象としての子どもの誕生』世織書房、二〇〇九年。神野由紀『子どもをめぐるデザインと近代　拡大する商品世界』世界思想社、二〇一一年、など。

（9）是澤（二〇〇九）二二―四一頁。

（10）久保田（二〇〇九）一七一頁。

（11）広田照幸『教育言説の歴史社会学』名古屋大学出版会、二〇〇〇年、六〇―六一頁。

（12）是澤（二〇〇九）七九頁。

（13）倉橋惣三「子どもばやり」『児童研究』第二六巻第八号評論、一九二三年、三〇七頁。

（14）今田龍子編『コドモノクニ名作選』上巻、アシェット婦人画報社、二〇一〇年、二一八―二一九頁。編集顧問には倉橋惣三、童謡顧問には野口雨情・北原白秋、絵画顧問としては初代が先の岡本、そして武井武雄・清水良雄が継ぎ、作曲顧問には中山晋平が就くなど当時の代表的な芸術家や教育者が参加している。

（15）赤い鳥社→日本近代文学館（一九一八→一九六八）『赤い鳥』復刻版　裏表紙。

(16)一九三〇(昭和五)年、腸チフスのため四十三歳で急逝。
(17)松居直「子どもの未来を育てる絵本体験」今田(二〇一〇)五頁。
(18)竹久夢二・万田務監修『竹久夢二文学館 八 童謡童話集一』日本図書センター、一九九三年、一二九―一三〇頁。
(19)東京市社会教育課編『玩具の選び方と與へ方』実業之日本社、一九二六年(復刻版、上笙一郎・富田博之編『日本児童文化叢書第一期 児童生活文化 玩具の選び方と與へ方』大空社、一九八七年)。
(20)玩具展覧会の一つ目の目的である、玩具製造業者に対する取り締まりと改善指導に関しては、関寛之が興味深いエピソードを残している。関は、不良玩具を蒐集して一般製造者及び購買者の注意を促そうとしたところ、「ゴム業者の一部は大挙して世に抗議を申込んできた。」という。「その言ふ所を聴くに、撤廃又は暴言を吐く以外一言の反省的言辞なく、改良しようと言った者はなかった。」ことに対して関は憤り、「改良することがやがて自己の製品の品位を高め且つ永久に世人に愛顧される方法であるに拘らず、眼前の小さな利害のみから打算して一向に撤廃又は暴言を吐くやうな日本玩具製造業者の状態では、産業上の理想も教育上の理想もあつたものではない。」と思うものの、「彼等の生活を脅迫しない程度に不良指摘の言辞を緩和に改めてやつたのみで」、展覧会場からは「撤廃はしなかつた。」というのである。
(21)東京市社会教育課編(一九二六)序、一―二頁。
(22)竹内薫兵「おもちやと子供の病気」前掲、二〇―三七頁。
(23)今村幾太(横浜)「玩具による教育の実験」前掲、一三六―一四五頁。
(24)間宮平造(東京)「玩具の価値」前掲、一四七―一五一頁。
(25)ちいさこべのすがる(東京)「玩具雑感」前掲、一五一―一五五頁。
(26)太田(一九八四)二六〇―二六五頁。
(27)湯川(一九九四)二四四―二四六頁。
(28)春日(二〇〇七)一八〇―一八四頁。
(29)是澤(二〇一〇)一〇五―一〇七頁。

(30) 関寛之『玩具と子供の教育』廣文堂、一九三〇年（復刻版、上笙一郎編『日本の児童遊戯　第一八巻』クレス出版、二〇〇四年）「改訂版を読まれる人々への注意」四―五頁。
(31) 関（一九二六）三八―四〇頁。
(32) 前掲、四二―四三頁。
(33) 前掲、四六―四七頁。
(34) 関（一九三〇）、一〇八―一〇九頁。
(35) 前掲、一〇九頁。
(36) 前掲、二四一頁、二六一―二六三頁。
(37) 前掲、二六五―二六九頁。
(38) 倉橋（一九二六）、二―三頁、七頁。
(39) 前掲、一二―一四頁。
(40) 前掲、七、一二頁。
(41) 前掲、一七―二〇頁。
(42) 倉橋惣三『玩具叢書　玩具教育篇』雄山閣、一九三五年、一―三頁。
(43) 前掲、五頁。
(44) 前掲、三八―四〇頁。
(45) 前掲、四〇―四一頁。
(46) 前掲、四一―四二頁。
(47) 前掲、四二頁。
(48) 前掲、四三―四四頁。
(49) 前掲、四四頁。
(50) 前掲、四五頁。
(51) 前掲、四六頁。

(52) 前掲、四六―四七頁。
(53) 前掲、四七頁。
(54) 倉橋惣三『幼稚園保育法真諦』東洋図書、一九三四年、序。なお、研究にあたっては本書を改題した倉橋惣三『幼稚園真諦』フレーベル館、一九五三年、を参照。引用部分は復刻版においても変更なし。
(55) 膳真規子『自然芸術・趣味の手芸玩具』、一九三二年、序。
(56) 藤五代策「玩具自作の奨励」『幼児教育』第二〇巻第九号、一九二〇年、三〇二頁。
(57) 藤五代策「玩具製作と家庭教育」『幼児教育』第二二巻第五号、一九二二年、一四三頁。
(58) 坂内ミツ『子供の遊ばせ方』厚生閣版、一九四四年（復刻版、上笙一郎編『日本の児童遊戯　第一六巻』クレス出版、二〇〇四年）一―四頁。
(59) 前掲、一四―一五頁。
(60) 前掲、二九―三〇頁。

〈コラム〉お伽草子——うりひめと『瓜姫物語』

矢島（小菅）直子

現代においても、子どもたちにとって昔話を聞くことは楽しみのひとつである。家庭においては昔話を祖父母などから聞く機会は減っているが、保育園、幼稚園、小学校、図書館などでも昔話を語って聞かせる機会を設けるところも増えている。

昔話は耳で聞くもので、長年、口で伝えられてきたものであるから、その起源や成立時代をさかのぼることは難しい。そして、お伽草子は「十四世紀から十七世紀のあいだに誕生して以降読まれ続けた四百種ほどの物語群」（徳田、一九九三）「室町時代までの民間説話や、当時の口承文芸、民間説話の物語を利用して物語草子化したもの」（徳田、二〇〇〇）であった。昔話とお伽草子の関係は深いものであった。

子どもたちにもよく知られている「うりこひめ」、現代の絵本では「うりこひめとあまんじゃく」としているものもあるが、文献ではお伽草子の『瓜姫物語』が一番古い。お伽草子の『瓜姫物語』の内容は次のようである。大和の国の石上《いそのかみ》のあたりに子のない翁と媼が瓜をつくって暮らしていた。子がないことを悲しんでいた翁は瓜畑で美しい瓜をとってきて塗桶にいれておくと、夢をみて、やがて開けてみると顔かたちの美しい娘になっていた。二人はこの娘を大切に育て、みやびなことばかりを教え、字を習わせ絵をかかせていた。やがて国の守護代が姫を嫁にとのぞみ、嫁入りすることとなった。あまのさぐめ（「天探女」は『日本書紀』の天孫降臨に登場する女神。後に天邪鬼となる）が二人の留守に娘を誘いだし木の上にしばりつけ、自分がかわりに嫁入りしようとした。輿が木の下の道を通るとき、鳥に似た人の声がおしえて、人々は姫を発見した。あまのさぐめは捕えられて引き裂かれて捨てられてしまった。すすきの根もとが赤く、花のはじめも赤いのはあまのさぐめの血でそまったためだという。姫は守護代の妻となり子も生まれ、翁と媼も国の総政所をいただき栄えた。この翁と媼は若い時から神に仕えて仏や神のはからいで姫君を瓜のなかから授かったのである、という内容である。

昔話として現代に伝えられている「瓜姫」は二つのパターンがあり、東北に伝わっているものは瓜姫があまんじゃくにだまされて木から落ちて死んでしまう話であり、西日本では『瓜姫物語』とほぼ同じ内容のものが伝わっている。

現在、子どもたちが読む機会の多い絵本では、あまのさぐめがあまんじゃくとなっており、昔話にも細部においてはいろいろなパターンがある。昔話の瓜姫は機を織るものがほとんどであるが、『瓜姫物語』の姫は機を織ることはしない。昔話においては機を織ることは重要な要素である。なぜ『瓜姫物語』の作者が瓜姫に機を織らせなかったのだろうか。古代から糸を紡いで機を織る衣料の生産は女性の仕事であった。また、中世の年貢は米だけでなく繊維製品も高い割合を占め、繊維製品の製作は生きていくうえで不可欠であり、重要な労働であった。しかし、平安期に貴族層では女性が労働に携わることを賤しむ風潮がでてくる。これが中世になると、貴族層だけでなく中間層にも広まってくる。この影響をうけて、公家や僧侶などのお伽草子の作者は、家内労働としての機織りは存在したが、『瓜姫物語』では機織りの場面は登場させなかったと考えられるのではないか。また、昔話では瓜姫の美しさだけが殿様の嫁になるきっかけとなるが『瓜姫物語』では姫の美しさだけではなく字を習ったり、絵をかいたりと教養を身につけた女性であることを明記している。この点、昔話とは異なる点である。

瓜姫の話は江戸時代になると『嬉遊笑覧』に「瓜姫の咄」として「今江戸の小児多くは此の話を知らず」とあり、「田舎には今も語れり、信濃の人の語るを聞し事あり」と述べられている。内容は西日本型である。この時代には桃太郎も桃から生まれずに、爺婆が桃を食べて若返り、桃太郎が生まれるという合理的な話になっている。瓜姫のような瓜から生まれるという話は社会のなかでもみ消されてしまった（瀬田、一九八二）。ただ、柳亭種彦（一七八三〜一八四二）作『昔話きちちやんとんとん』は瓜姫物語が題材となった話である。

お伽草子は当時の民間説話と共通性が深いが、当時の作者の価値観もはいっているのであろう。

参考文献

徳田和夫『お伽草子』岩波セミナーブックス、一九九三年。

徳田和夫「お伽草子と昔話」（花部英雄・松本孝三編『語りの講座　昔話への誘い』三弥生書店、二〇〇〇年）。

柳田國男「瓜子織姫」『柳田國男全集　六』筑摩書房、一九九八年。

女性史総合研究会編『日本女性史　第一巻　原始・古代』『日本女性史　第二巻　中世』東京大学出版会、一九八二年。

総合女性史研究会編『日本女性の歴史　女のはたらき』角川書店、一九九三年。

瀬田貞二『落穂ひろい――日本の子どもの文化をめぐる人びと』上巻、福音館書店、一九八二年。

『御伽草子集』小学館、一九七四年。

〈コラム〉幼稚園唱歌事始め

後藤紀子

今から百七十年ほど前、ドイツの教育者フレーベル（一七八二〜一八五二、ドイツ）は幼稚園を創立し、“Mutter und Kose-Lieder”（『母の遊戯と育児歌』）を発表した。これを今、津川主一訳編『母とおさなごの歌　解説　フレーベルの保育哲学と歌曲』（昭和十四＝一九三九年初版）で見ることができる。この本の序文で津川は、「幼稚園の始祖、哲人フレーベルの保育歌は、母が天より与えられた愛児を育てていく時、遊戯をしながら愛児のために、或いは愛児と共にうたうものである。それ故これは育てる母の歌であり、そして育てられる子供の歌でもある。」とのべ、この本により「愛児を恵まれた幸福な母親が、……ほとんど無意識に行われる子と母との歌と遊びのうちに、芸術と科学と宗教と倫理とを会得させるよう仕向けようとした」とフレーベルの遊び文化に対する理解と陶冶への意志を説明している。

この本には、一曲ずつ歌の楽譜、歌詞、その歌曲を視覚に訴えた挿絵、そしてその曲の解説が書かれている。次頁の絵は、『お菓子ペッチャリコ』の曲の挿絵である。解説には、「誰かがやいてくれるパン、

Patsche-Kuchen.
おかしペッチャリコ
おかし　やきましょう
ペッチャリコ　と　のばし
あつい　おかまべ
いそいで　いれよう
おいしい　かし　が
すぐ　に　やけますよ

『母とおさなごの歌　解説　フレーベルの保育哲学と歌曲』

こねる、粉をひく、穀物を作る、穀物は大自然の恵みを教え感謝の生活へと導く」と記される。この挿絵を見るだけでも、様々なことが感じ取れる温かい絵で、絵本として見るだけでも貴重な本であると思う。

この本には先行する訳本がある。「フレーベルの幼児教育思想の正式な受容は女史の来日を機に初めて可能になった」（石橋哲成、二〇一一年保育学会特別公演）と評価されるA・L・ハウ（Annie Lion Howe 一八五二〜一九四〇）によるものだ。

明治期には西洋音楽を取り入れた新しい音楽教育を開発しようと、『保育唱歌』（明治九年）『幼稚園唱歌集　全』（明治二十年、いずれも文部省音楽取調掛編）などたくさんの唱歌集が作られた。その中でフレーベル思想の忠実な実践者であったA・L・ハウは、独自に編集した「唱歌」テキスト『幼稚園唱歌正編』[1]（明治二十五年）と『幼稚園唱歌續編』（明治二十九年、いずれも作詞・訳詞は大和田建樹、松山高吉）を出版した。アメリカの幼稚園で自分がつかっていた幼稚園唱歌のなかから適当なものを選んで編集した本だという。歌詞の中には遊戯動作を示す挿絵が描かれている。また、目次には「朝の歌」や「花の歌」「指遊の歌」など項目分類があり、『母の遊戯と育児歌』にある題名と似通っているが、曲はすべて別のものである。

その後ハウは、明治三十年頃、『母の遊戯と育児歌』の英語からの翻訳本『母の遊戯及育児歌』を出版した。そこでは楽譜を省き、「遊戯絵本」として挿絵を解説するだけにして、絵も日本の風土に合わせて画き替えた。原書の作曲者ローベルト・コール（一八一三〜八〇）の曲は使われなかったが、その点についてハウの講義録『保育法議事録』には、「意味としては宜しいが、詩文と音楽が余り宜しくないです」と書かれているという。ちなみに津川主一訳編『母とおさなごの歌』においてもコールの作曲は、「いささか現代趣味と遠きものあり……大多数が他の曲と置きかえられ、四十五曲中四曲のみコールの曲である」とされている。

ハウの『幼稚園唱歌正編・續編』は百五十曲からなっている。その中に現代のピアノ曲などでなじみのある曲が数曲入っている。拍子も「三拍子」や「八分の六拍子」など変化があって楽しい。しかし歌詞は文語体で難しいのが残念だ。この後明治三十四年に言文一致運動がおこり瀧廉太郎をはじめ、東くめ・鈴木毅一・巌谷小波の共著で、『お正月』『水あそび』『鳩ぽっぽ』などのヒット曲がならぶ『幼稚園唱歌』が発行された。ハウの『幼稚園唱歌正編・續編』がもっと子どもにわかりやすい歌詞であれば、今に残る曲はもっとあったのではないかと考えられる。

これらの曲集の拍子を見てみると『幼稚園唱歌集　全』(文部省)『幼稚園唱歌』(東くめ)の曲は、ほとんどが「四分の二又は四拍子」であった。それに対しハウの『幼稚園唱歌正編・續編』は百五十曲中「三拍子」は十七曲、「八分の六拍子」は二十七曲であった。『母とおさなごの歌』に関しては四十五曲中「八分の六拍子」十四曲、「二又は四拍子」が二十七曲、「三拍子」は三曲である。母の腕の中で歌われる曲として、ゆったりと揺れる感じの「八分の六拍子」が多いのは納得がいくことだ。

A・L・ハウは、明治二十年に三十五歳で来日し七十五歳で帰米した。『母とおさなごの歌』を訳した津川主一は在米のハウ女史に改訳を求めたが同意を得られなかったと、本の序文に書いている。津川は、「本書に置いて最も苦心した点は、第一に言葉をなるべく幼い児にもわかるような、現代のやさしい口語体にすることであった。その次はその言葉を音楽に調和させることであった。」と述べている。口語体の新訳は新しい訳出の仕事で、自分の仕事とは異なった歴史の舞台にあるとハウも理解していたのかもしれない。

参考引用文献

津川主一訳編『母とおさなごの歌　解説　フレーベルの保育哲学と歌曲』昭和十四（一九三九）年初版、日本基督教団出版局。

白川蓉子「フレーベルの『母の遊戯と育児歌』の教育的意義とアメリカ、日本での受容の検討――その二、日本での受容と「遊戯唱歌教材」としての意味」神戸大学発達科学部研究紀要、五（二）：六一―七六、一九九七～〇九年。

エ・エル・ハウ嬢『保育法議事録』定平和佐久／編、第三講、母之本、一一頁。

東くめ・鈴木毅一・巌谷小波共著『幼稚園唱歌』共益商社発行、明治三十四（一九〇一）年、全一冊二十曲。

第五章

社会的保育の登場と「自治共同（協働）」の探求

太田素子

一九二六年に全国で約三百ヵ所にすぎなかった託児所は、一九二八年には常設託児所だけで千五百ヵ所を超えるまでに急増した。また、農村にはこれより遥かに多い季節託児所が設けられた。米騒動を契機に大都市には公立保育所が開設され始め、一九二六年段階で公立保育所は六五ヵ所、全託児所の二割を占めている。世界恐慌と農村不況という経済的な逼迫に加えて、一九三〇年代に入ると満州事変（一九三一年）に始まり戦争が家族と子どもの生活の上に重く影を落とし始める。この章では、不況と戦争の時代に子どもたちの生活を守り、民衆的な保育に先駆的に取り組んだ実践をとりあげてその内容と思想を探る。

第一節では、大正自由教育の精神を引き継いで東京下町に開園した子供の村保育園の実践と思想を、第二節では保育問題研究会の研究活動をとりあげて、その歴史的な意義を考えてみたい。

子供の村保育園は学校教育の内容方法改革と深い関連をもってとりくまれた幼児教育実践であった。また都市新中間層を基盤とした幼児教育ではなく、より庶民的な生活環境のなかで育つ都市中下層社会に子育ての共同体を形成しようとした実践でもあった。幼小連携と子育て支援という今日的課題をその時代なりに「解決」していたことが注目される実践である。

いっぽう保育問題研究会については、これが幼稚園関係者・保育所関係者双方に開かれた保育研究の場であったこと、中心的な指導者城戸幡太郎がドイツの社会的教育学を理論的な根拠として参照しつつ「発達に応じた系統性」という保育内容編成原理に到達していたことの意味に注目している。

第一節　都市につくられた「村」——保育所を中核とする子育て共同体

子供の村保育園（一九三六年四月〜　）とその主宰者平田ノブ（一八九五〜一九五八）については、すでに多くの先行研究がある。女性史と保育史の接点に位置づく平田ノブの波乱多き生涯については宍戸健夫、新井淑子による史料の掘り起こしと、(1)上笙一郎・山崎朋子による興味深いコメントが、(2)また東京下町江東区深川で同潤会アパートを舞台に、卒園児と母親や父親まで巻き込んで生涯学習の場を形成した子供の村の実践についても、舘かおるの実証的な研究と宍戸健夫、林若子、浅井幸子等の分析がある。(3)そうした中で、あえてこの実践をとりあげるのは、家族関係の変容と子育ての社会化の足跡を考察しようという本書の課題にとって、平田の実践がもつ重要な意味に注目しておきたいからだ。

1　「社会的母性」について

自由闊達で情熱的、己に厳しく子どもや民衆に愛情深い平田ノブという人が、今の日本社会にもっと広く知られていくことは大切だと最近改めて考えている。しかし、ノブの史料を読み進めていると一抹の違和感を覚える部分がある。まずその違和感の正体を見極めることから始めよう。

『保育問題研究』誌によると、一九三八年五月の保育案研究委員会に子供の村保育園の「生活訓練案」が報告されたという記事がある。平田ノブは保育問題研究会（第二節参照）には殆ど参加していないが、保母の辻美登志が研究会に熱心に参加していたので、報告者は辻であったかも知れない。その保育案は子どもの集団が質的に変化することをふまえている点で、全体としては当時の実践報告として出色である。

しかし、第一項目に「新しい生活（団体生活）に対する認識――覚悟」とあり、具体的に「（1）保姆と幼児――先生は皆の親だから独占することは出来ぬ。（例）先生の手を握り膝に上るというようなことをさせぬ云々」[4]とあり、思わずドキッとさせられる。確かに子どもたちはみな保育者を独占したいだから、最終的には保育者にくっつくより自立的に子ども同士で遊べるように、保育者は様々な工夫をする。しかしそうなるまでの過程では、保育者が一人ひとりの子どもと心も身体も繋がるプロセスがあっていいし、むしろ一対一の信頼関係をしっかり作り出すのが現代の保育であろう。

背景の一つは今日とは比較にならない保育条件の貧しさであろう。淡路島の小学校で代用教員をしていた時代の平田ノブは、一年生六一人の担任になったという[5]。子供の村の保育条件も今日とは比較にならない厳しさであったために、子どもたちに「覚悟」を優先させたという側面もあったと考えられる。

同時に当時の民衆の子どもたちが我慢慣れというか、あきらめや気分転換の上手な、生活の中で鍛えられた子どもたちだった為にこれが可能だった面もあろう。現代の保育では、保育者は一人ひとりの子どもとの愛着関係をしっかり形成し、初期の段階から子どもの安心感の土台を形成しておこうと努める。

それは翻って見れば、今日の子どもが家庭で濃密な愛情関係と個性の尊重とを経験しており、集団生活もその人間関係の濃密さを保障する必要が生まれているからだ。

しかし、それにしても子供の村の保育案のような抑制的な愛着関係は、既にこの時代の都市新中間層の子育てとは異質な大人・子ども関係だったと見てよい。この時代でも新中間層の子育てにおいては、現代と変わらぬというか、時には現代以上に厳密で注意深い子育てが母親たちによって選びとられていた。

たとえば鳩山春子はその自叙伝の中で、「学校に入学するまでに家庭で学問も道徳もいろいろ順序を立て方法を講じて、良き習慣を作るために容易しい方法で教え導き、他日の基礎を築いておかなければならぬ」と思って努力したと語っているし（第一章コラム参照）、二人の息子を東大教授にした野上弥生子も自伝的な小説の中で、「生まれるときから今日まで一日も自分自らの養育と注意の外においたことのない子供、彼女の純潔な愛の的」「善良な話の外は聞かせまい、美しいものの外は見せまい。正しいことばの外は覚えさせまい」と子育ての心情を綴っている。さらに『青鞜』の記者、戦後は『主婦の友』の記者として活躍した女性運動家富本一枝は、「私たちは心を一つにして、いつも少しの隙もなく、陽ちゃんを見守って行かねば成りません。育てが第一です。親が絶対の責任者であらねば成りません。」と、その子育ての覚悟を記す(6)。

もちろんこの時代の知識人女性も多様で、平塚らいてうは自分自身の窮屈な子ども時代への反発から子どもを思い切って自由に育てたと語り、富本一枝に公開書簡でその子育てにたいする疑問をぶつけている。[7] 自分の仕事をうまく子育てネットワークとして組織した羽仁もと子の場合は、夫の協力と職場兼自宅で娘の節子を育てた。しかし開放的な子育てとはいえ、彼女たちの子育ても親子のコミュニケーションの濃密さは、新中間層の子育ての質を映し出している。[8]

それでは平田ノブの場合、親子・保育者と子どもの関係は、どのような性格をもっていたのだろうか。ノブは母性愛論を意識的に語ったが、それは「社会的母性」と伊福部敬子が名付けたような、わが子への愛情を社会の子ども一般に広げて、子どもたちを大切にする母性愛としてであった。[9] ノブが作詞した「子供の村々歌・日本の母」は、「学びまなばん　子と共に、……母という大きなつとめに生きんため。純い子供は　良いお母様から、聡い子供は　かしこいお母様から、健な子供は　すこやかなお母様から」[10]と、母親の在り方を子どもの育ちとの関係で最大限重視する。実際ノブは保育所を開設すると同時に「母様学校」を開設して、料理や染色裁縫、産児調節、家庭教育など切実な話題について講師を招き勉強会を組織、村が子どもの問題を中心とする学びの共同体になることをめざした。

また子供の村「村人の誓い」には、「わが子の幸福と共に全ての子供の幸福を祈願」すること、それは「わが子の幸福は凡ての子供の幸福と共に来ることを悟る」からであって、そのために「無私の協力を捧げる」ことを誓うという内容であった。参観した女性運動家伊福部敬子は、「誰の子でも抱いたりあやしたり、又子供同士が喧嘩をしても自分の子供を庇うようなことの絶対に無い」し、子どももどの母親にも懐いている「新しい社会の母と子の姿」をそこに見いだしたと書いている。[11]

ノブが愛情豊かな人柄だったことは多くの証言から明らかで、彼女は母性愛を語るにふさわしい女性でもあった。しかし、この「社会的母性」については、先の「生活訓練案」と同質の一抹の不安を消すことが出来ない。彼女は一人息子恵との愛情関係に、とっぷりつかることを「利己的で後ろめたい」と感じていたと記述しているのだ。

「一人の子供の母として、それ丈に関はっていることが利己的に思えて辛かった。（中略）母としての切ない愛の経験を通して、世の母たちに肉親のやうな愛情も芽生えた。私の苦悩は、もう他人ではなくなった世の母と共に生きるより他に救われる道はなかった。」[12]

これは子供の村保育園を開設した動機を十年後に綴ったものだが、自らの子育てに熱中することが「利己的」に思えるという感覚は、新中間層の母親たちとは相当距離のある感覚だ。閉鎖的で教育熱心な母子関係が都市の近代家族として登場した時代に、ノブはあえて社会的な連帯の中に集団的な母と子の関係を築き上げようと努め、近代家族に特徴的な閉鎖的利己的な母性愛を否定した。

創設当時、ノブは郷里の次姉危篤で帰郷を余儀なくされ、開所式延期の手紙を父兄に当てて出したことがある。そのなかには、「村を創めた其時出家と覚悟し、血縁の繋がりもたち、一身一命は子供の村の母様や子供に捧げた積もり」[13]とその心情をかいている行がある。

村の創設を「出家」と語る心情、もちろん父母宛に責任の自覚を強調する必要から選びとられたことばではあるが、個人の家庭的な愛情関係を時には犠牲にしなければ成り立たない事業であることを充分察知しながら、ノブは社会的な子育てに賭けた。それは周囲の人間に対しても、愛着関係への自覚的な禁欲を強いる。後年、十五歳になったノブの息子平田恵は、十年前の母親との関係をこう振り返る。

「あすの朝僕が此処の叔父さんの処へ立つといふ晩に母は刷り物を配って歩きました。一人で留守するのが淋しいので後をついて歩きました。……静まった暗い庭で五六分を待つのが淋しくて、後をついて登ったらひどく叱られました。叱りながら母も泣いていました。……先生としても僕は母を尊敬していますます。今でも良い話し相手になってくれます。(14)……」

母親を尊敬し信頼し、しかし母親についてゆく為には寂しさに耐えて、同じ理想に向かい禁欲的に努力するしかない。子どもにとって過酷な途を、ノブはそれと分かりながら選びとるしかないと考えていた。彼女は小学校入学とともに恵を姉夫婦に預けて、村の子どもたちのために身を捧げた。

彼女の社会的母性は、独占的な愛情を利己主義として否定するところに成り立つ母性だった。我が儘に独占する愛情だからこそ安心する近代的なエゴイズムを根本から否定するような社会的母性、禁欲的母性は、果して「世の母と共に生きる」ことになったのかどうか。近代家族の愛着関係を前提としながら、子育ての共同化をめざす途は、なぜノブの選ぶところとならなかったのだろうか。

ノブは息子恵との関係についても、また子供の村の他の保育者たちとその子どもたちとの関係についても、感情面であまりに犠牲が大きいことに充分気付き問題と捉えていた。(15)しかし、一人親で家族内に協力者がおらず財政基盤もないノブがこの大事業を実現するには、家族の幸福追求に関して禁欲と自己犠牲しか途がなかった。

しかし、それは自覚的に選びとられた途でもあったのである。彼女のめざす「社会的母性」は、共同化の範疇に収まるものではなく、共同体に無私公平に奉仕する「社会的母性」であった。ノブは同体的な特定化されない愛情を理想化し、この時代には身近に生まれていた我が儘な近代家族の形成に後ろを向いて、理想郷を求めようとした。こうした母子関係・家族関係の性格は、ノブが広島の山村で経験してきた、共同体の中の古くて大きな家を否定しながら、そのイメージの上にユートピアを描いていたからではないかと考える。

2 平田ノブの生涯とその家族観

平田ノブは一八九五（明治二十八）年三月、広島県世羅郡甲山町に生まれた。両親は篠木完次郎・ヒチ、六人兄弟の第四子である。完次郎（一八五四〜一九一三）は「第十六代の刀鍛冶」という旧家にうまれ、名人気質が身に付いた人だが、廃刀令（一八七四）後の時代に農具を作って生業をたてなければならなかった。ヒチ（一八六三〜一九〇八）は、結婚前から完次郎と恋文のやり取りをしていたと伝えられ、さる呉服屋へ嫁入りした夜、結婚衣装のまま逃げ帰って九歳年上の完次郎の後妻にきたという逸話が残っている。(16) 情熱的な行動力をもった女性だったようだが、幕府の代官所に屋敷を提供するような旧家篠木家とは「身分違い」とされた中農の出身で、熱心な真宗門徒だったという。ノブは十三歳のときに母親を、十八歳で父親を喪っている。父親のプライドと没落感、母親の庶民性と情熱は、ノブの人格形成の豊かな土壌となったのであろう。また、母親を通じて浄土真宗に深い理解をもっていたことが、仏教的な解脱（禁欲以上に「脱」欲を理想とする）を自己に課す精神的な土壌になっていたと考えられる。しかし旧家の重みは自由への希求を育む。後年、知人に当てた書簡の中で、ノブは旧家の世代継承の困難と家に翻弄される個人の実情を書き記して、「何故私が解放運動に興味を持ったか……これは兄弟順位と、それが家意識に批判的な傾向を帯びさせた。……幼時既に家族利己主義に反発を感じていた」[17]と書いている。

「情熱家で天才肌」の勉強家であったノブは、三原女子師範学校を一九一五年三月に卒業すると、広島県師範学校附属小学校の訓導となった。師範学校生徒時代からルソー、エレン・ケイの思想に触れていた彼女は、職場の男女差別を経験して全国女教員会に参加、さらには新婦人協会広島県支部結成を推進して、平塚らいてうの来広を企画推進したことが問題になり退職に追い込まれた。この「広島事件」（一九二〇年十一月十五日）の経緯については、新井淑子の研究が詳しい。

一九二一年三月、師範学校の訓導を退職して上京し、新婦人協会の事務等を手伝った。この頃、平塚らいてうの二人の子どもの遊び相手等も務めたといわれる[18]。しかし教職への思いの強さがあったのだろう[19]、一九二三年四月には師範学校時代の恩師平田愛子宅に寄寓、淡路島洲本の第二尋常高等小学校代用教員として、合科学習に意欲的にとりくみ、その実践記録を『教育の世紀』に寄稿している。この頃、師範学校時代の恩師、平田愛子の養女となって篠木姓を捨て、平田ノブ（のぶ、のぶ子）となった。

教育の世紀社同人が教育の理想を実験的に実現しようと開設した池袋児童の村小学校（一九二四〜三六）に、平田ノブは開設当初から訓導として参加した。希望に燃えて就職したと考えられるのに、ノブは一年後に病気休職、二五年十月には退職した。二五年春頃、世紀社同人志垣寛の子どもを出産したためだが、その経緯について新井は「妻子ある志垣寛とは分かれた」とし、上・山崎の著作では「恋愛は自由だが結婚は従属」だとして、ノブが結婚を拒否したと述べている。

上・山崎が引用している志垣寛の小説『学園に芽ぐむ』（一九二六年一月、萬生閣）は、児童の村小学校とその教師たちをモデルとした小説で、小説なのだからそれ自体を史実と受け取ることは出来ない。しかし、志垣の側からみた恋愛観や池袋児童の村小学校の生徒と教師の関係性なども含めて、事実とは異なっているであろうが当事者がこの顛末をどのように考えているか、事の本質はよく形象化されている。

ノブをモデルにした篠田郁子（平田の旧姓は篠木）が、地方講演で「教育と恋愛」をタイトルに講演している。その趣旨は、教師は「常に自分の定規を用ひて、自由にして純真なる児童の生命に君臨しようとする」が、これは邪道である。「教育とは教師と子供との生命が互いに相伴うて進展していく姿」である。恋愛は自由な人間関係であるが「夫婦関係の成立によって……支配・被支配の主従関係となる」、「児童の自由なる成長を企図し、生命の支障なき発展を願ふならば、教育は永遠に（婚姻関係ではなく）恋愛の関係におかれ」ることが必要である[20]、と。

いっぽう志垣をモデルとする主人公岸順二は、許されるなら二人の女性を永遠に所有したい、「何故に人間は一夫一婦でなければならぬのか、人間完成の過程として一夫一婦はむしろ偏狭」などと時には考えながらも、「正しい生活に導き……二人の生活の完成のために」郁子を選ぼうとする。学校のために、ぜひこの女性が必要だとも考えていた。しかし、結婚に対して積極的になれない郁子は忽然と学校を去っていった。

ノブの選択の意味は複雑だったであろう。「結婚は主従関係」といいきる同時代女性はそれほど多くはないが、自主的に生きることを選びとった女性で、結婚を逡巡するものはこの時代に多かった。若松賤子は最初の許婚を何の咎もないのに必然性がなかったと破談にし、巌本善治と結婚するときには「花嫁のベール」という英文の詩を書いて、「私は何時でもあなたのもとから飛び立つ力をもつ」と宣言しなければ家庭に入れなかった。(21) 平塚らいてうも結婚より同棲を望み、最終的に結婚するときには数項目の誓約を奥村博史と交わしている。(22)

数年後、ノブは「新しい時代」(23)という小稿で「彼女たちは若い日の私のように支配に対して過度の反発もしない。……あせらず呑気に自然に、無関心に、しかし無意識のうちに経済的独立を念願しつつ、一歩一歩確実にあるいている」そんな少女たちに新しい時代を感ずる、と書いている。自身の無理ある選択が歴史的性格を持つことを、彼女は賢明にも理解していた。

児童の村を去った後、ノブは堀切に住んで一子恵を育てながら全国小学校連合女教員会の雑誌編集に従事したり、「婦人消費組合協会」の設立（会長・奥むめお、一九二七）、婦人参政権運動への関与など、女性運動との接点を深めて自立への路を探った。また奥むめおを手伝い婦人セツルメント託児所の創設準備を指導したこと、一九二九年十一月に山梨県大鎌田村字窪中島の繁期託児所開設に従事したことは、自身の保育所建設を計画する契機となったと考えられる。[24]　このように一人親の困難をかかえながら民衆女性の生活課題を理解する立場におかれたことが、彼女の自由教育論を生活教育論として深化させた。

一九三一年四月、ノブが全霊を打ち込んだ「子供の村」保育園が発足する。その実践と思想については次項で言及することとして、もう少しノブの生涯とその家族観・子育て観を見ておこう。子供の村は良い協力者にも恵まれて、戦時下でもその活動を続けた。しかし、一九四五年三月十日の大空襲で消失。翌朝、失意のノブを励ましたのは、焼け跡でも屈託なく遊び回る子どもたちの姿だったという。しかし戦後の再建は多難であった。

一九四七年十二月、先輩友人たちのみに当てて発行された『村だより』に、ノブは子供の村再建の困難と激しい自己嫌悪を率直に書き綴っている。記事によると、激しい自己嫌悪に陥ったのは、若い頃の「恋人A」にたいする失恋の折り以来であるという。今回は村再建に助力してくれた深沢（隆蔵）翁の突然の死もあり、仕事上の困難が苦しみの原因であると記す。とくに印象深いのは、「教育者平田への不信」「愛することの出来ぬ、まことのない人間」という自己批判だ。

「子供たちから、母さんたちからの愛は、苦しいほど過分であります。然も私は、かつて、ほんとに愛したこともなく、愛することも出来ぬ人だとの発見であります。」

「私が生きるためには、周囲の人たちの犠牲が払われている。戦災の日から影の形に添うが如く、一年三ヶ月ついてきてくれた同士かほるさんは病に倒れた。仕事の条理丈なら方法も立つ。さうではない。私があの人の若い血をすすり、そして毒気を吐き出す。……学齢と共に姉に託した肉の子、恵を見る。敗因の凡ては私の負ふべき責であり、勝因の一つにも私の生命はかかはりをもっていない。[25]……」

名前の出ている保姆佐藤かおるは、のちに息子恵と結婚している。また、恵も震災時には母のリヤカーを曳いて手伝う様子が描かれており、表面的には絶望するような理由はない。しかしここには近しい家族との葛藤が記され、とくに息子恵との葛藤がノブを苦しめたであろうことが滲み出ている。「家族利己主義」を嫌い社会的正義を求めて生きたノブは、自らの選択が周囲の人々に及ぼした影響に、老境に入って愕然とさせられている。

一九四九年児童福祉法の認可を受けて子供の村保育園は再建された。しかし、ノブはあまりに疲れていた。二年後、「村長自殺未遂事件を起こす」と自著の年表に描き込んでいるが、その後も一九五三年六月に辞任するまで村長は続けた。[26]宍戸健夫氏の収蔵史料の中には、「平田のぶ遺書」（写）という史料があって、日時は記されていないが、宛名（佐藤先生）から未遂事件の時の遺書ではないかと思惟される。そこには自身の「邪見」「狂ったような心」に苦しみ、「こんな人間はどうして出来たのか、大事なのはお腹に宿ってから、三つ四つ位までの教育ではないか、環境ではないか」などと記している。[27]

「本当に人を愛したことは無い」というのは、ノブが求めるものが「無私」の愛だからであろうか、それとも利己的独占的な愛の本質を受容したからなのだろうか。いずれにしても心が弱ってきたとき、

「社会的母性」の「無私」という禁欲主義は、自らの人格を否定する方向へとノブを追い込んだ。とはいえ晩年にいたって尚、自らの「愛」を省察する情熱と知性とは、ノブという人の並外れた器を伝えているといえよう。

3 子供の村保育園の〈子ども・教師〉関係

それではノブの生き様や思想と、彼女の教育活動とはどのような内面的繫がりをもっていたのだろうか。小論では二点だけ検討しておきたい。一つは教師・子ども関係のイニシアティブの問題、今ひとつは「村」の共同体としての性格である。

平田ノブは『教育の世紀』に淡路島時代の実践報告を「合科学習の実際」というタイトルで掲載している。[28] その冒頭、「教育は文化財の伝達ではなくてその創造」である、知識や技能は教育の効果ではあっても目的ではなく、目的は「より良く生くることの歓びを感ぜしむ」ること、と書き出す。この淡路島時代はわずか一年間だが、ノブが広島県師範学校附属小学校訓導としての経験と思索の到達点をふまえ、より自由な環境で渾身の力を込めてとりくんだ実践だった。そして、池袋児童の村小学校の実践もノブはこの境地から出発したのだと考えられる。

この論文の中で注目されるのは、有能なものとしての子ども観と「同胞」としての教師・子ども関係、そこからくる教材編成における子どものイニシアティブの承認である。

「第一学期は殆ど丸遊びをしました。所謂教授といふ方法に依って教科書の知識を授ける事は一切しませんでした」と語る彼女は、それでも二学期にはいって「学習態度がかなり整った」ものになったこと、比較考査の成績は参考にしか考慮しないが、それでも算術も読み方も極めて良好らしいことに満足している。そのように思い切った方法が採れるのは、ノブが子ども独特の学び方に理解と見通しをもっていたからであった。

「子供の心の生活は変幻萬化極りなく、奇想は天外に翻って、大人の想像を裏切ります。一分のすきもない大人の作った定規で測るには、あまりに大きすぎ広過ぎ深過ぎます。[29]」

こう述べてノブは、「動的」とか「開発」を主張する自由教育について「確かに外見は変化し」たが「元のままの教師の立てた目的に従ひ……大人になる準備の教育をしている」と、改革が方法上の改良に留まることを批判する。そして自らは、子どもを「良き生活のために、よりよき環境に解放してやる」ことを求めていた。また、学校教育においては「従来殆ど顧みられなかった「遊び」のなかに大なる価値を見いだし、之を正しく導く事に、大きい意味を持た」せたのである。ノブが遊びを重視するのは、それが子どもの選んだ活動であり、もっとも「己を空しく」つまり、集中する活動だからである。「彼ら自身の計画に従ひ、自由に選んだ題材を、自ら考案せる手段方法によって学習していく合科学習」が、ノブが洲本の一年生に対して採った教育方法であり、「自由教育においては所謂「遊び」をも学習と見る」ことは彼女の確信であった。[30]

「合科学習」という位置づけは、彼女の実践（「私の人生観、児童観、教育観……から自然に生まれた方法」）に対して他人が付けてくれた名前だとノブは書いているが、この「合科学習」が「中心統合法」の学習方法とどう違うかという点は意識的に検討を加えている。[31]

木下竹次は「合科」学習を「分科しない学習」、分科を予測しながら未分化で「渾然一体」であるような学習として、「総合」学習とは区別しているとノブは考える。「中心統合法」はノブの理解では「総合学習」に近く、分科を認めないでいずれかの教科を中心におき学習内容の統合を計る方法で、何を中心におくかという点では教師の文化財に対する評価と意志が働いている。

ノブは、何かの教科を中心に教育内容を統合するということは全く考えていなかった。彼女は合科学習を、「児童自身の自発意志に依り、そのプランに依って進展していこうといふ」学習方法だと説明する。「図画が多かったり、唱歌が主題のように見えたり、手工ばかりしているように見えたりする事がありませうとも、それは子供の心理発達の段階を物語っているもので、決して教師の意志に依って……中心にしているのではありません。」ということだから、彼女の実践の眼目は、学習における子どものイニシアティブの承認と、その集中力を高く評価する子ども観にあったのである。

「理科に於いて自然の妙味を感じ、そを謡ひ描く事によってより深き理科を学び、読方に於いて理科的詮索をする事に依ってより高き読方を学ぶ」「別々の方法で学習する事が、教科の独自性を尊重すると思うのは誤り」というノブの説明は、教育の目的は「より良く生くることの歓びを感ぜしむ」ること、という生活の質を追求する生活教育論から導きだされた教育内容論であり、その際生活の質としてノブがもっとも本質的だと考えている事柄は主体的な学習の成立だった。

このような学習方法を採用すると、教師に求められる資質は何か。ノブは最後にこの点に触れて、教師を「学習補導者」といいかえている。つまり「教える者」というより、学習を「援助する者」が教師であり、そのためには学識は深いにこした事はないが、本質的に必要なことは「精進の願ひ」「真理に対する燃ゆる如き至純な愛[32]」であって、「真理の途を共に進みゆく同行者」としての「絶えず成長し得る若さ」であった。こうした教育観は、彼女が小学校教師として到達した境地であるが、幼児期の教育としてもそのまま適用できる教育観だった。

4　共感的な「協働自治」

次にもう一つの問題、「児童の村」時代の実践以上に、「子供の村」の実践でより強調されていた生活教育の目的としての「協働自治」について考えておきたい。子供の村が、保育活動に留まらず「子育てを中心とした共同体作り」の実践であったことは、母様学校、自治学校（今日の学童保育に近い）、父様学校、姉様学校、そして同窓会などの実態と共に、舘かおるの研究に詳しく紹介分析されている。また、その理念が野村芳兵衛の『生活訓練と道徳教育』（一九三二年）に近いとも指摘されている[33]。幼児教育史の分野では、この「協働自治」の概念が、城戸幡太郎の「社会協力」という教育目的論と重なり合う性格をもつという指摘も提出された[34]。以上の指摘については筆者も同意した上で、しかし平田の保育実践における「協働自治」の内実は、豊かな共感能力に富んでいる一方、なお情緒的な関係性にとどまる点に課題が残されていたと考えている。

「個人の完全なる発達によって、社会の発達を願ひ、社会の幸福と個人の幸福とは、相照して相助けて増大する者だと考へ、さうした社会を夢見ております。[35]」

彼女は社会の幸福と個人の幸福が相互に作用して進んでいくことを期待する。その際「個人の完全なる発達」が優先的に求められるのは、「教育による社会改良」を期待するからであろう。教育者として日々子どもに接する立場からの、人格形成への働きかけについて平田の見解は印象深い。

彼女は、一学期の間、クラスの子どもはバラバラでもよい、「個立時代、個人主義の時代、利己的我儘の時代を素通りしないこと」は必要だと述べる。[36] 急がず、ありのままの子どもをさらけ出すことがこの時期には何よりも大切で、「指導する代わりに見つめている。」という。その間は随分忍耐が必要で、父母からの批判や注文も多かったけれども、その時期の生活経験の上に次の時期の学級生活の土台が生まれる。

ノブによると、「ありのままの生活に依って得た大きなもの」は、教師が彼らをよく知り、「彼ら相互にも深い理解の生じた」ことだという。「知り合ひ、愛しあふ、これによってどの個も虐げらるゝ事なく、それぞれの香、色、味によって認められ」るというのが、彼女の確信だ。

「少しづつでも他人の生活を考へる様になる迄には、勿論思い切った我が儘の衝突の不快さ、我意の通せられなかった時の不満、他から自分の生活を邪魔された時の苦しみ、一人の横暴に依ってみんなが被る迷惑、不勉強から来る悲しみ、そういふ心持ちは、痛いほど経験させ度ひと願ひました。」[37]

このようなノブのクラス作りは、子どもの自己中心性を克服し社会性を身につけてゆくプロセスの中で、他者の性格や感情を直接に実感して他者理解を深めてゆくという、幼年期教育としては極めて重要な要点をとらえていると考える。しかし子ども同士の願いや意志をことばで交流し、確認することについてはふれられていない。今後実践全体を丁寧に分析する必要があるが、この論文に関する限り、平田の「協働自治」は、直感的で共感的な他者理解に重点があると考えられる。

さて、最後に子供の村の形成原理について論じた舘かおるの指摘について考えておきたい。舘はこの実践が、学校教育・社会教育という近代的な制度の枠組みを超えた実践であったことと、「村」人たちが職業や年齢を超えて対等な関係で参加すること、しかし身分を忘れることが求められ近代的な資本家と労働者という対立やその自覚は視野外におかれていることなどを指摘する。また、平田は「愛と信の理想社会の創造」を「村の悲願」とし、「協働」を重要な方法とする理想社会を求めたが、現実の村への回帰が志向されていたのではなく、利己的な欲望追求の都市社会に対する批判原理として「村」が対置されていたこと、母性の強調は広義の「産み育てる力」、次世代を作る力と解釈すべきで、性別役割分業社会が子育てを視野から欠落させていることへの批判も込められていたと指摘する。

さらに子供の村が戦争協力に巻き込まれていく契機として、生活の必要と自発的な互助機能を救い上げるファシズムの政策に、一定の批判をもちつつ具体的な場面では共通のニーズに答えようとしたことなどを指摘している(38)。

これらの指摘のうえに、筆者は平田ノブの精神世界が村落指導者層から生まれた文化によって育まれたものだとの認識を付け加えておきたい。近世日本の地域支配は、村落経営者に経営上の大きな責任と指導力を求める構造的な特色があった。また、村落共同体は人格としては対等で共感に満ちた人間関係を有していた。利己主義に対する非難と規制が厳しい反面、利他主義は人々から広く評価され信愛され、その信望によって本人の存在証明となる。平田が子供の村の人々から敬愛され、自らも厳しくその信頼に応えようとして家族生活すら放棄した禁欲的性格にとくにその点を見るのだ。指導者、啓蒙者だったから、自らの個人的な感情生活は犠牲にしなければならなかった。平田ノブは、北関東や東北から上京した人々の文化を色濃く残す東京の下町で、競争社会の利己主義を厳しく拒否しつつ、共同体的な共感関係を未来につなげようとした。しかし、ファシズムに対抗するためには、個人主義の本格的な洗礼が必要だったのではないか。凡人として人々と同じ床の上に立ち、過酷な自己犠牲を拒否できていたら、村の活動はこれほどの広がりをもつことは出来なかったであろうが、小さな共同体は又違う自治の魅力を持てたかも知れない。

子供の村の実践は、「新教育運動における左派の真価」を発揮したもの(39)といった評価がかつてはあった。

しかし、勝田守一の「民間公共」ということばが思い起こされるのだが、かつて社会の一隅で突出した人物によってとりくまれた実践がいつまでもマイナーな存在でありつづけるわけではなく、社会の必要に深く根ざしているのであれば、いずれひろく社会的な実践に適応可能な意味をそこから汲み取ることができる。平田ノブの実践とその生き様は、家族と子育てをめぐる歴史の転換点を迎えたいま、その先駆性と時代的な制約とを丁寧に想起しておくべき歴史の遺産だと考えている。

第二節　城戸幡太郎の社会的教育学と保育問題研究会

大正末から昭和前期にかけて、アメリカにおける保育内容研究に触発され、実践的研究に裏づけられた系統的保育案が幾つか生れた[40]。一九三六年十月、城戸幡太郎、依田新、三木安正、山下俊郎ら多数の児童心理学者と保育者が参加して発足した保育問題研究会（一九三六〜四三年、以下保問研）は、これらの保育内容論を吸収しつつ幼稚園と託児所に共通する保育内容の構造を創り出そうと試みた。従来の教育史研究において、戦前期保育問題研究会の幼児教育論は、児童中心主義に対抗する社会中心主義的なものと評価されたが、本節では城戸の幼児教育論の主眼を〈子どもの発達〉と〈文化遺産の伝達〉をいかに統一的にとらえるかという点にみて、「社会中心主義」というよりは〈子どもの発達〉にこめた彼の価値的な把握を中心に城戸の幼児教育論を検討したい。1では城戸理論を保育内容編成の原理の上で同時代の幼児教育論と比較しつつ検討し、2では『保育問題研究』誌上の実践や研究報告の検討によ

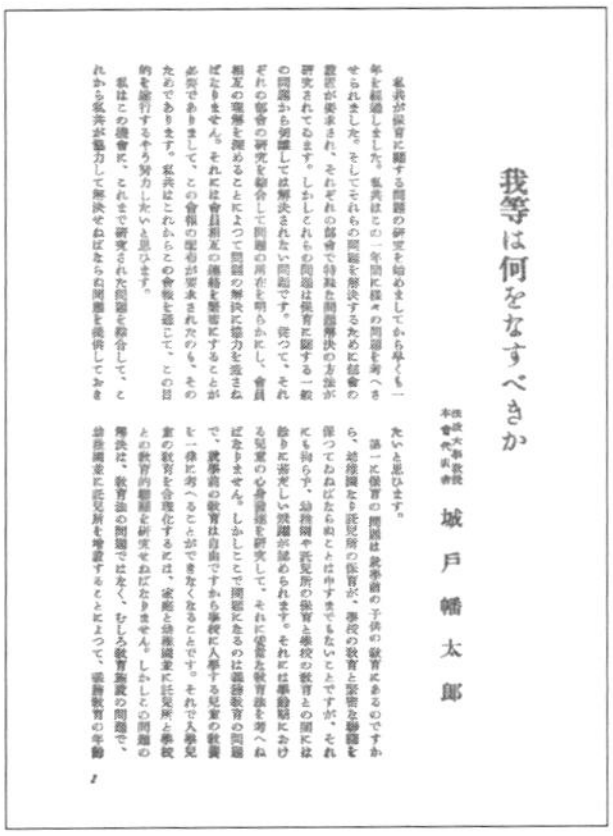

我等は何をなすべきか

法政大學教授 本會代表者 城戸幡太郎

私共が保育に關する問題の研究を始めましてから早くも一年を經過しました。私共はこの一年間に種々の問題を考へさせられました。そしてそれらの問題を解決するために部會の設置が要求され、それぞれの部會で特殊な問題解決の方法が研究されて居ます。しかしこれらの問題は保育に關する一般の問題から切離しては解決されない問題です。從つて、それぞれの部會の研究を綜合して問題の所在を明らかにし、會員相互の理解を深めることによつて問題の解決に協力を致さねばなりません。それには會員相互の連絡を緊密にすることが必要でありまして、この會報の發刊が要求されたのも、そのためであります。私共はこれからこの會報を通じて、この目的を遂行するやう努力したいと思ひます。

私はこの機會に、これまで研究された問題を綜合して、これから私共が協力して解決せねばならぬ問題を提供しておきたいと思ひます。

第一に保育の問題は就學前の子供の教育にあるのですから、幼稚園なり託兒所の保育が、學校の教育と緊密な聯關を保つてゐねばならぬことは申すまでもないことですが、それにも拘らず、幼稚園や託兒所の保育と學校の教育との間には餘りに甚だしい懸隔が認められます。それには學齡期における兒童の心身發達を研究して、それに適當な教育法を考へねばなりません。しかしここで問題になるのは義務教育の問題で、就學前の教育は自由ですから學校に入學する兒童の教養を一律に考へることができなくなることです。それで入學兒童の教育を合理化するには、家庭と幼稚園又は託兒所と學校との教育的聯關を研究せねばなりません。しかしこの問題の解決は、教育論の問題ではなく、むしろ教育施設の問題で、幼稚園並に託兒所を增設することによつて、義務教育の年齢

1

図1 『保育問題研究』創刊号の表紙（左）と城戸幡太郎の巻頭論文（右）

って、城戸理論が保育内容編成上にいかに具体化されたか、あるいはされなかったのかという点を探りたい。(41)

1 「発達に応じた系統性」

保育問題研究会の研究テーマはその多面的な構成員の関心を映して、農村の託児事業、幼保一元化、保母養成教育の問題、両親教育、異常《ママ》児の研究、児童文化、新しい教育機器としてのラジオの検討など多岐にわたった。そしてそれらの中で当初から高い位置づけを与えられていたものの一つとして保育案の研究があった。第一回月例会(42)が「保育案とは何か」というテーマで開かれ、幼稚園と託児所それぞれの保育内容の検討から始められたことは、当初の研究関心のあり方をよく示している。保問研の研究部会がようやくその体制をつくり、機関誌『保育問題研究』が創刊された一九三七年秋に城戸幡太郎は次のように述べていた。

「教育は人間が社会的共同生活をなしている場所においては、自然に行われている事実であるが、それを生活力涵養の目的のために系統化し、組織化する方法に教育科学の問題があり、畢竟それは生活技術の教育法にあるといえよう。」

「学校の特殊の意義は系統化という点にあり、……それは児童の発達に応ずる教育の段階によって考究されねばならぬ。(43)」

このように城戸は、学校教育が教育内容を系統化し組織化することの意義を強調した。その際の系統性は生活力の形成を方向目標とする「発達に応じた系統性」である点に注目しておきたい。後に保問研の保育案研究の観点が『保育問題研究』誌上に発表された時、その観点の一つとして次の項目が掲げられた。

「二、保育主題といわれるものが固定化し、季節的な羅列に止る事多く、幼児生活全般の発達に応じて系統的に引き出されていない事への検討(44)」

ここに系統的な保育内容編成への志向が語られていることは先行研究も注目しているところだが、その系統性が「幼児生活全般の発達に応じた系統性」である点は案外見落とされてきた。それでは「発達に応じた系統性」とはどのようなことであり、同時代の保育内容研究に対してどのような新しさをもっていたのだろうか。

保問研内部でも城戸の関心とは別のところで、特に保育案の研究を直接担当した第一部会の保育者たちの中には以前から系統性への志向が存在していた。浦辺史、塩谷アイらは児童問題研究会及びその後身である東京保育研究会(45)から保問研へ合流した人々だが、そこには学問や文化財の構造を重視した、その意味で系統的な保育内容への志向が窺われる。

児童問題研究会の保育研究は、諸外国とりわけソビエトの児童学や保育事業に学びながら、合わせて日本の幼児教育の思想や技術に関する蓄積を吸収し、託児所としての立脚点を明確にした保育内容の創造にとりくんでいた(46)。同研究会の保育思想を貫いた一つの立場は、当時現場に大きな影響力をもっていた児童中心主義の幼児教育論に対して、より意図的・目的的に文化を子どもに教育する立場であった。機関誌に論稿を依頼された青木誠四郎は次のように書いている。

「子供の生れる以前に文化があり、それを教えるところに教育がある。従って子供の欲すると否とにかゝわらず之を教えなければならない(47)。」

このような青木の社会実在論がそのまま同研究会員の一致した考え方ではなかったにしても、児童中心主義批判という点で会員に受け入れ易いものであったことは事実であろう。そして特に「言語訓練」「自然科学的保育(48)」「数学指導」など知的教材が系統性への志向との関係で注目される。例えば、保育研究部として発表された実践報告「幼児の数学指導」[49]は、「最も基礎的な学問である」数学が、託児所・幼稚園の保育案に考慮されていないことは遺憾であると述べ、「数え方」から加減法の初歩までの指導を遊びを通して、またテキストを使って指導することが提案されている。また同じ執筆者が、写生を通して事物認識を育てることを目的とした実践は、次のように計画されている。[50]

「黙って見ていますと幼児たちは一番自分たちと接触の多い人物を描きたがります。けれども、人物を描く程困難なことはありません。その人物が描ける迄をこの十五週間の計画表に折り込んだのです。」

「大体の方針として植物から魚類、動物（殊に人間）までを、そしてそれらの間に幼児たちの興味をひき易い無生物（旗・家・飛行機等）を適時に挿入することに定めます。」

ここでは、易から難へという順序がまず重視され、また植物・動物・無機物の各領域の中から計画的に写生する対象を選ぶという点で、文化財の構造が子どもの興味や関心に優先している。そして写生への子どもの意欲は対象についての保育者のたくみな談話で動機づけられるのである。もちろん一方では、児童問題研究会も顧問の和田実（元東京女高師附属幼稚園主事、目白幼稚園長）を通じて、東京女子高等師範学校附属幼稚園の「誘導保育」を積極的に摂取しようと努めており、子どもの興味や関心を重視することは大切だと考えていた。ただ教えるべき文化がまず存在し、子どもの興味や関心が方法として意識されてくる傾向に注目しておきたい。

一方、日本幼稚園協会は一九三五年に倉橋惣三が中心となり、附属幼稚園の実践をまとめた『系統的保育案の実際』を出版していた。そこでいう系統性とは、

「その生活内は各保育項目が連絡づけられなければならぬ。而も観念の統合でなくして、生活の目的方向に帰結せしめられなければならぬ。この意味に於て系統的保育案の名称が用いられ得る。[51]」

ということである。

ここでも、ある「目的方向」へ向けての保育内容の組織化が系統性として把えられている。しかしその目的方向とは「幼児の生活の中に目的を見出し、実現していこうとする」ものであるべきで、その意味で「幼稚園の保育は、教育の色々の種類の中でも特に対象本位に、実に対象本位に計画すべき[52]」ものとされた。デューイの影響を受けていた倉橋において、〃対象本位の目的〃が、単純に生物学的発達のみに根拠づけられていたわけでないことは明らかである。しかし青木のような社会実在論的立場を倉橋は「大人の目的を子どもにおしつける」ものとして否定した。そして子どもにとって外的に目的が規定されることを嫌うところから、それなりに子どもが充実した遊びや活動を通して獲得した、あるいはすべき能力を、社会的歴史的に意味づけることも視野外におかれる。「系統的保育案の実際」における「期待効果」は、倉橋が高く評価するコロンビア大学附属幼稚園コンダクトカリキュラムの「思考感情及行

為の向上」に比べて分析的・反省的検討が弱く、編者の力点のおき方の違いを窺わせている。
一方城戸は、「個人とは社会から抽象して考えられた人間の概念にすぎないとすれば、人間とは生れながらにして社会的人間」であると考えていた。そうした城戸にとっても「文化は子どもの生れる以前に存在」して人間を規定するものであった。ところが城戸が、青木のような社会実在論と異なるところは、「現実の社会に合わせて子どもをイ型にはりこむ」ことが厳しく否定されたことである。城戸にとっても、倉橋とはやや異った意味で「存在の中に規範をみいだす」ことが必要であった。それでは、彼の社会的教育学において子どもを主体として教育実践に位置づけることはどのように可能なのであろうか。彼はペーターゼン（Peter Petersen, 一八八四〜一九五二年）の教育科学を手がかりにしつつ、人間の主体の側から既存の文化や社会を相対化する。

「ペーターゼンの教育科学においては教育の現実性において人間生活の危機を認め、これを超克する方法に教育の意義を見出している。彼は明瞭に教育と陶冶とを区別し、陶冶は個人のうちに存する形成力を自由に表現せしむることで共同生活に種々なる方向の変化を与えることのできるのはかゝる個性の力であると考える。従って彼の教育科学は教育の現実性として社会生活によって規定されている教育の事実を正しく認識すると同時に、個性の自由なる陶冶によって新しき生活共同体を形成せしめんとするものである。……ここに『児童から』の教育は更に社会教育のうちに見いだされ現代において再びペスタロッチの教育精神が新しき意味において復興されんとしている。[53]」（傍

線は原文）

つまり、文化の歴史的な発展は新しい世代が既存の文化を「個性的」に獲得しながら発達してゆくプロセスで達成されるものだというのである。当初「個性」として表現されていたものは、保問研の時代には「生活要求」として語られる。

「今までの教科は主として学問の体系を教えることだけを問題にしていたように思われる。しかし学問の体系といっても、それはその学問が必要とされた時代の生活要求を満足させる為に便宜な方法に過ぎないのであって、事象の構造そのものを示したものではないのである。従って事象を処理するものの生活要求が変わってくれば、その方法論的体系も変わってくる。それを絶対の真理の如く考えて教育の目的にすることは間違っている。教育はむしろ生活の実践から、それに必要な学問の方法論的体系を新たに工夫させ、新しき学問的方法を発見させて行くべき(54)……」

これは一九三七年秋に学校教科について述べた論文であり、直接幼児教育について述べたものではないが、ここに城戸の「文化の歴史的発達」に関わる見解は明解である。このような文化の歴史的発達における個の役割の位置づけから、城戸の中で発達は教育によってなしとげられるとする立場と、発達における個の主体性の重視とが統一された。

保問研は幅広い実践家や心理学者を包含しており、青年心理学者達を除くと保育者のある部分は童心主義的な倉橋理論に影響されており、また社会事業サイドから集まった実践家は概して文化の意識的な伝達を重視する立場から「系統性」を摑んでいた。城戸が主張した「発達に応じた系統性」の考え方は、こうした立場の違いを含んだ保問研の保育内容研究の中で、いずれの側の人々にも一定のズレを担保しながら理論的な見通しをそこからくみ上げることが可能だという意味で、極めてすぐれたリーダーシップを発揮したのである。次章ではこの「発達に応じた系統性」認識にリードされた会の保育内容研究が、どのような系統性の内実を生み出したか、その点をみてゆきたい。

2　系統的保育案編成への試み

保育問題研究会の保育内容研究は、七つの研究部会の研究内容の積み重ねや、部会とは別個にそのつど問題別につくられた幾つかの研究委員会の研究報告[55]の中にその到達点をみることができる。また一九三九年四月、実質的に保育問題研究会実験施設の役割を果した戸越保育所の発足に間にあわせて作られた「月案」その他の保育案様式[56]には、系統的な保育内容編成にむけての領域相互の関係認識を見ることができる。この様式を決める際には各研究部会の代表者が参加して検討したというから、この保育案の様式は一応同時点での保育問題研究会の総意を集めたものと言えようし、各研究部会の領域別の研究内容と立体的な関連を持つことが期待されていたと言えよう。この保育案は、

表１　保育問題研究会の部会とチューター(57)

部会名	チューター	幹事
Ⅰ　保育の基礎的な問題	依田　新	浦辺　史 のち塩谷アイ
Ⅱ　幼児の保健衛生	山下俊郎	庄司竹代 のち阿部和子
Ⅲ　困った子どもの問題	三木安正	横山ミト
Ⅳ　自然と社会に関する観察	城戸幡太郎	篠目綾子
Ⅴ　言語	松本金寿	海　卓子
Ⅵ　遊戯と作業	牛島義友	松葉重庸 のち俵屋竜子
Ⅶ　保育関係の政策的諸問題	留岡清男	浦辺　史

「基本的な生活習慣の自立、団体生活の中に培おうとする健全な社会性、及び発達段階に応じた心的経験と自己表現、そしてその総てを通じて流れる身体的健康のための配慮」

というように「基本的訓練」「社会的馴練」「生活教材」の三つの領域と身体的健康のための配慮を掲げている。本項では、月案の様式にみられる三領域に即して戦前期保育問題研究会の保育内容に関わる認識の蓄積を探りたい。

a　基本的生活習慣（「基本的訓練」）領域に関する研究

「基本的訓練」、いまのことばにすれば基本的生活習慣の確立に関わる領域は第二部会の研究内容と対応している。問題が託児所保育にとって特に切実であり組織的な研究が未開拓だったから、第二部会はチューター山下俊郎の指導のもとに最も活発な研究を続けていた。先にブーゼマンの研究を通して『教育的環境学』を著し、教育環境の科学的かつ記述的研究から「技術学としての教育的環境学」に歩を進めようとしていた山下(58)は、アメリカやカナダのナーサリースクールの資料を手がかりに、幼児の生活習慣の自立に関する緻密な研究に着手した。

主な内容は第一に、アメリカで研究されていた基本的訓練の内容、食事・睡眠・排便の三項目に、新たに着衣・清潔の二項目を加えた五項目とし、それぞれの項目について細かな目標行動を設定したこと。第二にそれらの目標行動について、山下は大規模な統計調査を行って、また保育者は実践を通して、日本の幼児を対象に基本的習慣のつけられるべき標準年齢を見極めようとしたこと。

第三に、習慣づけの方法を「誘導期」(例えば着衣に興味をもち始める直前の時期に着衣に対する興味と自負心を育てる)、「型つけの時期」(興味と同時に運動能力の進化が目に見えてくるので、行動の仕方を教える)、「練習期」(興味は薄れてゆくが習慣が完成する) にわけて教育技術の型をつくり出そうとしたことである。[59]

塩谷アイなど中心となった戸越保育所の保母たちは当初から熱心にこの研究を実践していた。その一年間のまとめの報告[60]によると、目標行動を細分化したことは指導及び評価のポイントが具体的であることから、大変歓迎されていたことが窺われる。

その際の標準年齢の設定に関する考え方として、城戸は先に『教育学辞典』の中で発達評価の尺度にふれて次のように主張していた。

「児童が青年や成人と区別される為には発達の時期に児童としての特性が認められねばならぬが、

それは単なる身心発達の連続的変化によっては決定されず、社会生活に於ける児童の教養及び保護の必要から規定される。従って其の決定方法としては身心の発達を測定する規準が生活の形態によって定められねばならぬ(61)」

これは城戸の教育の立場からする発達観であるが、この標準年齢もそうした意味での発達研究になっていたと考えられる。ただ目標行動をどのように系統的に保育案の上に組んでいくかという点になると、統計的に仮設された標準年齢だけでは当然解決のつかない問題があったであろう。戸越保育所は一年間の実践をふり返って、

「総じてこれらの習慣づけは、継続して行なう必要があるが、それにしても途中でかなり起伏のある線で進むので、手を抜くということが出来ない。……取り上げ方の順序も、便宜的な点ばかり考えられ、年令的な発達は一応考慮の外におかれていたという不安がある。(62)」

と述べている。一応項目別につくられた目標行動を「之をする前には必ず之丈の事をしておかねばならぬという段階づけ(63)」していくためには、もっと長い実践的研究の積み重ねが必要で、第二部会の研究はまだ緒についたばかりであった。

最後に、山下の研究において常に子どもが「型つけ」の客体として把えられていた問題についてふれ

ておきたい。そこには、発達の主体の側から既存の文化を相対化した城戸の立場とは明らかに異質なものがあった。次のような山下の表現には、青木誠四郎の社会実在論的な文化観と共通のものを認めることができる。

「この固まりつゝある（幼児の）生活は、その一人々々の幼児の将来の円満な発達の方向へ、そして周囲の社会生活にうまく適合して行くものとして固まらなければならぬ。社会生活に適合するという事は幼児の周囲をとりまく環境が子供に対して持つ一つの要求である。……幼児に習慣をつける事はとりも直さず彼らの生活の型を定めてやる事になってくるのである。[64]」

このような立場の違いは、山下の初期における『教育的環境学』の研究から内在していたもので、ブーゼマンの読み方についても山下と城戸には微妙な差が認められる。[65]

写真１　保育問題研究会の実験保育所、戸越保育所の保育風景　（上・山崎共著『日本の幼稚園』から）

b 「社会的訓練」領域の研究について

「幼稚園、託児所の保育案は『社会協力』ということを指導原理として作成するべきもの(66)」ということは城戸がくり返し強調した点であった。それは二つの意味において強調された。一つは、彼が志向した未来社会の形成主体として子どもを育てる観点からである。城戸は「国民の生活協力体制を確立する政治」を理想とする。それは「資本主義的機構の改革を必要とする社会主義的思想のあったことは事実」なのだが、「政治の日本的性格と調和せしむべきもの(67)」であった。そしてそのような理想社会、共同体社会の形成を城戸は階級闘争によらず、教育を通じて協力精神に富んだ新しい国民を形成して実現したいと考えていた。

第二は、社会性の発達がめざましい幼児期の教育は、とりわけ「社会協力」精神の基礎をつちかうべきだとする発達段階的な認識からであった。

「子供が三・四歳になってくると社会的になってくる。街頭へ出て仲間を求める。そこに幼稚園の必要がある。お母さんに保育の教養がないから補うのではない。……家庭教育では出来ない子供の社会性の陶冶ということにその任務があるのである。(68)」

彼も倉橋と同様、集団生活による社会性の陶冶に幼児教育の最大の意義を見い出している。そしてその観点から、「社会協力」を指導原理とする保育案において、観察、談話、手技、唱歌、遊戯等の保育項目もすべて「社会協力の精神を発揮せしむる為の社会的機能として訓練されるべき」ものと考えた。そのことが「生活教材」領域の保育内容に与えた影響については後述したい。

それでは具体的に、「社会的訓練」領域の実践的な研究はどのように進行したのであろうか。幼児の社会性の発達に直接関連の深い第三部会は、三木安正チューターが仮設した「観察項目」に即して最初から非常に限定したケーススタディを始めた。テーマは「困った子どもの取扱い」であり、中でも子どものけんかとその処置に関する研究に力点がおかれている。このような第三部会の研究はただちに系統的な保育案編成につながるものではなかった。しかし、けんかとその解決に関する研究はクラス集団のなかで子どもを扱う際の様々な保育技術の問題を浮かびあがらせ、「発達段階によるけんかの意味、従ってその取り扱いの違い」「遊びの性格と子どもの集団形成の関連（例えば、〝戦争ごっこ〟は一人のリーダーに負担がかかりすぎる等）」「発達段階とリーダーシップの関係」といった問題が議論されている。[69]

一方第三部会の研究とは独自なところで子ども集団の系統的な指導についての経験が作り出されていた。三八年五月の保育案研究委員会において子供の村保育園の「生活訓練案」[70]が報告されたが、その保育案は段階的に子ども集団の発展のための課題を明示している点で、まだ断片的とはいえ注目すべき考え方が見られる。しかし実践的研究の中心となった戸越保育所の「社会的訓練」案[71]はこれとは異った方法でたてられており、その点から考えると子供の村保育園の保育案は会全体からその意義を認められたとは言えないようだ。

c 「生活教材」領域に関する研究

一九三九年四月に発表された保育月案の「生活教材」に関する領域には、観察・談話・作業・音楽・遊戯・運動の六分野がたてられている。幼稚園令の五項目を手直ししてたてたと思われるこの六分野は、手技を作業と変え、唱歌を音楽とし、運動を新たにつけ加えた点に特色が認められるものであった。しかしこの六分野とは別に、保問研の研究部会制度が前提としていた保育の構造に注目しておきたいと思う。当初研究会制度が確立した時点（一九三七年五〜十月ごろ）でこの領域については**図1**のような構造が前提とされていたことが窺える。[72]この三分野と一九三九年春の保育案の六分野の関係がどのように構造化されるものなのか、史料の発掘とともに今後検討すべき課題である。

さて次に、六分野の研究内容について。第一に特徴的なことは、どの分野においても子どもの「基礎経験」を豊富に組織することが強調されている点である。実はこの基礎経験の重視は、子どもへの既存の文化伝達を重視する立場から、しかし子どもが主体的に既存の文化を獲得してゆくプロセスを探究しようとした城戸の発想に強く影響されたものであった。例えば、第五部会が担当した言語能力の指導については、言語とはそもそもコミュニケーションの道具であり「大人社会に共通する使い方を教える」ことが必要なのだとする社会実在論的立場と、しかし「一つの音声に我々と子供とが共通の意味を付与する為には、生活場面をお互いに共通にしなければならない」という子どもの能動性の重視とが統一されている。そして具体的には、日常生活に必要な言語から「話し合い」を豊富に組織して指導することが主張されている。[73]

城戸自身がチューターとなった第四部会（「観察」指導の研究）についても、やはり幼児の基礎経験を重視する立場から「幼児の生活環境調査」と「幼児の興味の対象となる事物の調査」を踏まえて、観察主題の系統的な配列を導き出すことが提案されている。(74)「幼児の生活環境調査」は、幼児に望ましくかつ必要な生活経験・観察の為の基礎経験とは何かについて、現状を踏まえた上で、教育者の側から選択しようとするものであり、「興味の対象の調査」の方は幼児の側からの要求を観察主題の選択と配列に反映させる為の調査であろう。

図１　研究部会の構成にみる保育内容の領域イメージ

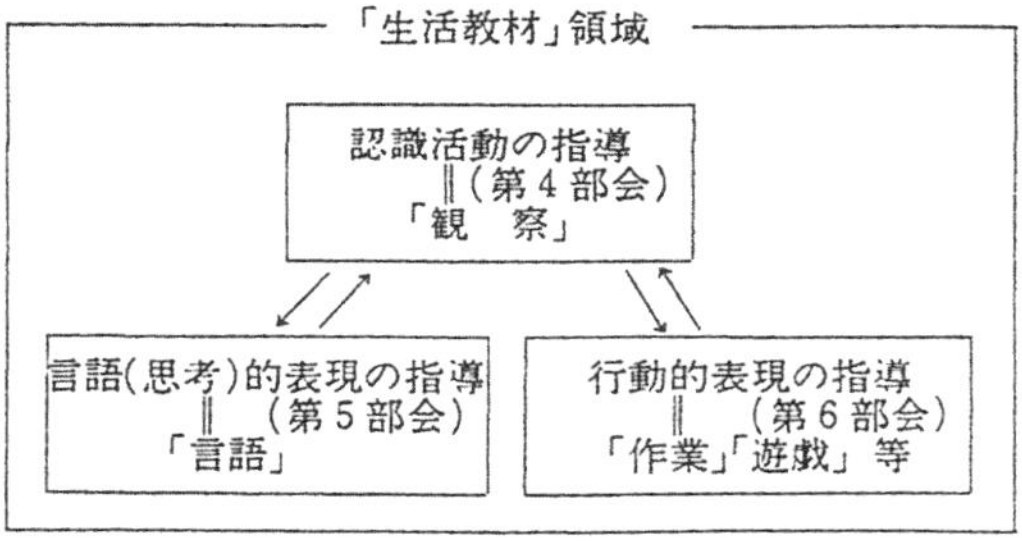

また観察指導の方法においても、栽培や写生など幼児の能動的な活動を組織していくことが強調され、認識の獲得に際しての主体の能動的な経験が重視されている。

このような「基礎経験」の重視は、やはり第四部会に参加した数学者今野武男の提案(75)や、第六部会における岩井義郎の音楽指導の提案(76)にも共通に原則として確認されていた。

第二に注目されることは、「社会協力の精神」の育成こそが幼児教育における指導原理でなければならないとする城戸の幼児教育論が生活教材の系統的配列にとって持った意味に関してである。城戸は幼児教育に於て「観察・談話・手技・唱歌・遊戯の如き保育項目も社会協力の精神を発揮せしむるための社会的機能として訓練さるべきもの(77)」

と述べていた。これは先行研究によって、「課業的活動の意義と役割を十分にあきらかにしえなかった」原因として批判されている点である。[78] しかし観察主題の系統的配列やコミュニケーション言語の教育などの積極的提案に認められるように、城戸は「生活教材」領域の課業的活動を単純に軽視していたわけではなかった。それでは何故、幼児教育の目標を社会性の陶冶に収斂させ、一日一日の保育主題を社会性の陶冶の面で設定してゆくような提案[79]を行なったのであろうか。

それは一つには、彼が知能や技能の発達を直接の目的とする分化された教育は、主として小学校以上であると考えていたこと、[80] そしてそれと表裏をなすものであるが、幼児教育では自他未分化という意味での幼児の「自己中心性」を克服することが幼児の知的発達においても中心課題であるとの認識を持っていた為と考えられる。次のような発言は、生活教材の教育が子どもの社会性の発達と密接不可分だとする彼の見解をよく示している。

「子供が絵を描くというのは、或る事物の印象を描くのではなく、自分を物に印象づけるのである。そして自分を物に印象づけることによって自分の世界が客観の世界と交渉し始め、自分の世界が客観の世界の裡に発見されてくるのである。子供に物を作らせたり、絵を描かせたりするのは、かような意味で子供の世界を客観化し、子供の心を具体化するためである。[81]」

このように城戸が「社会協力精神の保育」あるいは子どもの「社会性の陶冶」という場合、そこには情意的な側面での社会性の発達と知的側面での「社会化」が、未分化一体のものとして捉えられていたと思われる。ところが、保育者が城戸理論に学び実際の保育案を作成する段階になると例えば戸越保育所の保育案にみられる通り、「社会的訓練」の内容は当番の仕事や集団行動に関するルールやモラルの訓練が中心になってしまう。そして、それらが保育主題を規定し、果ては「生活教材」までも規定する関係になったのであった。その結果「生活教材」六分野それぞれの課題を系統的に追求できない困難を、戸越保育所の保育者は次のように語っている。

「初め、保育案研究部会で此の項目について話し合った時、「生活教材とは特に子供の集団生活をよく組織してゆくための方法である」と解し、そのためには生活習慣、社会的訓練へ結びつけて総合的にやってゆこうと云う様に考えていた。例えば規律の項で『片附け』を取り上げる時には、生活教材の各面……もこれを中心に統合させてゆく。……。しかし、……その一つ一つの項目が皆むずかしい問題を持っている。……音楽とは一体、どういう順序でどういう教材で指導したら良いのか。……作業では道具の扱い方を順序立てゝ進めるべきではないか。遊戯とは、又運動にも、幼児の身体的な発達に沿った系列がなくてはならないのに。[82]……」

このように城戸の中では統一的に把えられていた幼児の知的発達と人間関係を中心とした社会性の発達は、しかし保育案の上での具体的な統一となると複雑な問題であった。城戸自身、「談話の発達心理学、観察の発達心理学、手技の発達心理学……（中略）……といったものが研究され、その結果が保育に関して説かれねばならぬ[83]」と語っているが、子どもの社会性の発達を軸としながら各保育領域の教材研究をつみ重ね、系統的配列をつくり出す作業は、これもやはり戦後へ持ちこされたものと言えよう。なお、城戸の〝遊び〟と〝課業的活動〟に関する認識や「多角的方法」と倉橋の「誘導保育」の方法の差異などについて、まだ多くの検討課題が残されている。

注

（1）宍戸健夫・半谷紀子「平田のぶ――教育に生命をかけた情熱的生涯」、岡田正章・宍戸健夫・水野浩志編著『保育に生きた人々』風媒社、一九七一年。新井淑子「平田ノブ、その生涯と教育思想」その一〜四。埼玉大学紀要教育学部第二四巻、一九七五年、三七―五四頁、二五巻、一九七六年、二一―三四頁、二七巻、一九七八年、一―一六頁。
（2）上笙一郎・山崎朋子『日本の幼稚園』理論社、一九六五年。ちくま学芸文庫、一九九四年。
（3）舘かおる「子供の村」民間教育史料研究会編『教育の世紀社の総合的研究』一光社、一九八四年、宍戸健夫・半谷紀子、前出「平田のぶ――教育に生命をかけた情熱的生涯」、新井淑子前出、「平田ノブ、その生涯と教育思想」その一〜四。浅井幸子『教師の語りと新教育――「児童の村」の一九二〇年代』東京大学出版会、二〇〇八年。
（4）「子供の村保育園案」『保育問題研究』二巻五号、一九三八年五月、一六―一八頁。
（5）平田ノブ「合科学習の実際」『教育の世紀』第二巻四号、一九二四年四月。ノブは、二部授業にしてでも学級規模を小さくしたいと提案したが実現しなかったという。
（6）沢山美果子「教育家族の誕生」木下龍太郎・太田素子編著『保育の思想』第一〇巻、一九八七年、労働旬報社所収。
(7) 平塚らいてう「ある母の手紙――富本一恵さんに」『平塚らいてう著作集』第四巻、大月書店、一九八三年、五〇―七二頁。
(8) 羽仁節子『私の受けた家庭教育』婦人之友社、一九六三年。
(9) 伊福部敬子『父母の書』教材社、一九三九年十一月。
(10) 『一九三七―一九四八　子供の村同窓会家族会関係資料』(引用は浅井幸子氏所蔵複写史料より)。
(11) 伊福部敬子「参観記」、前出『父母の書』所収。
(12) 平田ノブ「村を創めた動機」『子供の村十周年記念号』子供の村発行、一九四〇年十二月。
(13) 保護者向けはがき、引用は宍戸収蔵史料による。
(14) 前出『子供の村紹介』一九四一年二月。
(15) 恵単独に与える玩具を禁欲し、保育園の玩具を優先することについて「こんなに僻ませていいのか」と自問している、前出『子供の村十周年』。
(16) 宍戸健夫・半谷紀子、前出「平田のぶ――教育に生命をかけた情熱的生涯」。
(17) 河田朝子宛、自伝的な書簡、引用は宍戸収蔵史料による。
(18) 新井淑子前出「平田ノブ、その生涯と教育思想」その一～四所収の同窓生の回想による。あわせて宍戸収蔵史料を参照した。
(19) 広島県三原女子師範学校自守会『自守』一九一四年十二月、三八―三九頁。
(20) 志垣寛『学園に芽ぐむ』一九二六年、萬生閣、二五六―二六四頁（括弧内は太田）、同、三〇四、三七八頁。
(21) 山口玲子『とくと我を見たまえ――若松賤子の生涯』新潮社、一九八〇年。
(22) 『元始、女性は太陽であった――平塚らいてう自伝』大月書店、一九七三年。
(23) 「新しい時代」『教育時論』一五九一号、一九二九年、五頁。
(24) 「甲峡託児所だより」『婦人運動』一九二九年十二月「甲州生活――農繁期託児所に働く」『婦選』第四巻第一号、一九三〇年一月、「農繁期託児所の思い出」『愛育』第三巻二号、一九三七年二月。「農村託児所」『婦人運動』一九三〇年二月。
(25)「村便り」一九四七年十二月発行。
(26)『子供の村の組織と活動略史』一九三〇年四月～一九五三年六月。
(27)「平田のぶ遺書」(写)宍戸健夫収蔵史料。
(28)平田ノブ「合科学習の実際」『教育の世紀』第二巻四号、五号、一九二四年四―五月。
(29)同右、「合科学習の実際」『教育の世紀』第二巻四号。
(30)同右、「合科学習の実際」『教育の世紀』第二巻四号、八二―八四頁。
(31)同右、「合科学習の実際」『教育の世紀』第二巻五号、九五―九六頁。
(32)同右、「合科学習の実際」『教育の世紀』第二巻五号、九八―九九頁。同上、「合科学習の実際」『教育の世紀』第二巻四号、八七頁。
(33)舘かおる前出「子供の村」。
(34)林若子「平田のぶにおける『協働自治』の教育」『近代幼児教育史研究』第四号、一九八三年。
(35)平田「子供の道徳生活」『教育の世紀』第三巻四号、一九二五年四月、六四頁。
(36)同右、六四―六七頁。
(37)同右、六七頁。
(38)舘かおる前出「子供の村」。
(39)宍戸健夫・半谷紀子前出「平田のぶ――教育に生命をかけた情熱的生涯」二九八頁、宍戸健夫「昭和前期の保育運動」日本保育学会『日本幼児保育史』第四巻、一九七一年参照。
(40)この当時出版された保育案としては、万国幼稚園協会著『幼稚園保育要目』一九二四年、東京府女子師範学校附属幼稚園『生活指導案』一九二五年、大阪市保育会訳出の『コロンビヤ大学附属幼稚園及低学年級の課程』一九三三年、日本幼稚園協会『系統的保育案の実際』一九三五年等がある。
(41)松本園子は、この点に触れて「どこか違和感を感じる」と述べ、保育問題研究会が「城戸理論だけで説明可能と考えられている印象」があると指摘している。(松本園子『昭和戦中期の保育問題研究会、保育者と研究者の共同の軌跡一九三六―一九四三』新読書社、二〇〇三）筆者は著者の膨大な史料を整理した実証的研究に敬服しているが、この指摘は誤解である。城戸理論だけで包括できないと考えるから、保育問題研究会に果たした城戸理論の役割を理解するためにも、城戸を論じたのだ。実践研究を城戸理論との関係で整理するのは、却ってそれとは異なった視野やセンスをもつ研究をあぶり出す可能性をもつ。

(42)「保育問題研究会は何をして来たか」『保育問題研究』一巻一号、一九三七年十月。及び、雑誌『教育』一九三六年十一月号の紹介記事参照。

(43) 城戸幡太郎「社会教育の系統化」『教育』五巻九号、一九三七年九月。

(44) 保育案研究委員会「保育案の研究」『保育問題研究』三巻四号、一九三九年四月。なお「保育案研究委員会」に関しては後述するがこの文章は、同委員会の世話役をしていた塩谷アイが書いたものと思われる。（浦辺史氏談、一九七九年八月於教育会館、筆者聞きとり、筆者所有録音テープ）。

(45) 児童問題研究会（一九三三年七月〜一九三五年三月）は帝大セツルメント児童部・託児部が中心となり、西窓学園・子供の村保育園の保母らが参加した。東京保育研究会は、児童問題研究会解散後その保育研究部が独立して作った研究会で、保育問題研究会結成により解散。

(46) 浦辺史「記録・新しい保育所の系譜」『日本教育運動史三』三一書房、一九六〇年、二八九頁。

(47) 青木城四郎「子供の習慣――託児所の問題として」『児童問題研究』二巻二号、一九三四年二月。

(48)『帝大セツルメント十二年史』。一九三七年、六三頁。

(49)『児童問題研究』一巻四号、一九三三年十月。尚、この論の執筆者は松葉重庸氏であることを本人から確認頂いた。

(50)『児童問題研究』一巻三号、一九三三年九月、この論文者も松葉重庸氏である。

(51) 倉橋惣三「保育案の構成原理」『教育学辞典』第二〇冊、岩波書店、一九三六―三九年、二一二六頁。

(52)『倉橋惣三選集』第二巻、（フレーベル館、一九六五年）。

(53) 城戸幡太郎「社会的教育学」『教育科学』（岩波書店）一九三三年。

(54) 城戸幡太郎「社会教育の系統化」『教育』五巻九号、一九三七年九月。

(55) 幼児ポスター研究委員会、保育記録研究委員会、大村氏託児所設計研究会、保育案研究委員会、農繁期託児所研究会など。
(56) 保育案研究委員会「保育案の研究」『保育問題研究』三巻四号、一九三九年四月。保育案の作成は当初第一部会が担当したが、他の部会の意見を集める為一九三九年一月より保育案研究委員会として参加者を広げた。(三木安正氏談。一九七九年八月、於旭出学園、筆者聞きとり)。
(57) 主に浦辺史「児童問題をめぐる運動」『日本教育の遺産』明治図書講座二より構成。
(58) 山下俊郎「ブーゼマンと教育的環境学」『教育』三巻四号、一九三五年四月。
(59) 山下俊郎「幼児の着衣行動の問題」『保育問題研究』二巻一一号、一九三八年十一月。
(60) 戸越保育所「保育案実施の一報告」『保育問題研究』四巻三号。
(61) 城戸幡太郎「児童学」『教育学辞典』一九三六―三九年、岩波書店。
(62) 戸越保育所、前掲「保育案実施の一報告」。
(63) 第一部会「生活訓練案の研究」『保育問題研究』二巻五号、一九三八年五月。
(64) 山下俊郎「幼児の基本的習慣とその基準」『保育問題研究』二巻一号、一九三八年一月。
(65) 山下によればブーゼマンの教育的環境学は、テウスらの実証的な社会科学の方法と精神分析的な法を統一したものだという。実証主義的な社会科学の面ではパーソナリティのゆがみを統計的に境遇の関数として説明する為、主体と環境の相互規定性が正面から取りあげられない傾向を生むし、又、彼の精神分析的な「環境超越の法則(=環境はこれが意識せられる程その影響力を失う)」は、言いかえれば幼児期ほど人間は環境に一方的に規定され易い受身な存在であるとの認識でもある。ブーゼマンの環境概念の読みとり方のズレに関しては山下俊郎「ブーゼマンと環境教育学」、城戸幡太郎「児童研究の歴史と問題――児童心理学を中心として」(いずれも『教育』三巻四号、一九三五年四月)を参照。
(66) 城戸幡太郎「保母は子供に何を求むべきか」『保育問題研究』二巻三号、一九三八年三月。
(67) 城戸幡太郎『生活技術と教育文化』萬里閣、一九四六年版序。
(68) 城戸幡太郎「幼児保育の本質と保母の使命」『保育問題研究』四巻一号、一九四〇年一月。

(69) 三木安正「喧嘩とその処置一〜三」『保育問題研究』二巻八号、二巻一〇号。三巻一号。
(70) 第一部会「生活訓練案の研究」『保育問題研究』二巻五号、一九三八年五月。
(71) 戸越保育所の「社会的訓練案」は、〈規律〉と〈社交〉に分かれ、〈規律〉の分野では「片付け」が〈社交〉の中では「当番」が中心に追求された。そして子供の村の保育案と大きく違う点は月毎の目標を「携帯品の始末、玩具片付け」(四月)、「順番を守る、合図を守る」(五月)という具合に具体的な目標行動として定めた点である。しかし目標行動によって保育案をたてる方法は、ここでは「生活訓練」領域程成功していないのではないだろうか。「全体の調子を一時に集団的にまとめようという思いに心が行き過ぎその為には団体生活に障害となる一つ一つの問題(中略)を順次に取り上げてゆく事ができなかった。」(戸越「保育案実施の一報告」)という反省はこの点とかかわっていると考えられる。
(72) 「保育問題研究会研究部会の方針」『保育問題研究』一巻一号、一九三七年十月参照。尚この第四・第六部会の方針には次のように述べられている。
「観察は保育の問題としては最も基礎的なものである。未分化な幼児の生活=遊びの生活の中から子供は実践的に事物に対する認識を獲得し理解を深めて行く。ここにこそ観察指導の問題が横たわっている」「遊びの生活の正常なる発達は幼児の外界への正しき観察に根基をおく」「観察の思考的発現は言語となり、行動的発現は遊戯、作業となる。」
(73) 城戸幡太郎「幼児の言語教育」『保育問題研究』三巻七号、一九三九年七月。
(74) 前掲「研究部会の方針」及び「観察研究の当面の課題」『保育問題研究』一巻二号、一九三七年十一月。
(75) 今野武夫「幼児の数指導に就て㈠、㈡」『保育問題研究』二巻五号、一〇号、一九三八年。
(76) 岩井義郎「幼児を対象とした音楽の問題㈠—㈢」『保育問題研究』三巻七号、一一号、四巻三号、一九三九年七月〜四〇年四月。
(77) 城戸幡太郎「保姆は子供に何を求むべきか」『保育問題研究』二巻三号、一九三八年三月。
(78) 木下龍太郎「幼児教育思想の遺産」『講座日本の教育一一』一九七六年三月、六三頁。
(79) 前掲「保姆は子供に何を求むべきか」

(80) 城戸幡太郎『生活技術と教育文化』一九三九年版。城戸は五～八歳を生活訓練の教育段階、九～十二歳を基礎学習の段階、十二～十四歳を社会教育の時期と考えた。生活訓練の段階は、分科教授以前の段階であり、小学校の低学年まで広領域の合科教授が望ましいという。
(81) 城戸幡太郎「幼児生活と絵画」『幼児教育論』、一九三九年、一八二頁。
(82) 前掲、戸越保育所「保育案実施の一報告」。
(83) 城戸幡太郎「保姆養成の問題」『幼児教育論』、一九三九年、九三頁。

〈付記〉

第五章第一節の執筆に際しては、浅井幸子氏収集の資料を閲覧させて頂いた。そのなかには、宍戸健夫氏収集の資料群の複写も含まれていた。両氏の仕事に対する深い敬意と感謝の気持ちをお伝えしたい。
第二節は、旧稿を若干修正したものである（初出、太田素子「城戸幡太郎と昭和前期の保育内容研究」、お茶の水女子大学心理・教育学研究会編『人間発達研究』第四号、一九七九年）。

〈コラム〉捨てられる子ども・売られる子ども

矢島（小菅）直子

現代からは想像が及ばないほど、古代・中世において子どもが生きぬいていくことは大変なことだった。けがや病気による死亡、またはさまざまな事情や状況により、子どもが捨てられることは数多くあった。

『今昔物語集』には捨てられた子どもの話が多くみられる。貧しい女が男と会ったため、二人の乳飲み子のうち一人を捨てようと思う、ということを出会った年老いた乳母に話す。乳母は一人をもらい、育てることにする。二十五年間乳がでなかった乳母は法華経に祈ると乳がでてその子を養うことができたという話である（「貧女棄子取養女語　第四十三」）。この実母に捨てられた子どもは運よく、良い乳母に育てられた。しかし、実の母にまったく見捨てられ、悲惨な運命になる子どももいた。山中で子を負った女性が二人の乞食におそわれ、その子どもを人質にだして自分は助かり、子どもは殺されてしまうという話もあった（「女被捕乞匃棄子逃語　第二十九」）。この女は子どもを見捨てて逃げたにもかかわらず、恥を知るということで武士たちから称揚されている。殺された子どもについてその悲惨さを嘆くわけではなく、子どもは愛しいが、身を守ったこの女をたたえているのである。

子どもを捨ててしまう話は中世のお伽草子にもよく登場する。

お伽草子の『花世の姫』は継子いじめの物語のひとつである。駿河国富士の裾野にほど近い山里に、豊後守もりたかという徳人がいた。裕福だったが子どもがいなかったので持仏堂の正観音に祈ったところ、夢をみて姫君が生まれた。母親は姫が九歳の時、乳母たちに姫のことをよくよく育てるように頼み亡くなってしまう。やがて姫君十一歳の時に父親は後妻をもらう。継母は姫がいると、自分が夫に疎まれるようになってしまうと、姫が十四歳の時に夫の留守の間に乳母や姫をだまして、姫を姥ヶ峰の奥に捨ててしまう。姫は歌をよく詠み、手習い、琵琶、琴などもまさっていた。姫は鬼に仕える姥に会い、姥は姫の美しさを隠すために姥皮を着させ、花米三粒、小袋を与える。姥の姿となった姫は中納言の家で釜の火炊き役になるが、中納言の息子が姫の本当の姿をみて愛するようになる。あきらめさせようとする母親は嫁くらべをするがそこで認められ、幸せな人生を送るという話である。この姫は継母により捨てられてしまうが、さいごには幸せになる。

『花世の姫』やよく知られている『鉢かづき』は捨てられた子どもが異なる容貌を装うことにより幸福な結婚をする物語である。そして、ここに登場する姫は教養を身に着けた女性であった。美しいだけでなく、平安時代の女性の教養として手習い、和歌、琴を身に着けた女性が、捨てられたのちも幸福になっている。

子どもが捨てられるだけではなく、子どもが売られてしまうこともあった。『沙石集』にはひでりが続き国中に飢饉の話がひろまるなかで、美濃の貧しい母子は飢え死にするしかなくなり、身を売って母を助けようとした子の話がある（巻七の九「身を売りて母を養ひたる事」）。母は反対するが子は身売りして代金を母に渡して東国の方へ下向する。鎌倉幕府の追加法に「人売りを禁断すべきの事」とあるが、飢饉のときは例外とされていた。

また、子どもが売られる物語としては『さんせう太夫』が有名である。子ども向けの『安寿と厨子王』として知られているが内容はもっと残酷である。讒訴によって流罪となった父の無罪をはらすために安寿と厨子王、妻と乳母が都にむかうことからはじまる。説経浄瑠璃として語られてきた物語である。安寿と厨子王は「人を売りての名人」山岡太夫にだまされ、母親と別々の船に乗せられ、生き別れになる。宮崎三郎がこの二人を二貫五百で買い、その後、二人は転々と売られて、さんせう太夫に十七貫で買われることになる。二人が宮崎三郎に買われる時も人身売買で値段をせりあう場面がみられる。さんせう太夫に買われた姉の安寿は桶と柄杓で潮汲み、弟の厨子王は鎌と天秤棒を持ち山で日に三荷（六束）の芝刈りをすることを命じられる。そして三荷刈れると十荷刈れと責められる。この時、安寿が十六歳、厨子王は十三歳であった。二人は製塩の労働を強いられることになる。この物語では姉の安寿は責め殺され、弟の厨子王が幸せになり、親との再会も果たす。さんせう太夫のところで一緒に使われている伊勢の小萩も売られた子であった。継母の讒言によって伊勢の国二見が浦から売られてきて、この太夫のところにくるまで四十二手、売られた。安寿と厨子王は親に売られたのではなく、人買いにだまされ、何度も転々と売られてさんせう太夫のところにきたが、親に売られて、やはり何回も転々と売られてくる子どももあった。子どもは貴重な労働力でもあった。

捨てられる子ども、売られる子ども、子どもにとって古代・中世は受難の時代でもあった。

参考文献

森山茂樹・中江和恵『日本子ども史』平凡社、二〇〇二年、八〇—八一頁。
『沙石集』小学館、二〇〇一年。
『新日本古典文学大系　古浄瑠璃　説教集』岩波書店、一九九九年。
牧英正『人身売買』岩波新書、一九七一年。

〈コラム〉『民事慣例類集』（一八七七年）にみる子育ての習俗

太田素子

明治維新後、新政府は中央集権国家としての民政の確立のために、徳川時代の民間習俗・慣行を精力的に調査した。その報告書の一つ、『民事慣例類集』（一八七七＝明治十年）の中には、産まれた赤子の共同体への参入の方法、出生直後の生育儀礼や、公的な台帳への出生届の時期やルートなどが各地の調査担当者から報告され記録されている。

その記録の中で追究されているテーマは、

①三ツ目や七夜など、名付けは誰が行うか、共同体はどの範囲でお披露目を行うか、別火にするかどうか、宮参りは何日目にどのような意味を付与されて行うかなど、赤子の誕生を共同体入りにつなげる儀礼の内容や意味について報告されていること。

② 産まれた赤子を支配方にいつ、どのようなルートで報告し、記録にはいつ記入するのか、といった宗門人別改の内容や方法に関する各地の報告。

③懐妊調査があるかどうか、ある場合は懐妊調査の方法と出生後の管理の仕方、
④婚姻外の出生児(「親なし子」「私通の子」)の処遇について、
⑤養育料支給の内容、などである。

①については、案外地域によって多様性があり、時期的な変容もあるらしいということだけ指摘して、改めて検討の機会を作りたい。

②の宗門帳の記載形式に関しては、これまでも個別地域の宗門人別改帳を検討する中でその多様性には興味を惹かれてきた。多くの地域を並べてみることで、乳幼児の人別改めにおける扱いを俯瞰することができる。

例えば忌み明け前後速やかに報告、記帳する地域と、年に一度か二度宗門人別改の機会に赤子を記入する地域がある。羽後国秋田郡、同由利郡などは、三日の間、七日の間と早めの届けが義務づけられている。速やかに報告する場合には、越中某郡のように、即日村役人に届けるが、報告を受けた村役人は翌年正月の宗門人別改作成の際に十村(他所でいえば大肝煎、大名主など)に届け出る、というような二段階を採ることが多い。備前上道郡もほぼ同じである。筑後国三猪郡、山門郡、肥前国佐賀郡も二段階で、村役人には口頭で直ちに届けるが、年一、二度宗門人別改の際に帳簿に登録される。つまり出産の確認は直ちに行なわれるが、台帳への登録は他所と同様、年一、二度なのだ。

このように、村や町の役人にすぐ届け出ることが義務づけられている地域は、出産が無事であったかどうか、流産や堕胎、嬰児殺しがなかったかどうか、共同体による監視がきめ細かく行なわれていると

いうことである。

しかし全国的に見れば、直ちに口頭で届けるという段階を経ないで、年に一、二度宗門人別改の際に報告記録する地域は少なくない。石見国那賀郡、越後国蒲原郡、同頸城郡、筑後国御原郡、同生葉郡、土佐国幡多郡なども、年に一、二度記帳する時期が定められている。こうした地方は、出産への監視という意味では、直ちに届け出る地方より敏感といえないようで、書類はきちんとしていてもいくらでも抜け道がありそうだ。共同体の監視は基本的にはあまり機能していないとみてよいであろう。

さらには七歳、十五歳で宗門人別改帳に記載する地域など、人口把握の緩やかさを印象的に見せている地方もある。土佐国高知郡は平民は届けないと答えているし、阿波国三好郡は七年目に記載するという。和泉国泉南郡は五年ごとに宗門人別改帳に血判をすると強調するが、いかに血判しても五年ごとでは子どもばかりでなく成人の移動も完全に掌握しきれないのではないだろうか。淡路国津名では、男子のみ十五歳で自分で庄屋に届けるというような地域もある。

このように、何歳で宗門人別改帳に記載するかということは、子ども期の人口把握を重要視しているか否かという意識を反映していよう。同時に、後ろめたい行為、堕胎や嬰児殺しを抑制する効果を持っていたであろう。口頭で、という人々の生活感覚に矛盾しない方法で、しかし共同体の監視を促すために実際的な方法であった可能性が高い。
③は極めて直接的な生殖統制が行なわれた様子を伝えている。仙台藩の施策がよく知られているが、ここでは羽後国平鹿郡、陸前国遠田郡、備前国宮城郡、美作国西北條郡、肥前国松浦郡など、北でも西

南諸国でも、この懐妊調査と出産の管理が報告されている。多くの場合、妊娠四〜五ヵ月で赤子制道役や肝煎・町年寄など近隣の役人に届け出、役人は懐妊調帳に記入しておく。羽後国平鹿郡の場合は、「小走」という役人の手代が毎月一軒ごとに調べ歩いて肝煎に報告するなどという地域もあった。懐妊帳があるということは、出産までの経過を監督するということで、出産後は直ちに報告が求められ、疑わしいことがあると戸主五人組連署で制道役に届け出、査察を受けて場合によっては十日間の押し込めとか、赤子を害したことが露見すると牢舎に押し込めとなる（陸前国遠田郡）。但し、地方によっては小前は面倒がって「過半届ケサル風習」というような地方もあったという（備前国宮城郡）。

このように、一方では七歳、十五歳まで帳簿に記載されることがない地方もあれば、出産以前から、妊娠四ヵ月で帳簿に付けられる地域もある。その差は何に由来するのだろうか。幕府の代官領では懐妊出産調査が比較的厳格な地域が多い。しかし同じく大名領でも仙台藩は懐妊出生調査、会津藩領では養育料支給によるソフトな介入が採用されていたりするのだ。

また④のテーマは、所謂「私生児」の処遇が一つのテーマとして各地から報告されていることが印象深い。筆者が参照した御仕置帳に残された子どもを巡る事件のなかでも近世後期以降、婚外子を巡る事件が増えており、幕末にかけて問題としてクローズアップされてきた可能性がある（太田、二〇一一）。近世後期には、未婚率が上昇し明らかに男性の晩婚化が進行しているから、婚外子の増加は家族を形成できない若者の状況と関わりがあったのではないだろうか。

⑤については、ここではわずかな地方から報告があるのみだが、三ツ子の養育料などが報告（加賀国

石川郡）されているほか、養育困難な事情にある家族に救米で撫育したというような報告がある（肥前国松浦郡）。実際にはより多くの藩がこの施策を実施した経験を持つはずだが明治期にはいって途絶えた可能性がある。

参考文献

太田素子『子宝と子返し』藤原書店、二〇〇七年。同「近世の生殖政策と女性・家族・共同体」、服藤早苗・三成美保編著『権力と身体（ジェンダー史叢書第一巻）』明石書店、二〇一一年。

沢山美果子『近世の捨子』吉川弘文館、二〇〇九年。

『民事慣例類集』一八七七年。

終章

社会で育てる時代への課題

浅井幸子

本書では五つの章を通して、一八九〇年代から一九三〇年代の「保育」と「家庭教育」の様相を記述し、その歴史的な展開の特徴を検討してきた。終章では、本書の研究において得られた知見を保育（幼稚園および保育所）、家庭教育、小学校教育、市場の相互的な関係に着目して整理した上で、子育てと保育の現代的な課題との関わりにおいて考察したい。

まず、明らかになったことを四点述べる。

第一に、本書では近代的な幼稚園保育と家庭教育が複雑にからみあいつつ成立し展開する過程を描出してきた。幼稚園の制度的な成立は、近代的な家族、近代的な育児のモデルを提示するという目的に依拠していた。とはいえ保育と家庭教育の関係は、西洋から導入された幼稚園の思想と方法が普及し近代的な教育家族が成立するという単線的なものではない。興味深いことに、幼稚園における保育はむしろ、家庭の育児とは異なる世界を構築することによって確立している。第一章で示したように、理想的な家庭が実現されれば幼稚園は不要であるという議論に対して、幼稚園関係者は幼稚園における集団的な遊びに固有の意義を指摘していた。また第二章で記述したように、幼稚園における保育の実践レベルにおける確立は、児童研究の世界的な興隆によって「児童観察」のまなざしが導入され、家庭の育児とは異なる子どもの活動の意味づけが獲得されたことによって可能になっている。これらの歴史的な過程には、保育の専門性の萌芽を見出すことができる。

また、近代的な家族のあり方は、西洋的な教育家族以外にも多様でありえた。第三章で検討した堺利彦の家庭論は、理想の社会という視点から家庭や家庭教育を論じることを通して、子どもの人格の尊重、社会的存在としての子ども、子どもの成長を社会が支えるという視点を提示していた。

第二に、保育園と家庭との関係は、幼稚園と家庭の関係とは異なっている。平田のぶによる「子供の村」の実験は、保育園を中心に子育ての共同体へと親を組織し、親を組織することによって社会を変革するという試みであった。その一面で啓蒙的な試みは時代の中で挫折しているが、保育を通して地域を再編するという保育園と親との新たな関わり方を提示している点で興味深い。また、城戸幡太郎をはじめとする児童心理学者と保育者による保育問題研究会は、基本的な生活習慣の確立を重視しながらも、保育を家庭の子育ての補完とは捉えていなかった。「社会協力」を指導原理とする城戸の幼児教育の主張は、必ずしも実践において実現したとはいえないが、幼児の社会性の発達と知的発達とを統一して把握することによって、子どもを社会的な集団において育てることに固有の意義を付与している。

第三に、保育と家庭教育との関わりは、市場という媒介を経た時に、より複雑な様相を見せている。第四章で検討した玩具の歴史は、玩具という媒体における市場、家庭、幼児教育の相克を示している。玩具は一九二〇年代頃から、教育的な意義を付与されることによって、市場を通して新中間層を中心とする家庭へと普及する。ここには玩具を「教育的」であるか否かという基準で分別するまなざしの生成を指摘できよう。このように玩具を教育的価値から評価する議論に対し、幼稚園関係者や幼稚園の教師たちは、子どもが主体的に遊ぶための環境としての玩具を見出していった。そしてその発見は、子どもを遊ばせるという保育の目標と保育者の専門性の確立へと結びついていた。

第四に、保育と小学校教育の関係もまた複雑であることを、本書は記述してきた。第一章で検討したように、幼稚園の制度的な意義の確立において焦点化されたのは、家庭教育と同時に小学校教育との関係でもあった。その議論の展開において着目すべきは、小学校教育の直接的な準備としてではなく、小学校とは異なる課題と方法を持つ教育施設として幼稚園が定位されている点である。換言すれば、幼稚園の保育は、その意味合いを遊びによる発達や主体的で共同的な活動に求め、小学校教育から差異化することによって確立しているといえよう。ただしそれは、小学校教育との連続性を否定するものではない。たとえば和田実は、恩物を「遊戯的手工」と呼び小学校教科である「手工」との連続性において捉えたが、子どもの主体性に着目しつつ、前者を「遊戯」、後者を「仕事」として差異化して位置づけていた。また第五章でとりあげた平田のぶのように、小学校低学年の教育において遊びの意味を強調し、幼児教育と連続的に捉える実践もあった。

以上の結論をふまえつつ、最後に、現在の子どもをめぐる問題を考察しよう。

家庭教育と保育は、今、転換期を迎えている。一方で、家庭は大きく変化してきた。多くの女性が働くことを選択する時代、父親である男性たちに続いて母親である女性たちまでもが産業へと動員される時代の到来は、母親が子育てに従事するという近代的な教育家族の前提を覆した。経済構造の転換を考えても、男女の関係の転換を考えても、この変化はおそらく不可逆である。もう一方で、幼稚園や保育所のあり方にも、さまざまな側面で変化が求められている。国際的な学力調査の結果から学力低下が叫ばれる中で、幼保一元化、幼小接続といった課題が浮上している。また継続的な少子化が国家の未来にかかわる問題として語られ、保育所の増設と待機児童の解消が喫緊の課題とされ、保育の民営化と規制緩和が進められてきた。

このような状況において、子どもたちとその保育は幾つもの危機に直面している。家庭がもはや子育てを全面的に担う場としては機能しえないにもかかわらず、学校や施設を含め社会で子どもを育てる仕組みは整っていない。幼保一元化は設置基準の緩和と質の低下の問題をはらみ、幼小接続は幼稚園が小学校の準備教育になってしまう危険性を帯びている。なかでも市場の問題は、とりわけ大きい。これまでも育児産業は、知育をうたう玩具を販売する、幼児向けの通信教育を展開するといったかたちで親の教育的な関わりや家庭教育のあり方を規定してきた。さらに近年は、保育所の絶対的な不足を端緒とする保育の規制緩和の中で、企業が直接的に保育事業に参入しつつある。それは商業資本と親の欲望との共犯関係の中で、家庭の財力と好みによって多様な保育が入手可能に、あるいは不可能になる時代の到来を告げている。

子どもを社会で育てる時代に向けて、今、必要とされているのは何だろうか。山積する問題に対する即効的な対応に終始するばかりでなく、幼稚園、保育所、家庭、小学校の関係を解きほぐし、編みなおし、商業資本と親の私的な欲望に回収されることのない保育の公共的な意義を模索することが重要である。歴史は直接的な回答を与えてはくれないが、保育者、保育学者らの試みと挫折の過程は多くの示唆を投げかけている。

あとがき

本書は、二〇〇九―一〇年度、和光大学総合文化研究所がサポートしたプロジェクトの一つ「近代日本における保育実践史の研究」のまとめである。

二〇一〇年度から出発させた保育課程（保育士・幼稚園教諭養成課程）のために、太田、浅井は、具体的な開設準備と並行して、思想的な準備――保育研究の立脚点を見定めること――も始めたいと考えていた。二人とも教育史研究者として、まず歴史的な視野から現代の保育と保育実践の課題を深めたいと考えた。歴史研究もあつかう梅原と後藤がこれに協力した。

またクリティカルに切磋琢磨しあえる共同研究者をもとめ、家庭教育史研究の藤枝充子、幼児教育史・児童文化史の首藤美香子、農村保育史研究の吉長真子が学外から参加された。吉長は二〇一〇年度から福山へ赴任したため本書執筆に参加できず、入れ替わりに中世子育て文化を研究している矢島（小菅）直子が参加された。矢島の報告は、近代の親子と幼児教育を、長い時間軸のなかで対象化する視野を与えてくれたし、またテンポの違う時代の話題で皆を楽しませてくれた。

江戸時代の子育て文化史を研究して二十年余り近世地方文書の世界に埋没してきた筆者にとって、親子ほど年齢の違う近代教育史研究者との交流はとても刺激的で楽しかった。研究のタタキ台になればと報告した大昔の自身の論文に、気鋭の若手が本気で食いついてくれたことは研究者冥利に尽きた。旧稿をまとめの一部に活かす勇気を彼女たちに与えてもらったし、純粋戦後派世代の新しい感覚、課題意識から学ぶことは多かった。

「子育てを社会全体で支える」ことが課題と意識される時代に、閉鎖的な親子関係や性別役割分担、競争社会を生きるための教育責任などと結びついた「家庭教育」という用語を使いつづけることは、もはや困難なのではないかと筆者は考えている。東日本大震災後「家庭」回帰があるのだとすれば、家族生活を支える社会的な仕組みを真剣に探らねばならない。親子の気持ちよいコミュニケーションと子育て不安の解消、子ども同士の繋がりと子育てを楽しむ親たちの交流、それらをゆったりと育めるヒューマンな地域社会の回復や、親子それぞれの発達を支える専門家としての保育者の社会的尊重、そして次世代育成に資源をきちんと振り向ける社会の実現、そうした保育と子育てをめぐる現代の課題について、本書がほんの一部でも実証的な根拠をもって見通しを提供できればと願っている。

共同研究と本書の出版を後押しして下さった和光大学総合文化研究所現所長塩崎文雄先生、元所長山村睦夫先生、スタッフの内田正夫様、心理教育学科の同僚のみなさんに心からお礼を申上げる。藤原書店社長藤原良雄様、編集部の山﨑優子さんには、今回も多くの励ましとご助力を頂いた。記して深謝したい。

二〇一一年師走

太田素子

執筆者紹介　（掲載順）

太田素子　→編者紹介参照

浅井幸子　→編者紹介参照

藤枝充子（ふじえだ・みつこ）

東京都生。日本女子大学大学院人間社会研究科教育学専攻博士課程後期単位取得満期退学。東京純心女子大学現代文化学部こども文化学科准教授。教育学。共編著に『《日本人、育てのなかのしつけ論》文献シリーズ』（クレス出版）他。

首藤美香子（すとう・みかこ）

1964年愛媛県生。お茶の水女子大学大学院人間文化研究科人間発達学専攻修了。人文科学博士。白梅学園大学子ども学部子ども学科准教授。子ども学・児童文化論。著書に『近代的育児観への転換』（勁草書房）。共訳に『OECD保育白書』（明石書店）他。

矢島（小菅）直子（やじま（こすげ）・なおこ）

東京都生。日本女子大学大学院人間社会研究科教育学専攻博士課程後期満期退学。和光大学現代人間学部心理教育学科非常勤講師。教育学。著書に『女と子どもの王朝史』（コラム執筆、森話社）他。

梅原利夫（うめはら・としお）

1947年東京都生。東京都立大学大学院博士課程単位取得退学。和光大学現代人間学部心理教育学科教授、同大学副学長。教育学。著書に『学校で宝物見つけた』『学力と人間らしさをはぐくむ』（共に新日本出版社）他。

後藤紀子（ごとう・のりこ）

1958年生東京都生。国立音楽大学教育音楽学科幼児教育専攻。和光大学現代人間学部心理教育学科准教授。幼児の音楽。主著に『いっしょにあそぼう！みんなのあそびうた』（アド・グリーン企画出版）他。

編者紹介

太田素子（おおた・もとこ）

1948年東京都生。お茶の水女子大学大学院人文科学研究科修士課程修了。和光大学現代人間学部心理教育学科教授。教育学。著書に『江戸の親子』(中公新書)『子宝と子返し』（藤原書店）『近世の「家」と家族』（角川学芸出版)。編著に『近世日本マビキ慣行史料集成』(刀水書房)。共編著に『「育つ・学ぶ」の社会史』（藤原書店）他。

浅井幸子（あさい・さちこ）

1973年富山県生。東京大学大学院教育学研究科博士課程修了。和光大学現代人間学部心理教育学科准教授。教育学。著書に『教師の語りと新教育』（東京大学出版会）『幼年教育者の問い』（共著、萌文書林）他。

保育《ほいく》と家庭教育《かていきょういく》の誕生《たんじょう》 1890–1930

2012年2月29日　初版第1刷発行 ©

編　者　太田素子
　　　　浅井幸子

発行者　藤原良雄

発行所　株式会社 藤原書店

〒162-0041　東京都新宿区早稲田鶴巻町523
電　話　03（5272）0301
FAX　03（5272）0450
振　替　00160 - 4 - 17013
info@fujiwara-shoten.co.jp

印刷・製本　図書印刷

Printed in Japan
ISBN978-4-89434-844-8

江戸期農村の豊かな人間形成力

子宝と子返し
（近世農村の家族生活と子育て）

太田素子

近世農村の家族にあった、子どもへの強い情愛と丁寧な子育て。嬰児殺し、捨子といった子育ての困難、悲しみを直視しつつ、日記などの生活記録を丹念に分析し、仕事を介した大人―子どものコミュニケーションなど、その豊かな人間形成力を読み取る。

第２回「河上肇賞」奨励賞
第６回角川財団学芸賞

四六上製　四四六頁　**三八〇〇円**
（二〇〇七年二月刊）
◇978-4-89434-561-4

「生きる主体」としての人間形成史

「育つ・学ぶ」の社会史
（「自叙伝」から）

小山静子・太田素子編
山本敏子・石岡学・前川直哉

勝小吉、福沢諭吉、新島襄、堺利彦、木下尚江、山川均、神近市子、鳩山春子、相馬黒光、また大正・昭和の企業人たち――個人の多様な生が主観的に記された「自叙伝」を素材に、新しい人間形成史を構築する、画期的成果。

四六上製　三〇四頁　**三〇〇〇円**
（二〇〇八年九月刊）
◇978-4-89434-644-4

日曜歴史家の心性史入門

「教育」の誕生

Ph・アリエス
中内敏夫・森田伸子編訳

名著『〈子供〉の誕生』『死を前にした人間』の日曜歴史家が、時代と社会によって変化する生物的なものと文化的なものの境界を活写し、歴史家の領域を拡大する〈心性史〉とは何かを呈示。「心性史とは何か」「避妊の起源」「生と死への態度」「家族の中の子ども」他。

Ａ５上製　二六四頁　**三二〇〇円**
（一九九二年五月刊）
◇978-4-938661-50-2

待望久しい増補改訂された新版

新版 新しい世界史
（世界で子供たちに歴史はどう語られているか）

M・フェロー　大野一道訳

世界各国の「歴史教科書」の争点。南アフリカ、インド、イラン、トルコ、ソ連、アルメニア、ポーランド、中国、日本、合衆国、オーストラリア、メキシコ他。**［新版特別解説］勝俣誠**（アフリカ史）**佐藤信夫**（アルメニア史）

Ａ５並製　五二八頁　**三八〇〇円**
（二〇〇一年五月刊）
◇978-4-89434-232-3

COMMENT ON RACONTE L'HISTOIRE AUX ENFANTS À TRAVER LE MONDE ENTIER
Marc FERRO

障害児のお母さん、お父さんへ！

運命じゃない！

〔「シーティング」で変わる障害児の未来〕

山崎泰広

からだに障害があっても、よい姿勢をとることは可能です。姿勢が変われば、できることがどんどん増えます。変形などの二次障害の防止も可能です。「シーティング」を試してみませんか？　笑顔の人生のために！　「二次障害は運命ではありません」（著者）。

四六並製　二四八頁　**一八〇〇円**
（二〇〇八年五月刊）
◇978-4-89434-606-2

車いすでも、何でもできる

新版 愛と友情のボストン

〔車いすから起こす新しい風〕

山崎泰広

方法を変えれば、何でもできる！——この本を読んでいただくと、車椅子の生活となった十代の若者が、多くの人々の友情と愛情に支えられて楽しく生活しているのが分かります。

B6並製　三一二頁　**一九〇〇円**
（二〇〇八年六月刊）
◇978-4-89434-633-8

本当に安心できる住まいとは？

ケースブック 日本の居住貧困

〔子育て／高齢障がい者／難病患者〕

早川和男＝編集代表
岡本祥浩・早川潤一＝編

交通事故死者数をはるかに超える、「住居の中の不慮の事故死」は、なぜ生じてしまうのか？　乳幼児の子育てや、高齢障がい者・難病患者の生活に密着し、建物というハードだけでは解決できない、「住まい方」の問題を考える。

A5並製　二七二頁　**二二〇〇円**
（二〇一一年一月刊）
◇978-4-89434-779-3

身体化された社会としての感情

増補改訂版 生の技法

〔家と施設を出て暮らす障害者の社会学〕

安積純子・岡原正幸・尾中文哉・立岩真也

「家」と「施設」という介助を保証された安心な場所に、自ら別れを告げた重度障害者の生が顕わにみせる近代／現代の仕組み。衝突と徒労続きの生の葛藤を、むしろ生の力とする新しい生存の様式を示す問題作。詳細な文献・団体リストを収録した関係者必携書。

A5並製　三六八頁　**二九〇〇円**
（一九九〇年一〇月／一九九五年五月刊）
◇978-4-89434-016-9

人の一生を歴史の深さと空間の広がりの中で捉える

叢書〈産む・育てる・教える――匿名の教育史〉（全五巻）

日本が近代化の過程の中で作り上げてきた諸社会システムを比較社会史的に検証・考察し、われわれが、自立のうえでどのような課題に直面しているかを探る。世紀末を迎え、解体と転生を余儀なくされた〈産み・育て・教える〉システムからの出口と、新しいシステムへの入口を企図した画期的なシリーズ。

1 教育――誕生と終焉

Ａ５並製　272 頁　**2718 円**（1990 年 6 月刊）

〔シンポジウム〕〈教育〉の誕生　その後

中内敏夫・太田素子・田嶋一・土井洋一・竹内章郎

（執筆者）**宮坂靖子／沢山美果子／田嶋一／横畑知己／若穂井透／久冨善之／佐々木賢／藤岡貞彦／橋本紀子・中藤洋子／野本三吉／福田須美子／小林千枝子／木村元／清水康幸**

◇978-4-938661-07-6

2 家族――自立と転生

Ａ５並製　312 頁　**2816 円**（1991 年 5 月刊）

〔座談会〕〈家族の教育〉――崩壊か転生か

原ひろ子・森安彦・塩田長英・（司会）中内敏夫

（執筆者）**中内敏夫／外山知徳／阿部謹也／小野健司／吉田勉／小林千枝子／寺崎弘昭／木下比呂美／入江宏／駒込武／野本三吉**

◇978-4-938661-27-4

3 老いと「生い」――隔離と再生

Ａ５並製　352 頁　**3495 円**（1992 年 10 月刊）

〔座談会〕「老人」の誕生と「老い」の再生

中村桂子・宮田登・波多野誼余夫・（司会）中内敏夫

（執筆者）**中内敏夫／中野新之祐／水原洋城／太田素子／前之園幸一郎／小林亜子／橋本伸也／小嶋秀夫／野本三吉／ひろたまさき／安溪真一／石子順／桜井里二／奥山正司**

品切　◇978-4-938661-58-8

4 企業社会と偏差値

Ａ５並製　344 頁　**3204 円**（1994 年 3 月刊）

〔座談会〕企業社会と偏差値

塩田長英・山下悦子・山村賢明・（司会）中内敏夫

（執筆者）**木本喜美子／久冨善之／木村元／中内敏夫／高口明久／山崎鎮親／ジョリヴェ・ミュリエル／魚住明代／高橋和史／若松修／加藤哲郎／塩田長英／長谷川裕**

品切　◇978-4-938661-88-5

5 社会規範――タブーと褒賞

Ａ５並製　472 頁　**4660 円**（1995 年 5 月刊）

〔座談会〕社会規範――タブーと褒賞（産育と就学を中心にした国際比較）

石井米雄・関啓子・長島信弘・中村光男・（司会）中内敏夫

（執筆者）**宮島喬／浜本まり子／平岡さつき／舘かおる／小林洋文／太田孝子／中内敏夫／片桐芳雄／横山廣子／関啓子／浜本満／長島信弘／石附実／奥地圭子／横畑知己**

◇978-4-89434-015-2

新型ウイルス被害予想の唯一の手がかり

日本を襲ったスペイン・インフルエンザ
（人類とウイルスの第一次世界戦争）

速水 融

世界で第一次大戦の四倍、日本で関東大震災の五倍の死者をもたらしながら、忘却された史上最悪の〝新型インフルエンザ〟。再び脅威が迫る今、歴史人口学の泰斗が、各種資料を駆使し、その詳細を初めて明かす！

四六上製　四八〇頁　**四二〇〇円**
（二〇〇六年二月刊）
◇978-4-89434-502-7

斯界の権威が最重要文献を精選

歴史人口学と家族史

速水融編

歴史観、世界観に画期的な転換をもたらしつつある歴史人口学と家族史に多大に寄与しながら未邦訳の最重要文献を精選。速水融、ローゼンタール、斎藤修、コール、リヴィ＝バッチ、ヴァン・デ・ワラ、シャーリン、アンリ、リグリィ、スコフィールド、ウィルソン、ハメル、ラスレット、ヘイナル

Ａ５上製　五五二頁　**八八〇〇円**
（二〇〇三年一一月刊）
◇978-4-89434-360-3

人口と家族から見た「日本」

歴史人口学研究
（新しい近世日本像）

速水 融

「近世―近代日本」の歴史に新たな光を当てた、碩学の集大成。
同時代の史料として世界的にも稀有な、〝人類の文化遺産〟たる宗門改帳・人別改帳を中心とする、ミクロ史料・マクロ史料を縦横に駆使し、日本の多様性と日本近代化の基層を鮮やかに描き出す。

Ａ５上製　六〇六頁　**八八〇〇円**
（二〇〇九年一〇月刊）
◇978-4-89434-707-6

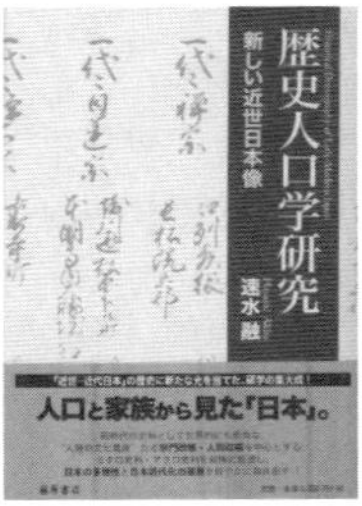

「江戸論」の決定版

歴史のなかの江戸時代

速水 融編

「江戸時代＝封建社会」という従来の江戸時代像を塗り替えた三〇年前の画期的座談集に、新たに磯田道史氏らとの座談を大幅に増補した決定版。「本書は、江戸時代を見つめ直すことにより、日本の経験や、日本社会が持っていたものは何だったのかを今一度問うてみようとする試みである。」（速水融氏）

四六上製　四三二頁　**三六〇〇円**
（二〇一一年三月刊）
◇978-4-89434-790-8